天學初函

（五）

黃帝考定星曆建天地物類之官備
哉燦爛神明之式也嗣是上稽乾則
炳諸典謨者莫崇乎唐虞蓋古曆作
于孟春於時秭鳺先滜氣物攸建寅
正尚矣殷周各據一統推本天元夏

時近古春秋之季存羊禮失伏蟄火愆孔子譏之至于迭推五勝歲首娵訾舛午猶甚漢興號稱網羅文獻矣然吹律之理徵占符之術鑿張倉蒙訛于黑時公孫衍繆于黃龍事不師資廣延何取一行運算淳風微文居

人[illegible]史。迄無定据。郭太史守敬測[illegible]
之法最爲合理。而候人乘遽僅止北
溟。誰云桂海無天。冰天無地。一聞不
達。遂格圜容。表相洪亮之業。得無嵒
待明時哉。乃臺史徒以九章爲紬續
曆理茫然。何分天部。故文曜之麗者

明徵歲差之犄者未覺交食合朔致
野叟之臚言考誤證真煩祠官之彙
請而
聖明鄭重宣問未遑誠慮師說不明
人持意識愈改愈悖愚謂曆者歷也
日月所歷之次舍也黃赤之道終古

不忒揆測奚難惟坤體彈丸乾元帡冒清揚者環動薄靡重濁者中止澄凝隨處巓玄趾黃而目力所際恒半分三百六十五度極星高下斯其爍然者矣奈人域是域誰解大全不謂西方之儒之書持之有故言之成理

也。或曰中夏聖神代起。開闢以來。詎
閱斯旨。而借才異域。爲熊子曰。古神
聖。蚤有言之者。岐伯曰。地在天中。大
氣舉之。伯爲黃帝天師。嵡佐有羲和
五官。曆法肇明。上哉夐矣。惟黎亂天
燔。莊荒列寓。疇人耳食。學者臆摩。匪

義永晦。若夫竺乾佛氏唱爲須彌隱曰。大寶縮川。忉利天宮。金繩地界。其誕愈甚。語曰。百聞不如一見。西域歐邏巴國人。四泛大海。周遭地輪。上窺玄象。下採風謠。彙合成書。確然理解。仲尼問官于郯子曰。天下失官。學在

四夷其語猶信古未有歐邏巴通中
夏通中夏自
今上御曆始上古至治龜呈馬負焜
燿簡篇中古興朝馴象麒麟旅贄荒
服至于星槎絕海禺谷賓王抱圖史
以觀光嗽書契而利見豈非同文之

事無外之上摹哉。儻祠官釆譯以
聞。太史氏參伍刊定。以補臺監之不
及。將三辰定于次。四時定于紀。舉正
歸餘。直媲美乎黃軒之曆矣。何漢唐
之足云。昔
龍飛萬曆歲在閼逢攝提格日月會

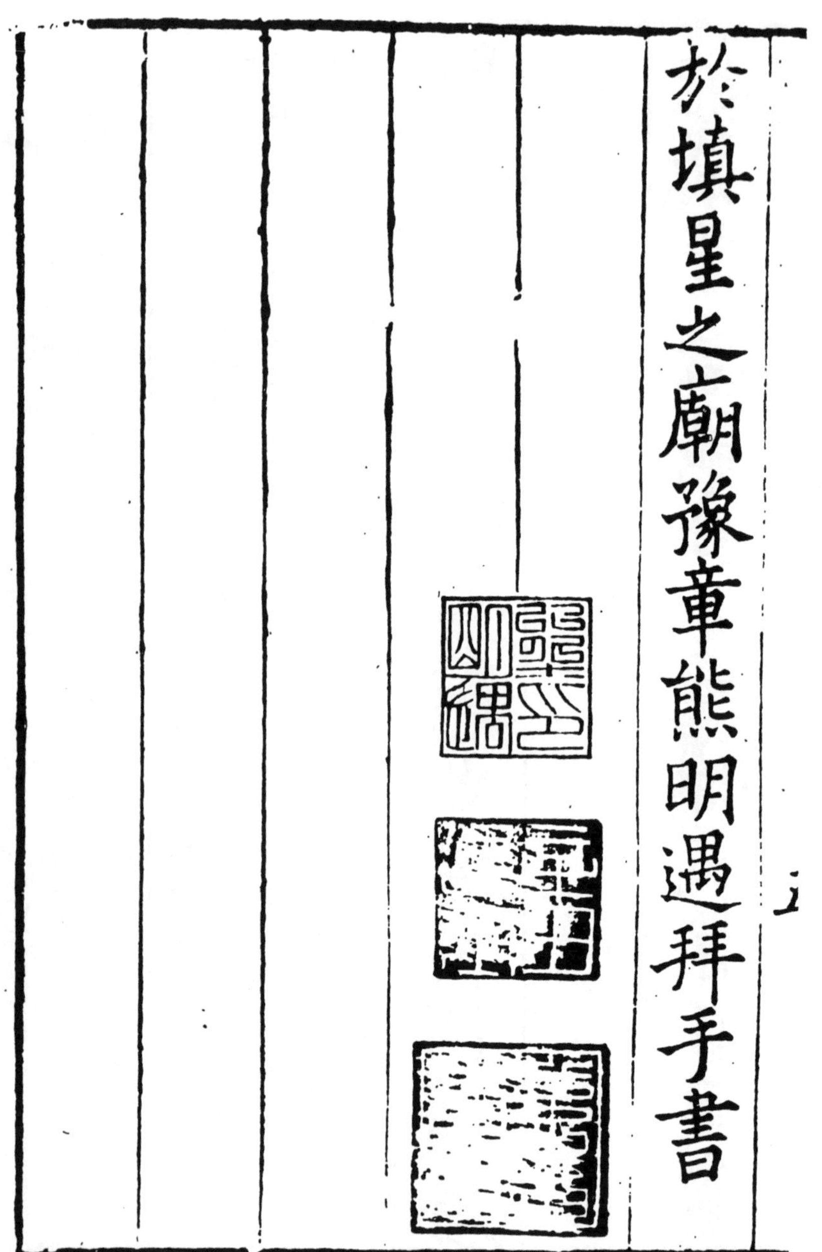

於塡星之廟豫章熊明遇拜手書

表度說序

粵古二帝制璿璣玉衡以齊七政三代以下曆法遷改不常器亦因之惟元太史郭守敬制造儀象圭表以測驗而定節氣成曆法爲得其要然最精而簡者尤莫若任意立表取景西國之法爲盡

善矣蓋齊七政者必依太陽方位而齊焉準曆數者必依太陽本動而準爲定節氣者必依太陽躔度而定爲而太陽方位本動躔度俱以表景度分得其真確則表度之法信治曆明時之指南也圭表我中國本監雖有之然無其書理

未窮用未著也余見大西洋諸先生其諸書內具有此法請於龍精華先生譯其書以補本典用備曆元龍先生然之乃以其友熊有綱先生即為口授因演成書以行于世大西洋諸君子所携本國書典其種甚廣各極其妙我中國人

當一一傳而譯之悉如此書也憶昔余與利西泰先生嘗談律呂之學見其精實可以補本典所無余顧有請也利先生慨然許之嗚呼先生已化不能無人琴之感矣今其友龍先生依然道故再請之龍先生曰吾友之本業則事

天主講學論道也學道餘暇偶及曆數耳

貴國諸君子心歆之吾輩何有吝色乎

是故大宗伯欲依洪武壬戌故事以譯

大西洋諸書請明

上閱業已有成緒矣盡傳其書以裨履端

考正之功而佐我

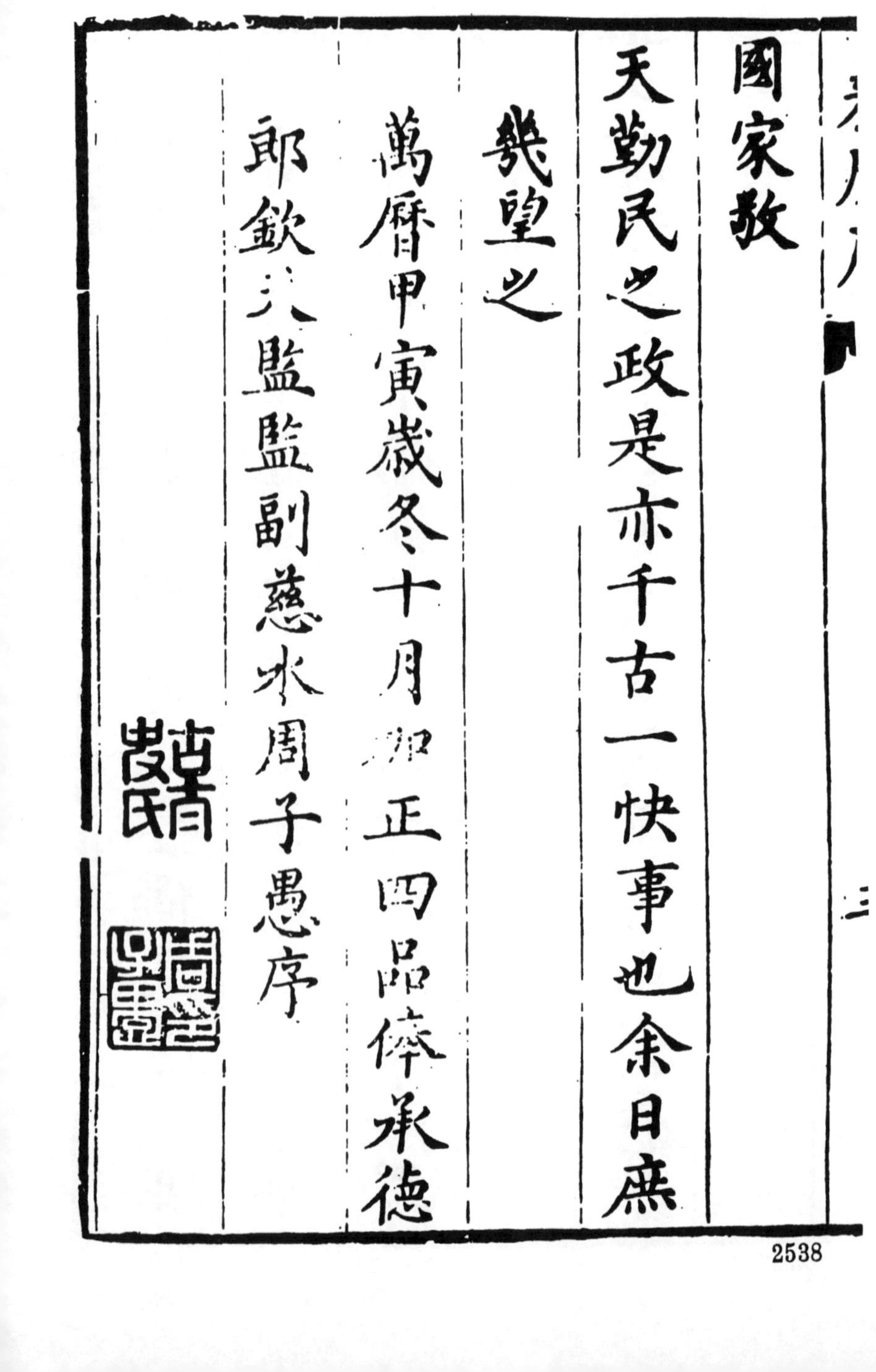

國家敬

天勤民之政是亦千古一快事也余日庶

幾望之

萬曆甲寅歲冬十月卯正四品俸承德

郎欽天監監副慈水周子愚序

表度說

泰西熊三拔口授
慈水周子愚
武林卓爾康筆記

表度說五題

曆家有渾天儀有平儀有圭表有正方案以測七政星辰高下之分以察日至之景以審日月方位因而隨時隨地可用測驗日輪高下度分及午正初刻也有法于此任意立表取景以表景度分得日高度分甚為簡便第欲明表景之義先須論日輪週行之理及日輪大于地球之比例

二論爲說甚長俱有全書今特舉要畧作五題焉

第一題

日輪周天上向天頂下向地平其轉于地面俱平行故地體之景亦平行

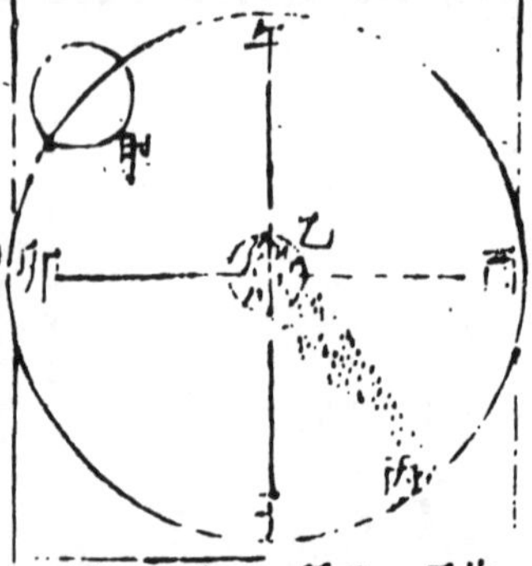

解曰周天三百六十度分爲四圈分每分九十度所謂周天大象限也試如上圖午酉子卯周天也午酉象限九十度也日輪自卯向午每刻行三度四十五分

每時平行三十度至午得三時自午向酉亦如之故一周得十二時終古如此因知其終古平行也其所照物景周行地面亦平行也

令日輪在甲照乙地球其景必至丙日在甲向午上行一度景在丙亦向子下行一度故景與日輪恒平行相等也

第二題

地球在天之中

解曰令地球不在天中在其一隅如上圖丁為天中設地球在乙日輪在甲照乙地球其景必至丙則地之景必不能隨日輪而平行轉周盖日行從甲過戊至丙景必從丙過巳至甲是日輪行大半圈分而景行小半圈分遲速不等甚矣依第一題日輪與景不得不平行相等故不

得言地球不在天中也。又春秋二分。日躔赤道。晝夜平。是因地在天中。故日輪六時在地平上爲晝。六時在地平下。爲夜。非在正中而何。

第三題

地球小于日輪。從日輪視地球。止於一點。

此題全說見天地儀解。今約畧論說。以明表晷之理焉。依第二題。地在天中而分日天爲兩平分。欲分圈界爲兩平分。其徑線必過圈心。如上甲乙丙線。分圈于甲丙。必過乙心而爲兩平分。令不過心而過心之上或下。如丁戊

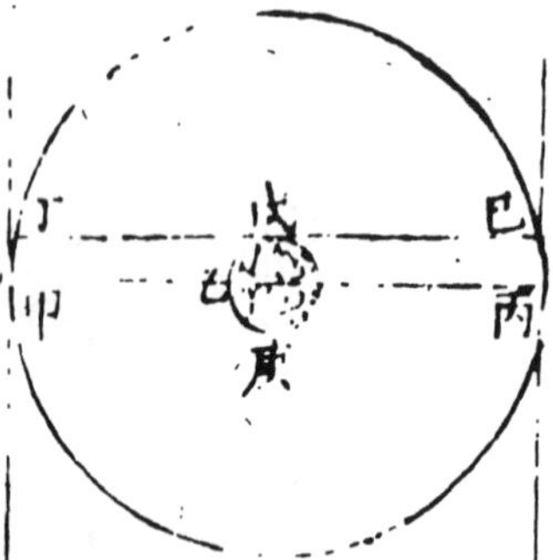

巳線過戊在圜心之上而兩分圜界于丁巳則非兩平分也今地球分日天爲兩平分隨人所至地面恒得見天體之半又春秋二分晝夜平故其大比日天常止一點今非一點而爲大如戊庚卽人在戊地面不得見天體之半其地平線平行至丁巳亦不能分日天爲兩平分也從日輪視地既小如一點今從地視日乃大如小車輪者日輪本大于地球一百六十倍故也此論見乾坤體義

第四題

地本圜體

解曰造物主之初造物也必定物之本像焉地之本像圜

體也。世有云天圓地方，動靜之義，方圓之理耳。今先論東西，後論南北，合證地圓之旨。

日月諸星，雖每日出入地平一遍，第天下國土，非同時出入。蓋東方先見，西方後見，漸東漸早，漸西漸遲。如有人居東，又一人居西，東西直相去試七千五百里，則東人見日爲午正初刻。此際西人乃見日在禺中，爲巳正初刻也。周天三百六十度，每度爲地二百五十里，若相去百八十度，則東方之午，爲西方之子，相去九十度，則東方之午，爲西方之卯矣。餘度俱依此推。

如上圖，午酉子卯爲日，天甲乙丙丁爲地球，今日輪在午。

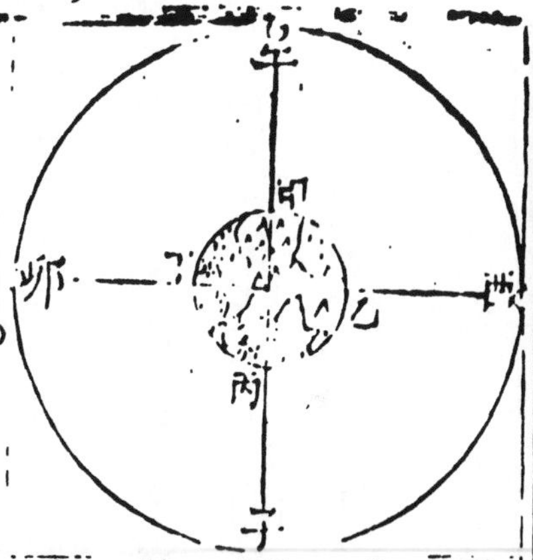

西人居甲即日正在其天頂得午時人
居丙即得子時日在其天頂衝也東去
甲九十度居丁得酉時日既過其天頂
將沒于地則午甲丙子爲其地平也西
去九十度居乙即得卯時日向其天頂
方出於地亦午甲丙子爲其地平也依此推筭今日輪出
地平在卯人居丁得午時居乙得子時矣此何以故地爲
圓體故日出于卯因甲高與乙障隔日光不照故丁之日
中乙之半夜也若地爲方體者如上甲乙丙丁則日出卯
凡甲乙丁地面人宜俱得卯日入酉宜俱得酉不應東西

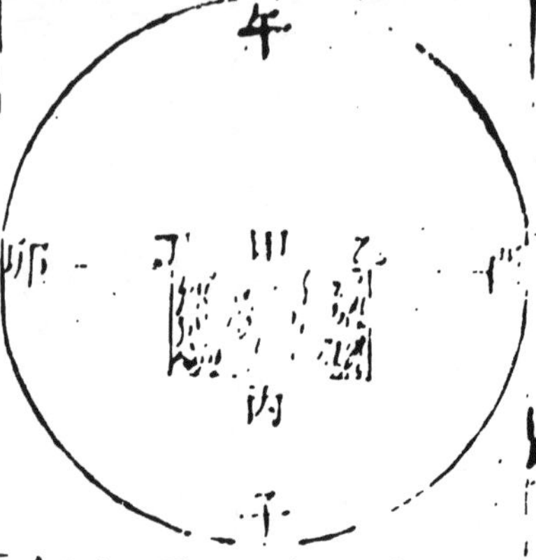

相去二百五十里而差一度。又七千五百里而差一時也。故明有時差者。不能不信地圜也。又丁乙與甲異地。卽異天頂。卽與月中。而又與甲同卯酉。卽丁之午前短午後長矣。乙之午前長午後短矣。獨甲得午前後平耳。而今之半晝分天下皆同。何也。則明有半晝分者。不能不信地圜也。

盛則同此理甚明矣。然于言兩地相遠。一得午。一得子晝夜時刻天下各異。何自驗之乎。曰敝國諸儒多習曆與之推驗大地經緯度數。皆與天應。以為推算七政測量地海之用其推驗經度稍易大抵用午正日晷或星高及南北二極取之其推驗緯度稍難必於月蝕取之夫月食與日食異日或食或不食或食而分數多寡時刻先後隨地各異月之食限分數時刻天下皆同但入限有晝夜人有見不見耳今以之推顯地度每測得一處月食甚于子即知處在其東者必食甚於丑矣在其西者必食甚於亥矣可見此一方之子時乃東方之丑時西方之亥時也若兩地相去九十度則東方見食於子者西方見食于酉矣若相去百八十度則此方見食于子者彼方必于午不見食矣蓋月食有定而天下之見食各異又每去九百三十七

里平而差一刻可見時刻天下各異各以日到本天頂爲
午正初刻也又月平行自西而東一日大約十三度强每
一時約一度五分度之一其所離列宿次舍每時各異故
西土曆家欲知兩地東西相去道里之數即兩地相約于
同夜測月輪與某星同經度分爲何時刻分如東方與此
星同度分爲子而西方與同度分爲丑相隔一時即東西
相去遠七千五百里也以此推之知天下時刻各因日輪
所至不可疑也即地爲圜體又何疑焉
自南而北地爲圜體亦可推也試如有人居廣東測北極
出地得二十二度北行二百五十里見北極稍高測得二

十三度。次每行二百五十里。皆如之。至京都。測北極出地得四十度矣。亦見北界星。廣東不見者。其在廣東亦見南界星。京師所未見者。此由地為圜球。人乃循球而行。故南北二極。及附近諸星。隨所漸次隱見也。若地為平體。隨人所至。恒見天星高于地平若干度矣。

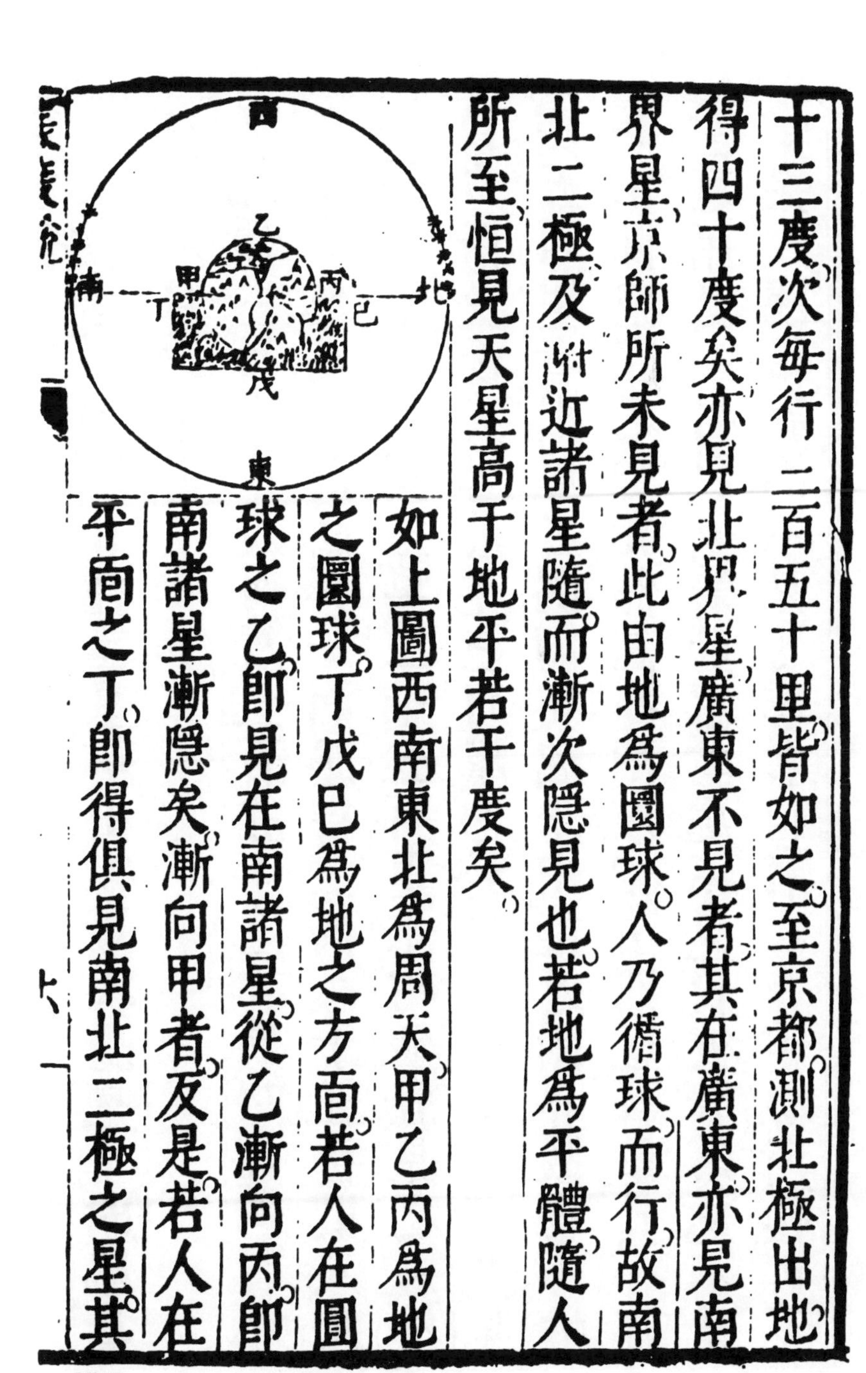

如上圖西南東北為周天。甲乙丙為地之圜球。丁戊巳為地之方面。若人在圜球之乙。即見在南諸星。從乙漸向丙。即南諸星漸隱矣。漸向甲者反是。若人在平面之丁。即得俱見南北二極之星。其

在戊在巳亦如南北極諸星何由得漸次隱見乎則地爲圜體亦可證也

又地周三百六十度每度二百五十里其周圍實獨有九萬里令地爲方四面其一面應得二萬二千五百里人居一面地平之上其二萬二千五百里之內並宜見之乃今目力所及極大畧能見三百里即於最高山上未有能見四五百里者則地之圜體突起于中能遮兩界故也不惟高山即空際之雲亦然試令兩方相去四五百里其一密雲甚雨其一日色晴霽此密雲處不見日彼晴霽處不見雲矣人聞雷聲而不見密雲者恒有之盖雷聲所極可至

三百里以外故耳可得聞而雷起處必有密雲而三百里以外空際之雲人遂不能見之夫向所云平地不見四五百里猶云目力有限乃空際之雲物在三百里以外者遂不能見之則豈非地爲圜體人所及見之面至於三百里而止乎

以此地圜故若有二國東西相去四萬五千里得一百八十度半地之周居西二人約往東國一向西一向東令同時發行而以發行之第十六日相遇於東國其同發時爲月之朔日則向東者遇之之日爲月之十六日向西者遇之日爲月之五日此兩人行同至同所更歷時刻同而一爲十六日

二爲五日何也蓋東行者迎日而行漸就於日故此人恒先得見日出地而日先得至其天頂西行者與日俱馳漸遠於日故此人恒後見日出地而日後至其天頂也今太西洋估船至小西洋歲歲有之若二船同日解維其一東行其一西行後相遇於小西洋東行者若筭得月之六日甲子即西行者必筭得月之五日癸亥

試如上圖甲乙二船俱從大西洋往小西洋同以三月初一日午時解維甲船望西行至申即申爲其天頂乙船望東行至戌即戌爲其天頂因日輪自東而西當先至戌後至申戌在申東即日輪第一周先至戌乙船以戌爲天頂

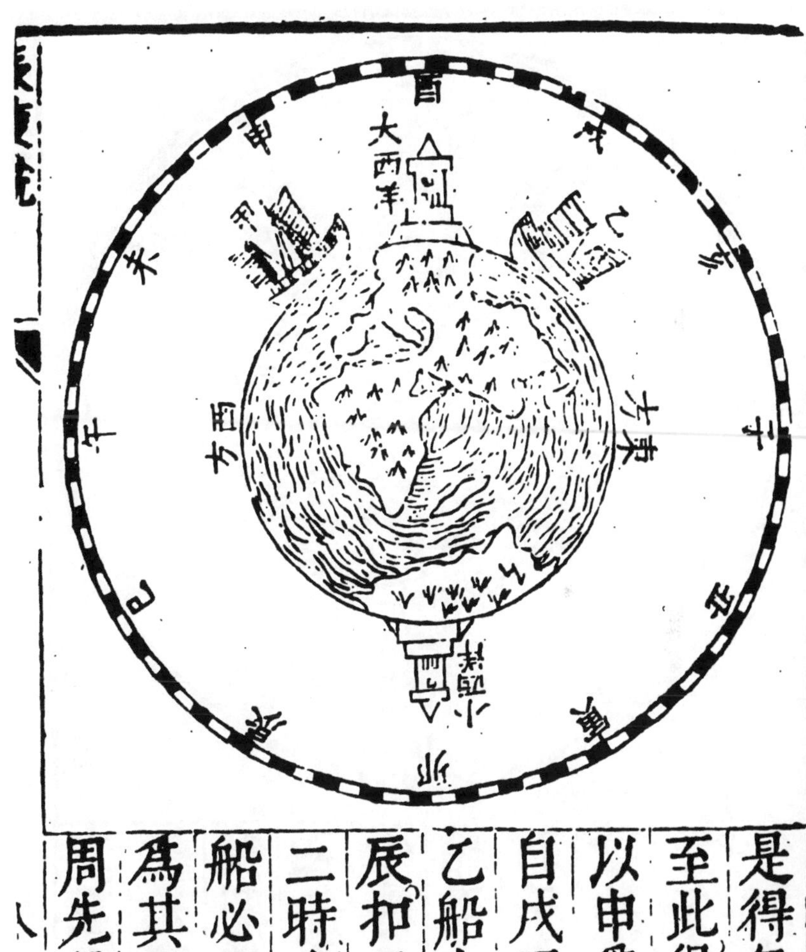

是得午時、從昨開洋。至此得一日足。甲船以申為天頂、日未至。自戌至申須二時、則乙船之午、是甲船之辰卯、至一日足、實少二時。次乙船至亥、甲船必至未、各以亥未為其天頂、日輪第二周先至亥、後至未、自

亥至未隔四時，則東船先四時而得午正，從開洋祇得二日足。西船更須四時乃得午，爲二日足也。次乙船至子，甲船必至午。而子午爲其天頂，日輪第三周先至子，後至午，東船在子，先得午時，爲三日足。自子

至午隔六時西船在午須六時乃得午為三日足次至丑至巳亦如之故東船至寅西船宜至辰日輪自寅逆東至辰隔十時故十時之初東船先得五日足而西船尚須十時乃過卯故卯乙二船自開洋至此際一得五日一得四日零二時既抵小西洋而卯為其天頂日輪至卯即向東者實滿六日向西者實滿五日是故雖同發俱至而先後差一日也此何以故地為圜體人居東先得見日輪出地平居西後見故也五日六日假說之實行者不論一年二年皆差一日其理同也

或問地果圜體則上下四旁皆生人所居不知在下者安

所佇其足哉曰地球之說其理甚廣西庠有專書備論今獨舉一二端明徵此理其一曰天下萬物各有本所最上本所爲天之上最下本所則爲地之中心也其二曰物之體有輕有重最輕妙者就最上所如火是也最重滯者就最下所如土是也其三曰物重者各有體之重心此重心者在重體之中試觀于衡均重則不欹物重之重心得在其中故也其四曰既地中之心爲諸重物各重心之本所物之重心悉欲就之欲就之勢其下必爲垂線也如人上山山之陡而不能正佇人足如佇地平與其直角用造室立柱於山之陡而亦不能與爲直角也何故乎人體之重

心所欲就者爲地之心下就之勢作一地之心而垂線欲垂線立柱亦然山之斜面與地中心非相對待如地平之面故人體柱體與其峻面悉不能爲直角也

如上圖甲山欲立柱作直角于山之陡面如乙必傾矣其體之重心所願就者爲丁地心非甲山之心也雖陡面必與地平爲直角如丙乃安何故其體之重心與丁相直耳故凡重物居地面之上

谷以地心爲下以天爲上因其重心願就地心遂得安于地面能佇其足矣因是可知上下之分凡謂下者遠于天

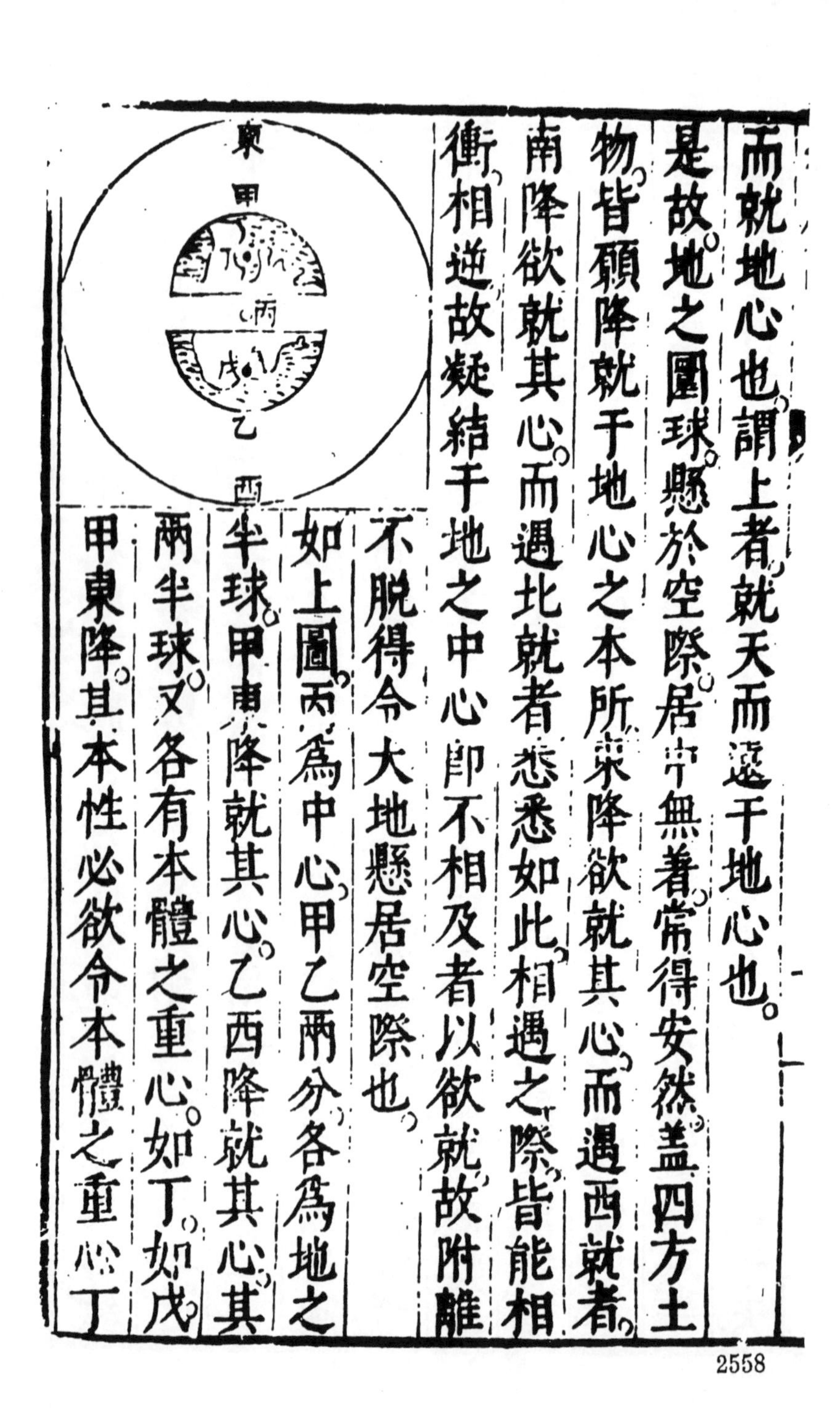

而就地心也。謂上者，就天而遠于地心也。

是故地之圓球，懸於空際，居中無着，常得安然。蓋四方土物，皆願降就于地心之本所，東降欲就其心，而遇西就者；南降欲就其心，而遇北就者，悉悉如此，相遇之際，皆能相衡相逆，故凝結于地之中心，即不相及者，以欲就，故附離不脫，得令大地懸居空際也。

如上圖，丙爲中心，甲乙兩分，各爲地之半球。甲東降就其心，乙西降就其心，其兩半球，又各有本體之重心，如丁，如戊，甲東降，其本性必欲令本體之重心丁至于丙然後止而不可得何者乙酉降亦欲其体之重心戊至丙中心然後止也故兩半球相遇于丙中心甲不令乙得西乙不令甲得東一衡一逆力勢均平遂兩不進亦兩不能退而懸居空際安然未奠矣試于一門二人出入其一在內其一在外在外者衡欲開之在內者逆欲閉之若同衡同逆爲力均平門必不動甲乙半球其理同也推至四方八面一塵一土莫不皆然隤然下凝職由于此矣

第五題

表端爲地心

解曰地球之大比月天只止一點本篇三題解況地上山岳樓

[illegible]喬木及所立之表何足算乎亦與大地共為一點而已
故雖人所立表表景隨日輪若在地面第以一點論之則
表端之景與地心之景一也故表端不得不為地也欲徵
其實試作一赤道晷其法於平面作圈圈界平分三百六
十度每三度四十五分[illegible]為一刻每三十度為一時
立表于圈心候之即見表景平行每刻三度四十五分[illegible]
[illegible]每時三十度與日輪旋轉地心度數相等設非表端
為地心安能日景平行且用此平行日景作日晷數十百
種一一合徹乎既明表端為地心因可隨地隨時立表取
景以得日行周天定度也

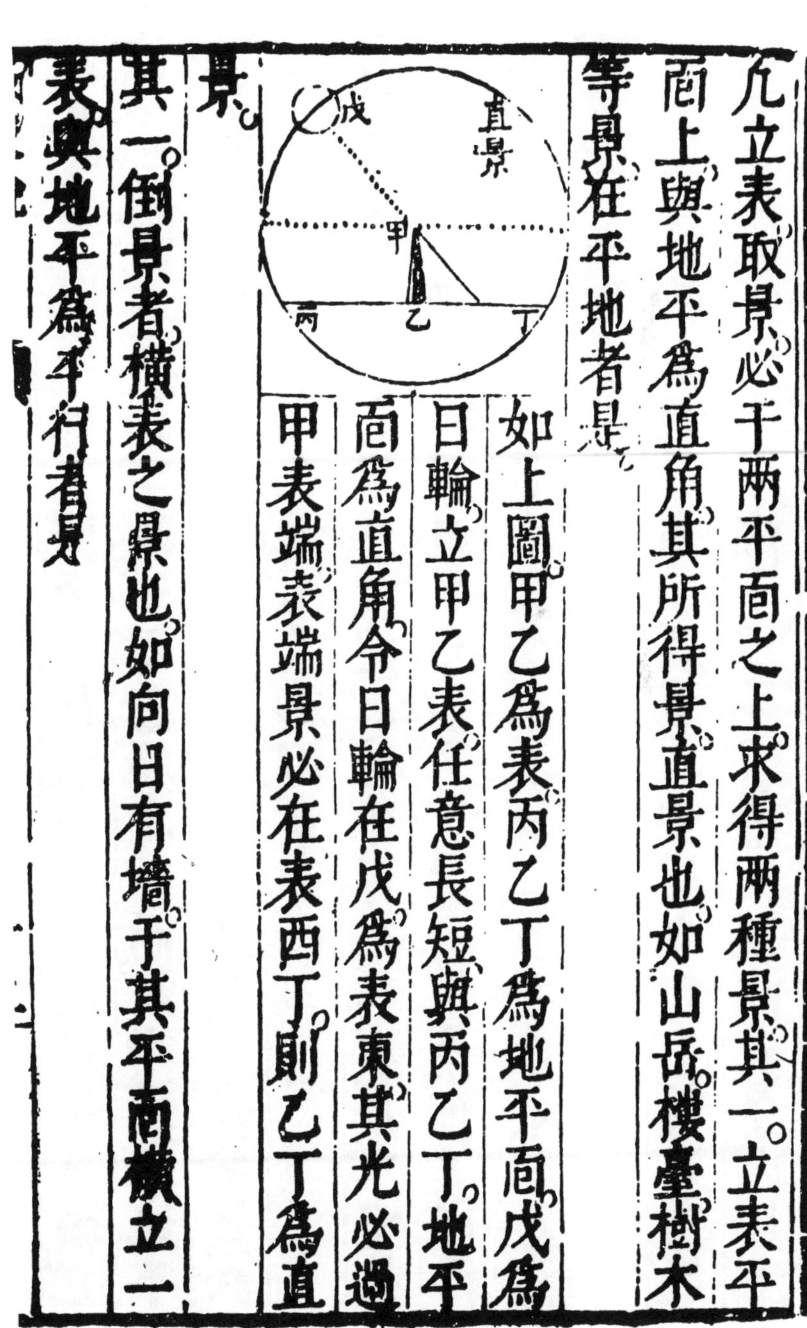

凡立表取景必于兩平面之上求得兩種景其一立表平面上與地平為直角其所得景直景也如山岳樓臺樹木等景在平地者是

如上圖甲乙為表丙乙丁為地平面戊為日輪立甲乙表任意長短與丙乙丁地平面為直角令日輪在戊為表東其光必過甲表端表端景必在表西丁則乙丁為直景

其一倒景者橫表之景也如向日有墻于其平面橫立一表與地平為平行者是

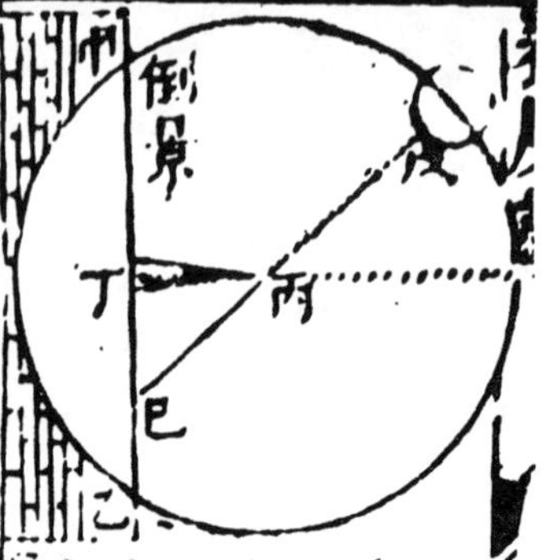

如上圖、甲乙為墻、丙丁為表、戊為日輪。立丙丁表、于甲乙墻之平面為橫表、與地平平行、令日輪在戊、其光過表端。表端景必在巳、而丁巳為倒景。

立表取景以表之度分量此二種景可得其短長以短長之度數可得日軌離地平分秒。又量得一種景推筭可得別種、但須先得二景之比例、及表與二景相求之法、乃悉其立法所由。今引說數條、推明指義如左。

其一日日軌出地平。從一度至九十度漸升、上就天頂。既過一象限、從九十度漸入地平下、離天頂、故表景因日上下。而得消長。日上。直景消。倒景長。日下。倒景消。直景長。皆至午正而復。

其二曰直景與倒景之比例。表與二景之比例。皆在日輪

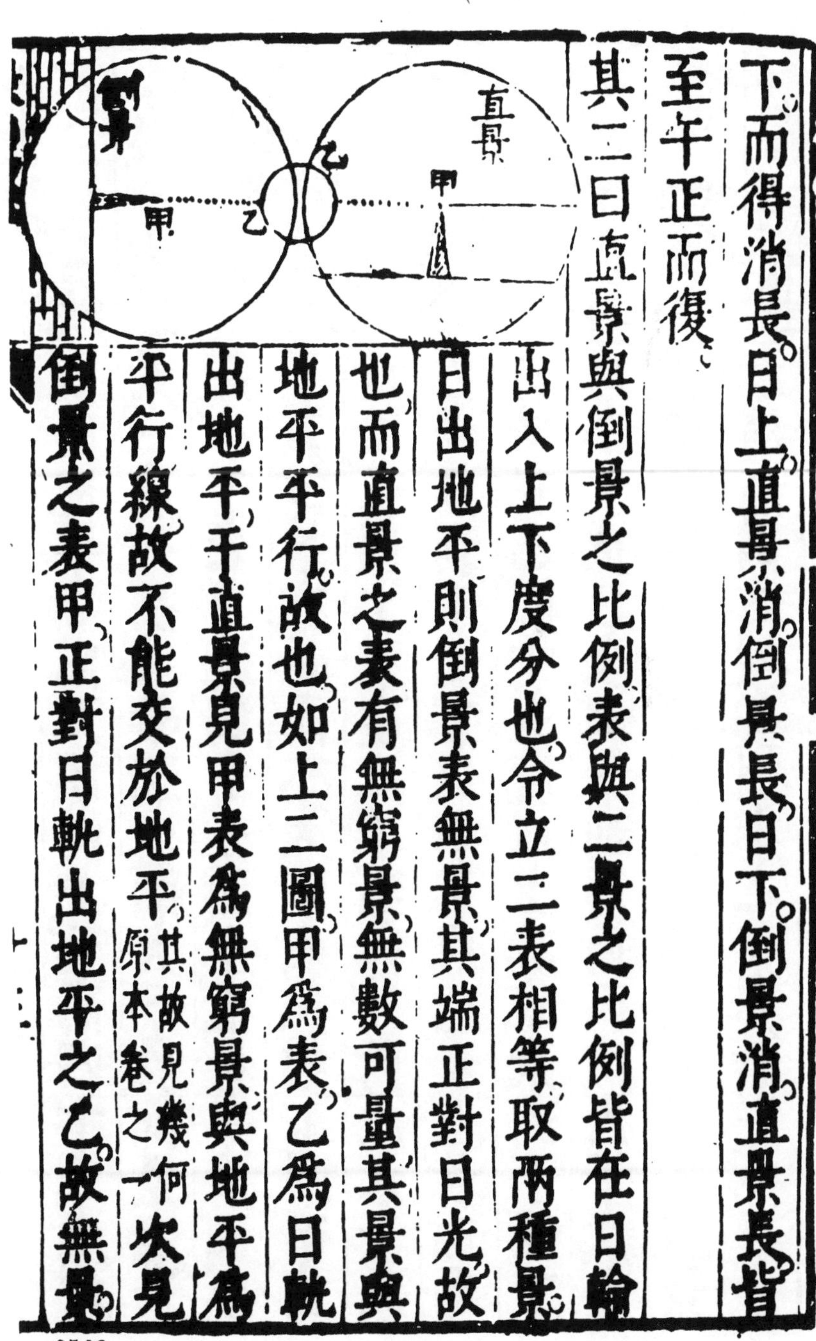

出入上下度分也。令立二表相等。取兩種景。日出地平。則倒景表無景。其端正對日光故也。而直景之表有無窮景。無數可量。其景與地平平行。故也。如上二圖。甲為表。乙為日軌出地平。于直景見甲表為無窮景。與地平為平行線。故不能交於地平。其故見幾何原本卷之一次見倒景之表甲。正對日軌出地平之乙。故無景。

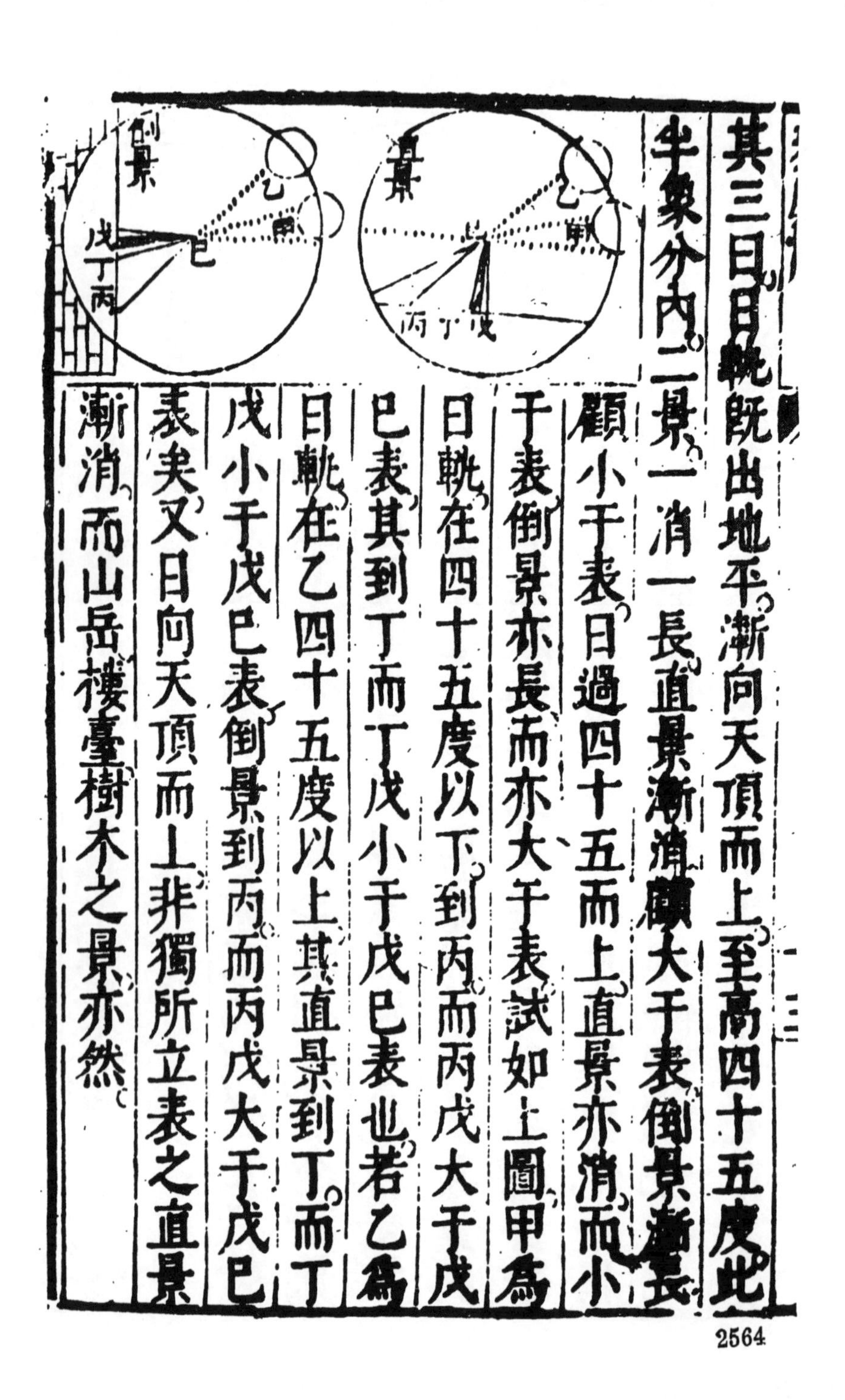

其三曰日輪既出地平漸向天頂而上至高四十五度此半象分內二景一消一長直景漸消顧大于表倒景漸長顧小于表日過四十五而上直景亦消而小于表倒景亦長而亦大于表試如上圖甲為日輪在四十五度以下到丙而丙戊大于戊巳表其到丁而丁戊小于戊巳表也若乙為日輪在乙四十五度以上其直景到丁而丁戊小于戊巳表倒景到丙而丙戊大于戊巳表矣又日向天頂而上非獨所立表之直景漸消而山岳樓臺樹木之景亦然

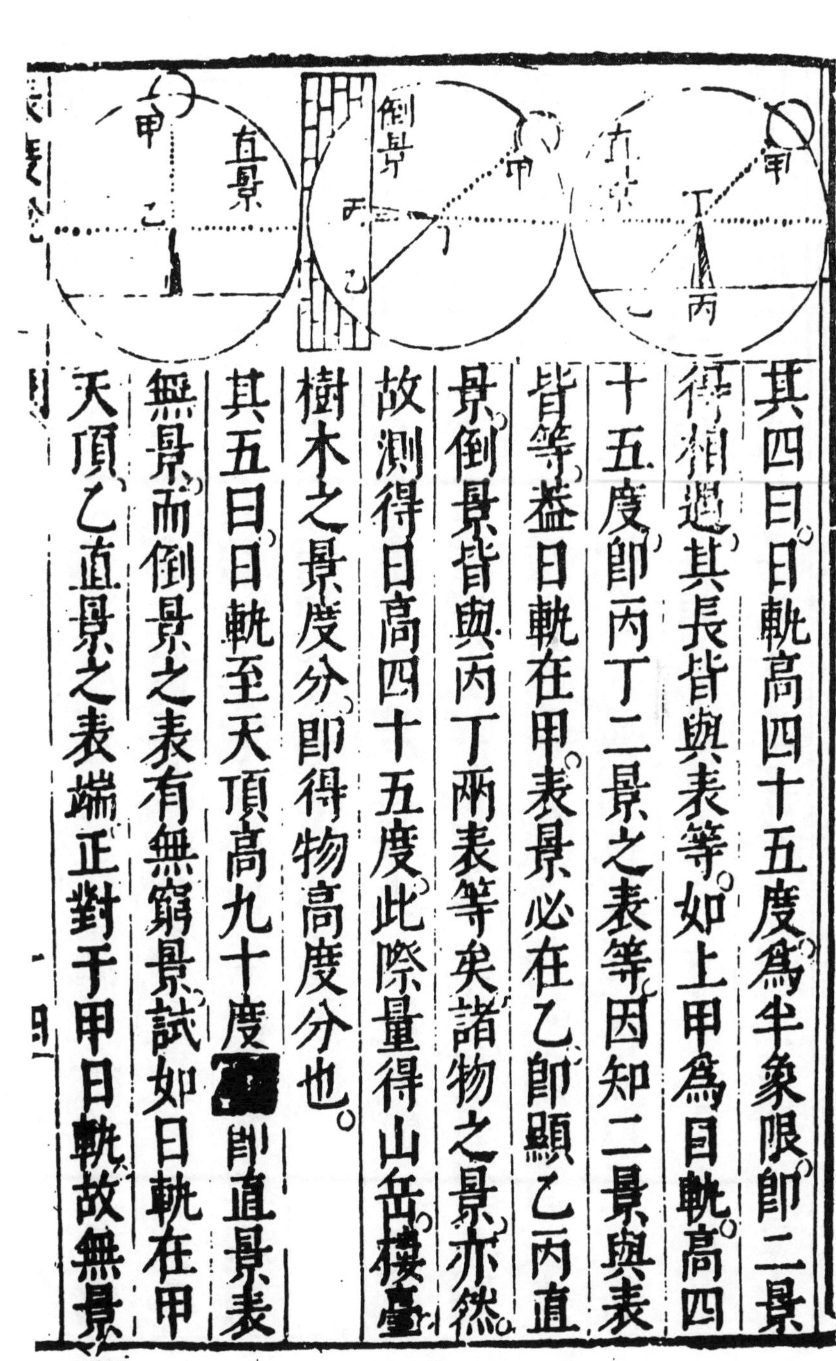

其四曰。日軌高四十五度爲半象限。卽二景得相過。其長皆與表等。如上甲爲日軌。高四十五度。卽丙丁二景之表等。因知二景與表皆等。蓋日軌在甲。表景必在乙。卽顯乙丙直景。倒景皆與丙丁兩表等矣。諸物之景亦然。故測得日高四十五度。此際量得山岳樓臺樹木之景。度分。卽得物高度分也。

其五曰。日軌至天頂高九十度。[illegible]則直景表無景。而倒景之表有無窮景。試如日軌在甲天頂。乙直景之表端正對于甲日軌。故無景

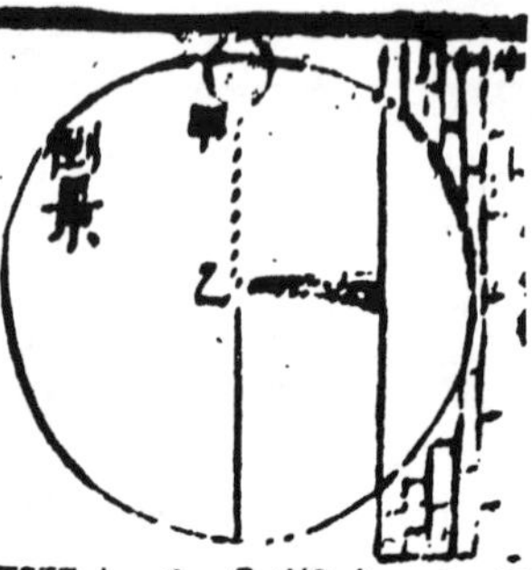

乙表之倒景必與丙丁墻面平行故為無窮景此與第二論同義也蓋如直景因與地平為平行線故不能交於地平倒景乃與墻面亦為平行線却不能交於墻面也

其六曰日出地與日高九十度二景之理既同即一度至其間相反相對者理並同也試如日高二度直景得長倒景得短日高八十九度倒景得長直景得短則日高二度之直景八十八度之倒景其長同也其短反是以至日高三四五度二景短長與日高八十七八十六八十五度並同也假如立二表相等各十二平分之日高五度直景之

長爲表之一百三十七度卽日高八十五度倒景之長亦爲表之一百三十七度日高五度倒景之短爲表之一度日高八十五度直景之短亦爲表之一度二景一消一長相反相對無有不合故用日高度分表景短長立法布筭得一推二致爲簡便也

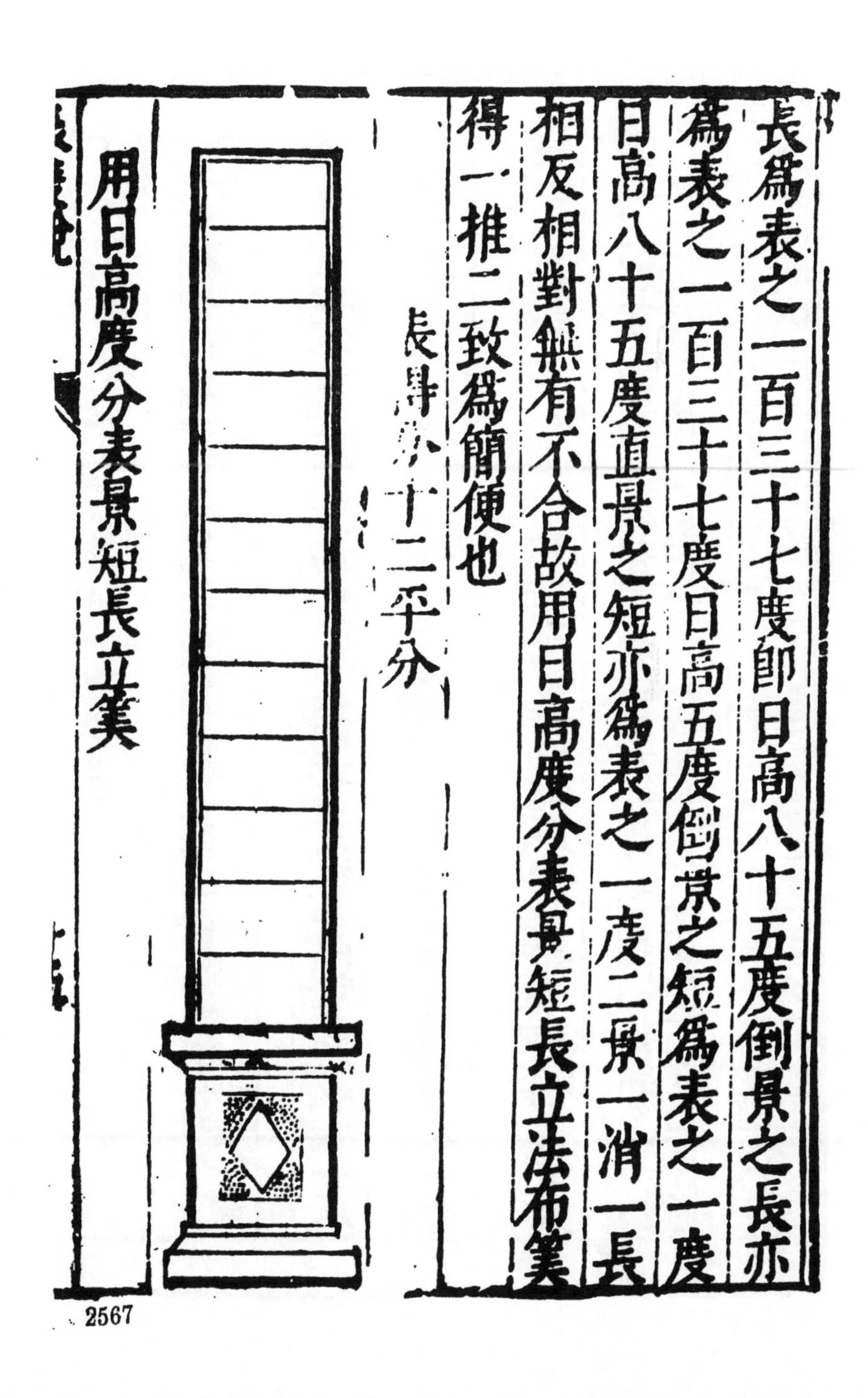

用日高度分表景短長立筭

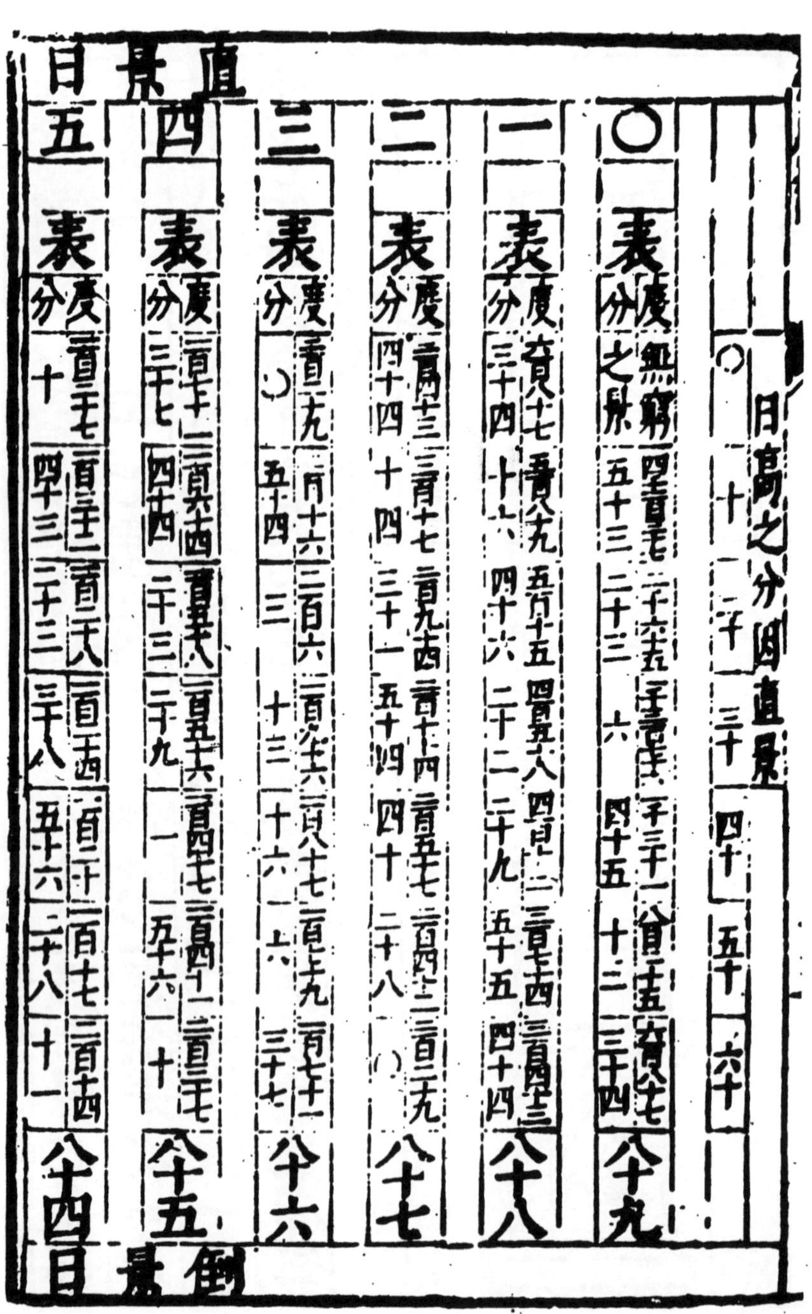

直景

日高之分四直景	〇 表 度	〇 表 分	一 表 度	一 表 分	二 表 度	二 表 分	三 表 度	三 表 分	四 表 度	四 表 分	五 表 度	五 表 分
〇	無窮	之景	六百八十七	三十四	三百四十三	四十四	二百二十九	〇	一百七十一	三十七	一百三十七	十
十	四千一百二十七	五十三	五百八十九	十六	三百十七	十四	二百十六	五十四	一百六十四	四十四	一百三十二	四十三
二十	二千六十五	二十三	五百十五	四十六	二百九十四	三十一	二百六	三	一百五十八	二十三	一百二十八	二十三
三十	一千三百七十五	六	四百五十八	二十二	二百七十四	五十四	一百九十六	十三	一百五十二	二十九	一百二十四	三十八
四十	一千三十一	四十五	四百十二	二十九	二百五十七	四十	一百八十七	十六	一百四十七	一	一百二十一	五十六
五十	八百二十五	十二	三百七十四	五十五	二百四十二	二十八	一百七十九	十六	一百四十二	五十六	一百十七	二十八
六十	六百八十七	三十四	三百四十三	四十四	二百二十九	〇	一百七十一	三十七	一百三十七	十	一百十四	十一
倒景	八十九		八十八		八十七		八十六		八十五		八十四	

倒景

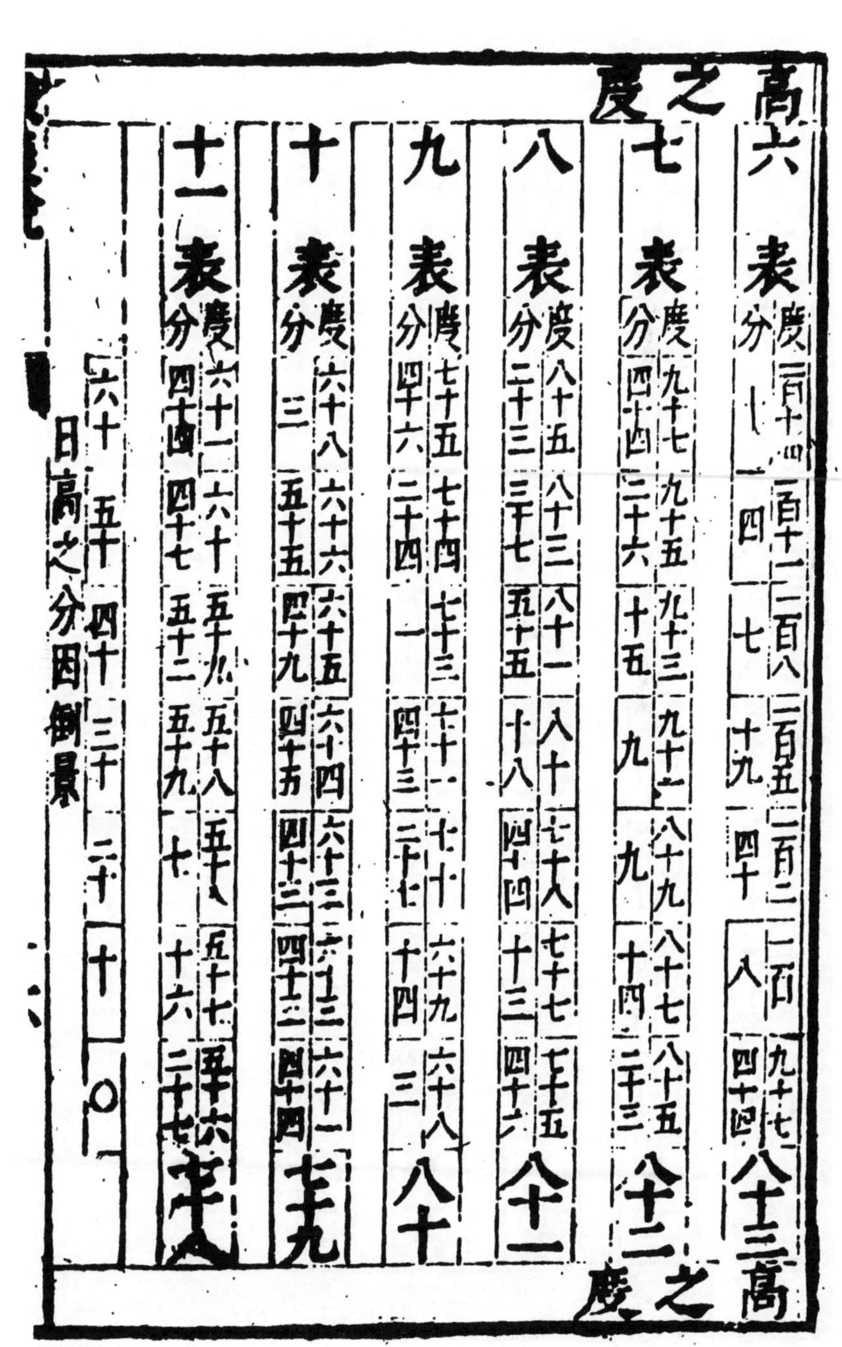

高之度

表		六十	五十	四十	三十	二十	十	〇	度之高
六表	度	一百十四	一百十一	一百八	一百五	一百二	一百	九十七	八十三
	分	七	四	七	十九	四十	八	四十四	
七表	度	九十七	九十五	九十三	九十一	八十九	八十七	八十五	八十二
	分	四十四	二十六	十五	九	九	十四	二十三	
八表	度	八十五	八十三	八十一	八十	七十八	七十七	七十五	八十一
	分	二十三	三十七	五十五	十八	四十四	十三	四十二	
九表	度	七十五	七十四	七十三	七十一	七十	六十九	六十八	八十
	分	四十六	二十四	一	四十三	二十七	十四	三	
十表	度	六十八	六十六	六十五	六十四	六十三	六十二	六十一	七十九
	分	三	五十五	四十九	四十五	四十二	四十二	四十四	
十一表	度	六十一	六十	五十九	五十八	五十七	五十七	五十六	七十八
	分	四十四	四十七	五十二	五十九	七	十六	二十七	

日高之分因倒景

度之高

直景月

日高之分因直景	十二表 度	十二表 分	十三表 度	十三表 分	十四表 度	十四表 分	十五表 度	十五表 分	十六表 度	十六表 分	十七表 度	十七表 分
〇	五十六	二十七	五十一	五十九	四十七	八	四十四	四十七	四十一	五十一	三十九	十五
十	五十五	四十	五十一	十八	四十七	三十二	四十四	十六	四十一	二十四	三十八	五十一
二十	五十四	五十三	五十	三十八	四十六	五十八	四十三	十六	四十	五十七	三十八	二十七
三十	五十四	八	四十九	五十九	四十六	二十四	四十三	四十七	四十	三十二	三十八	四
四十	五十三	二十四	四十九	二十一	四十五	五十一	四十二	四十七	四十	五	三十七	四十二
五十	五十二	四十一	四十八	四十四	四十五	十九	四十二	十九	三十九	四十	三十七	十八
六十	五十一	五十九	四十八	八	四十四	四十六	四十一	五十一	三十九	十五	三十六	五十六
	七十七		七十六		七十五		七十四		七十三		七十二	

倒景月

高之度

日高之分圖表	十八表 度	十八表 分	十九表 度	十九表 分	二十表 度	二十表 分	二十一表 度	二十一表 分	二十二表 度	二十二表 分	二十三表 度	二十三表 分
六十	三十六	五十六	三十四	五十一	三十二	五十八	三十一	十六	二十九	四十二	二十八	十六
五十	三十六	三十四	三十四	三十一	三十二	四十	三十一	〇	二十九	二十七	二十八	三
四十	三十六	十三	三十四	十二	三十二	二十三	三十	四十四	二十九	十三	二十七	四十九
三十	三十五	五十三	三十三	五十三	三十二	六	三十	二十八	二十八	五十八	二十七	三十六
二十	三十五	三十一	三十三	三十五	三十一	四十九	三十	十二	二十八	四十四	二十七	二十三
十	三十五	十一	三十三	十六	三十一	三十二	二十九	五十七	二十八	三十	二十七	十
〇	三十四	五十一	三十二	五十八	三十一	十六	二十九	四十二	二十八	十六	二十六	五十七
	七十一		七十		六十九		六十八		六十七		六十六	

高之度

直景日

表		日高之分因直影	十	二十	三十	四十	五十	六十	
二十四表	度	二十六	二十六	二十六	二十六	二十六	二十五	二十五	六十五
	分	五十七	四十五	三十二	二十	八	五十六	四十四	
二十五表	度	二十五	二十五	二十五	二十五	二十四	二十四	二十四	六十四
	分	四十四	三十二	二十一	十	五十七	四十七	三十六	
二十六表	度	二十四	二十四	二十四	二十四	二十三	二十三	二十三	六十三
	分	三十六	二十五	十五	四	二十四	五十三	三十三	
二十七表	度	二十三	二十三	二十三	二十三	二十二	二十二	二十二	六十二
	分	三十三	二十三	十三	三	五十三	四十四	三十四	
二十八表	度	二十二	二十二	二十二	二十二	二十一	二十一	二十一	六十一
	分	三十四	二十五	十五	六	五十七	四十八	三十九	
二十九表	度	二十一	二十一	二十一	二十一	二十一	二十	二十	六十
	分	三十九	三十一	二十一	十三	四	五十六	四十七	

倒景日

高之度								高之度
三十表	度 二十 分 四十七	度 二十 分 三十九	度 二十 分 三十一	度 二十 分 二十三	度 二十 分 十四	度 二十 分 六	度 十九 分 五十八	五十九
三十一表	度 十九 分 五十八	度 十九 分 五十	度 十九 分 四十三	度 十九 分 三十五	度 十九 分 二十七	度 十九 分 二十	度 十九 分 十二	五十八
三十二表	度 十九 分 十二	度 十九 分 五	度 十八 分 五十七	度 十八 分 五十	度 十八 分 四十三	度 十八 分 三十六	度 十八 分 二十九	五十七
三十三表	度 十八 分 二十九	度 十八 分 二十二	度 十八 分 十五	度 十八 分 八	度 十八 分 一	度 十七 分 五十三	度 十七 分 四十七	五十六
三十四表	度 十七 分 四十七	度 十七 分 四十一	度 十七 分 三十四	度 十七 分 二十八	度 十七 分 二十一	度 十七 分 十四	度 十七 分 八	五十五
三十五表	度 十七 分 八	度 十七 分 二	度 十六 分 五十六	度 十六 分 四十九	度 十六 分 四十三	度 十六 分 三十六	度 十六 分 三十一	五十四
日高之分因爲象	六十	五十	四十	三十	二十	十	○	

直景日

日高之分圖直景	三十六表 度	三十六表 分	三十七表 度	三十七表 分	三十八表 度	三十八表 分	三十九表 度	三十九表 分	四十表 度	四十表 分	四十一表 度	四十一表 分
〇	十六	三十一	十五	五十五	十五	二十二	十四	四十九	十四	十八	十三	四十八
十	十六	二十五	十五	五十	十五	十六	十四	四十四	十四	十三	十三	四十三
二十	十六	十九	十五	四十四	十五	十一	十四	三十九	十四	八	十三	三十九
三十	十六	十三	十五	三十八	十五	五	十四	三十三	十四	三	十三	三十四
四十	十六	七	十五	三十三	十五	〇	十四	二十八	十三	五十八	十三	二十九
五十	十六	一	十五	二十七	十四	五十四	十四	二十三	十三	五十三	十三	二十四
六十	十五	五十五	十五	二十二	十四	四十九	十四	十八	十三	四十八	十三	二十
	五十三		五十二		五十一		五十		四十九		四十八	

倒景日

高之度

高四十二表 度	分	四十三表 度	分	四十四表 度	分	四十五表 度	分	四十六表 度	分	四十七表 度	分		分
十三	二十	十二	五十二	十二	二十六	十二	○	十一	三十五	十一	十二		六十
十三	十五	十二	四十八	十二	二十一	十一	五十六	十一	三十二	十一	八		五十
十三	十	十二	四十三	十二	十七	十一	五十二	十一	二十七	十一	四		四十
十三	六	十二	三十九	十二	十三	十一	四十八	十一	二十三	十一	○		三十
十三	一	十二	三十四	十二	八	十一	四十三	十一	十九	十	五十六		二十
十二	五十	十二	三十	十二	四	十一	三十九	十一	十五	十	五十二		十
十二	五十二	十二	二十六	十二	○	十一	三十五	十一	十一	十	四十八		○
四十七		四十六		四十五		四十四		四十三		四十二			

日高之分用倍景

高之度

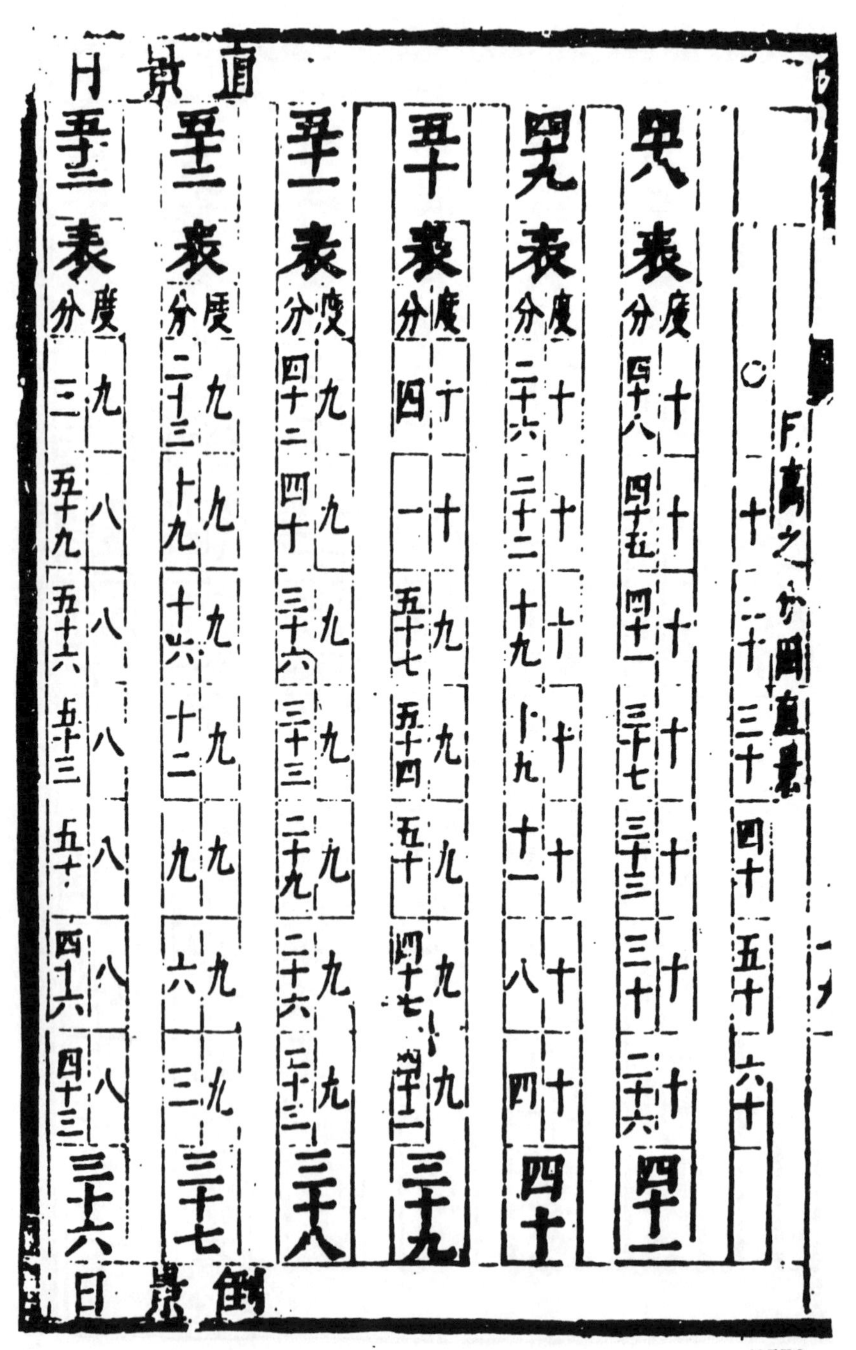

直景日

下高之分四直景

分	四十八表 度	四十八表 分	四十九表 度	四十九表 分	五十表 度	五十表 分	五十一表 度	五十一表 分	五十二表 度	五十二表 分	五十三表 度	五十三表 分
〇	十	四十八	十	二十六	十	四	九	四十二	九	二十三	九	三
十	十	四十五	十	二十二	十	一	九	四十	九	十九	八	五十九
二十	十	四十一	十	十九	九	五十七	九	三十六	九	十六	八	五十六
三十	十	三十七	十	十九	九	五十四	九	三十三	九	十二	八	五十三
四十	十	三十三	十	十二	九	五十	九	二十九	九	九	八	五十
五十	十	三十	十	八	九	四十七	九	二十六	九	六	八	四十六
六十	十	二十六	十	四	九	四十三	九	二十三	九	三	八	四十三
	四十二		四十		三十九		三十八		三十七		三十六	

倒景日

高之度

日高之分四倒景	六十	五十	四十	三十	二十	十	高之度
五十四表 度	八	八	八	八	八	八	三十五
分	四十三	四十	三十七	三十四	三十一	二十七	二十四
五十五表 度	八	八	八	八	八	八	三十四
分	二十四	二十一	十八	十五	十二	九	六
五十六表 度	八	八	八	七	七	七	三十三
分	六	三	〇	五十七	五十四	五十一	四十八
五十七表 度	七	七	七	七	七	七	三十二
分	四十八	四十五	四十二	三十九	三十六	三十三	三十
五十八表 度	七	七	七	七	七	七	三十一
分	三十	二十七	二十四	二十一	十八	十五	十二
五十九表 度	七	七	七	七	七	六	三十
分	十三	十	七	四	一	五十九	五十六

高之度

直景日

日高之分因直景	六十表 度	六十表 分	六十一表 度	六十一表 分	六十二表 度	六十二表 分	六十三表 度	六十三表 分	六十四表 度	六十四表 分	六十五表 度	六十五表 分
○	六	五十六	六	三十九	六	二十三	六	七	五	五十一	五	三十六
十	六	五十三	六	三十六	六	二十	六	四	五	四十九	五	三十三
二十	六	五十	六	三十四	六	十八	六	二	五	四十六	五	三十一
三十	六	四十七	六	三十一	六	十五	五	五十九	五	四十三	五	二十八
四十	六	四十五	六	二十八	六	十二	五	五十六	五	四十一	五	二十六
五十	六	四十三	六	二十六	六	十	五	五十四	五	三十八	五	二十三
六十	六	三十九	六	二十三	六	七	五	五十二	五	三十六	五	二十一
	二十九		二十八		二十七		二十六		二十五		二十四	

倒景日

高之度

日高之分因倒景	六十六表 度	分	六十七表 度	分	六十八表 度	分	六十九表 度	分	七十表 度	分	七十一表 度	分
六十	五	二十一	五	六	四	五十一	四	三十六	四	二十二	四	八
五十	五	十八	五	三	四	四十八	四	三十四	四	二十	四	五
四十	五	十六	五	一	四	四十六	四	三十二	四	十九	四	三
三十	五	十三	四	五十八	四	四十四	四	三十	四	十五	四	一
二十	五	十一	四	五十六	四	四十一	四	二十七	四	十三	三	五十九
十	五	八	四	五十三	四	三十九	四	二十四	四	十	三	五十六
〇	五	六	四	五十一	四	三十六	四	二十二	四	八	三	五十四
高之度	二十三		二十二		二十一		二十		十九		十八	

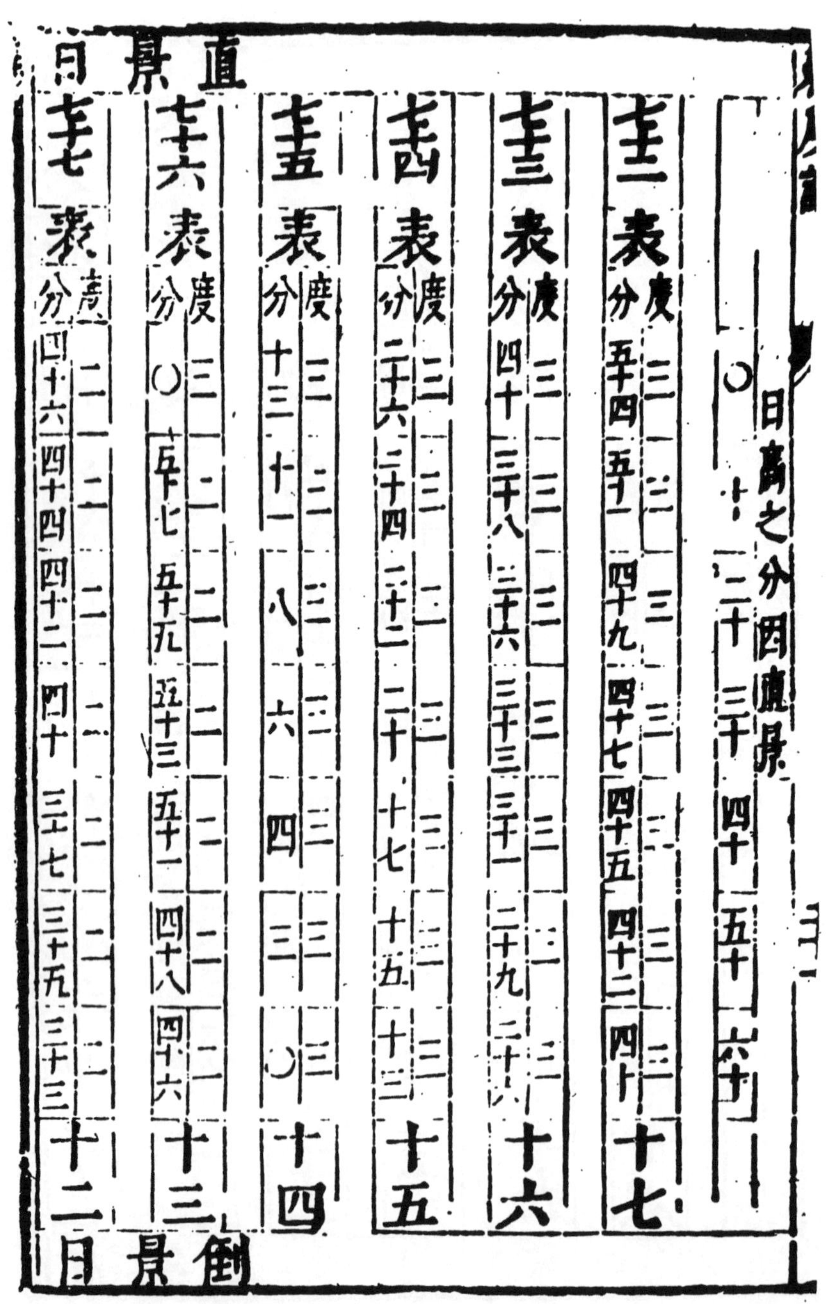

直景日

日高之分因度景	廿二表 度	廿二表 分	廿三表 度	廿三表 分	廿四表 度	廿四表 分	廿五表 度	廿五表 分	廿六表 度	廿六表 分	廿七表 度	廿七表 分
〇	三	五十四	三	四十	三	二十六	三	十三	三	〇	二	四十六
十	三	五十一	三	三十八	三	二十四	三	十一	二	五十七	二	四十四
二十	三	四十九	三	三十六	三	二十二	三	八	二	五十九	二	四十二
三十	三	四十七	三	三十三	三	二十	三	六	二	五十三	二	四十
四十	三	四十五	三	三十一	三	十七	三	四	二	五十一	二	三十七
五十	三	四十二	三	二十九	三	十五	三	二	二	四十八	二	三十九
六十	三	四十	三	二十六	三	十三	三	〇	二	四十六	二	三十三
	十七		十六		十五		十四		十三		十二	

倒景日

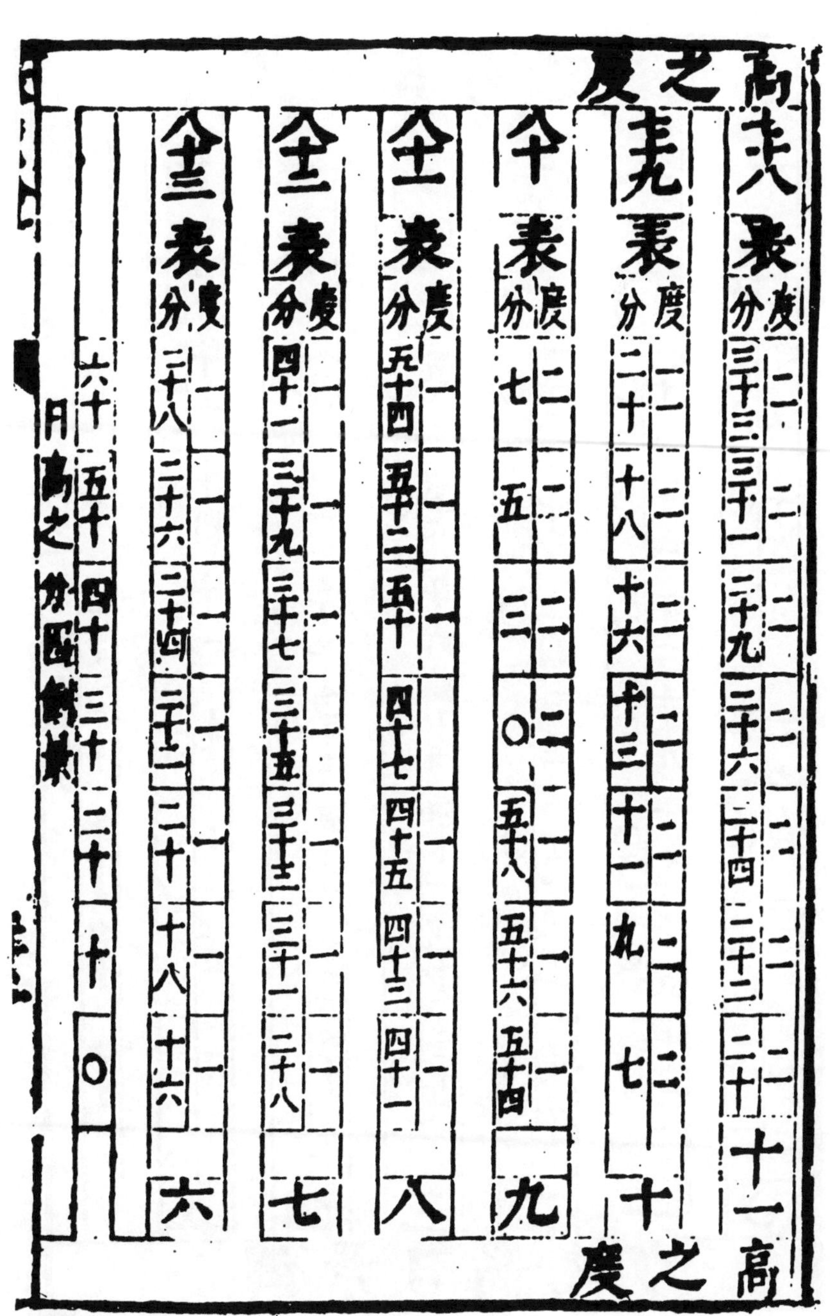

高之度

高之度	十一 七十八表 度	十一 七十八表 分	十 七十九表 度	十 七十九表 分	九 八十表 度	九 八十表 分	八 八十一表 度	八 八十一表 分	七 八十二表 度	七 八十二表 分	六 八十三表 度	六 八十三表 分	
	二	三十三	二	二十	二	七	一	五十四	一	四十一	一	二十八	六十
	二	三十一	二	十八	二	五	一	五十二	一	三十九	一	二十六	五十
	二	二十九	二	十六	二	三	一	五十	一	三十七	一	二十四	四十
	二	二十六	二	十三	二	○	一	四十七	一	三十五	一	二十二	三十
	二	二十四	二	十一	一	五十八	一	四十五	一	三十三	一	二十	二十
	二	二十二	二	九	一	五十六	一	四十三	一	三十一	一	十八	十
	二	二十	二	七	一	五十四	一	四十一	一	二十八	一	十六	○

高之度

月高之分[illegible]

直景日高之度

日高之分	○	十	二十	三十	四十	五十	六十	倒景
八十四表 度	一	一	一	一	一	一	一	五
八十四表 分	十六	十四	十一	九	七	五	三	
八十五表 度	一	一	○	○	○	○	○	四
八十五表 分	三	三	五十九	五十七	五十五	五十二	五十	
八十六表 度	○	○	○	○	○	○	○	三
八十六表 分	五十	四十八	四十六	四十四	四十二	四十	三十八	
八十七表 度	○	○	○	○	○	○	○	二
八十七表 分	三十八	三十六	三十四	三十一	二十九	二十七	二十五	
八十八表 度	○	○	○	○	○	○	○	一
八十八表 分	二十五	二十三	二十一	十九	十七	十五	十三	
八十九表 度	○	○	○	○	○	○	○	○
八十九表 分	十三	十	八	六	四	一	○	

日高之分四直景

倒景日高之度

用日高度分直景倒景短長立筭

六十	五十	四十	三十	二十	十	○

日高之分因倒景

右各圖皆以直景倒景長短立筭而得日高度分最上最下各横書一行日高之度也上行順筭自一度至九十度用之因直景度分而得日高之度下行逆筭自九十度起筭至一度用之因倒景度分而得日高之度盡左盡右直書各一行日高之分也右行從上起筭自一分至六十分用之因直景而得日高之分左行從下起筭自一分至六十分用之因倒景而得日高之分假如立竪表取直景者量其長得表之五十五度四十分欲知此時日軌高幾何

度分。檢取圖中表景度分下五十五度四十分所在卽直視本行最上得十二度橫視右行相對得一十分是爲日軌高十二度十分[illegible]也。若立橫表取倒景而得表之長五十五度四十分卽下行日高得七十七度左行相對得五十分是爲日高七十七度五十分也。

分表之法

凡立表取景先定表長以表之長任意平分爲若干度右圖表度十有二故今以十二爲法分表爲十二平分以十二平分之一爲度每度更六十平分之共得七百二十分表長旣定度愈長景則愈準。

立表之法

凡立表必作垂線于平面而與為直角或偏其端則下而景短立法若表長一尺法以內則以表之位為心從心作一圈任意大小次三平分圈界作三立表于圈心用規從界之一點量至表端為度用此度量第二三點皆至表端則表正矣一不至表端者改之若表長數尺至數丈者或四面八面各懸垂線正之如周禮八繩附臬之法

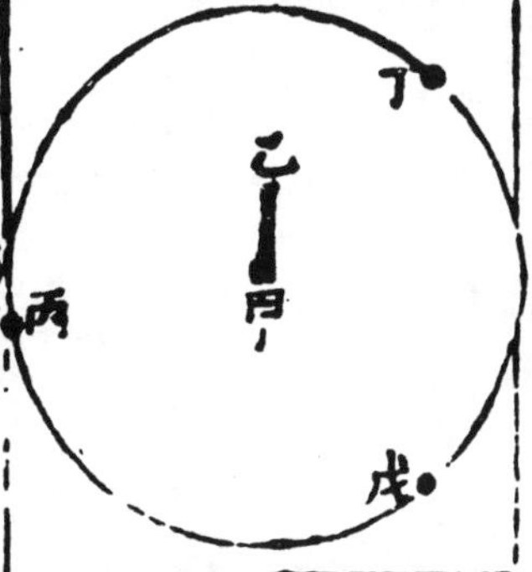

試如上圖甲為表位以甲為心作丙丁戊三平分圈界作丙丁戊三點用規從丙界點量至表端得

度用元度從丁從戊量至表端皆等則表正也。

用法

第一隨地隨時測日軌高幾何度分。

凡測候者欲定時成歲也定歲之最急者為隨地隨時測日軌高度分以知二至之日時刻分西儒多習曆以測日高其法甚衆立表是其一法特為簡便焉。

欲以直景測日高依法立表承日取景視表景于平面所至依表之度分量其長既得景長為表之幾何度分檢上圖得所求。

假如立表取景以表之度分量景長得四十三度十六分。

檢上圖表景度分下四十三度十六分所在此爲直景視
上行日高度得十五視右行日高分得二十是日軌高于
地平十五度二十分[illegible]也倒景測驗亦如之但檢圖
當視下行日高度左行日高分耳

第二隨地隨時測午正初刻測本日日軌最高度分及

定方面正法

日輪自出地平至午正時漸近子午線而上過午正漸近
地平而下故日輪出地最高之度爲午正初刻欲得午正
初刻測本日何時太陽至子午線上及日行所至最高之
度即是也依上法立表取景若直景者日軌漸上直景漸

消日軌漸下直景漸長故表景甚消之時即日軌最高之度視表景消極長初即得午正初刻

立表取景測午正初刻先於午前數刻視表景之末點識之次用日晷或任意視景每過一刻或半刻許俱如前點識之若累短者法所謂景消為日升為午前也復依前法識之至表景得累長法所謂景長為日降為午後也次檢表景識識中最短者得本日午正初刻依法量其長即得本日日軌最高度分又自表位至景末作線即得本地子午線依子午作垂線得天元卯酉為定方面之正法

第三隨地隨日測南北極出入地幾何度分

南北極出入隨地不同曆家測驗先須得此不然即晝夜長短日月出入躔度高下交食分數悉不可考悉不可論故元太史郭守敬分道測驗以爲曆準然周行四極輶軒錯出而所得止二十七處意其爲術亦大艱難矣今用此法但是八蹟所至都會郡邑一測便得不勞餘力矣

依第二法立表測得本地午正初刻日軌高幾何度分次求本日日躔距赤道幾何度分次視日躔赤道南北筭之若日躔赤道南則以距度加高度得赤道至地平之高以赤道高減周天象限度即得赤道離天頂度亦即本極出地度日躔赤道北則以距度減高度如法筭之亦得本極

出地度分。

假如順天府於天正春分日。依第二法、立表測午正初刻、測得日軌高五十度、又依距度得本日。日躔黃赤道之交、無距度、即赤道高于地平五十度、減周天象限九十度、得四十度、即赤道離天頂度也、南北極出入地、其度分與赤道離天頂同、故北極出地亦四十度。又霜降日。日躔赤道南、是日午正初刻、測得日軌高三十八度三十分、次依距度、得十一度三十分。以加日軌高三十八度三十分、亦得赤道高于地平五十度、如上法筭、得北極出地四十度、又立夏日、日躔赤道北、是日午正初刻、測得日軌高六十六

度四十分坎依距度得十六度四十分以減日軌高六十六度四十分亦得赤道高五十度如上法算得北極出地四十度

第四隨地測節氣定日

二十四節氣者黃道二十四平分也日循黃道自西而東每日約行一度歲行一周行至黃赤二道之交爲天元春秋分離南離北去赤道各二十三度半強是二道相距甚遠之處爲冬夏至曆家分黃道作四大限曰春秋冬夏日自春分東陞至夏至北陞爲九十日有奇六平分爲六節氣每節氣得十五日有奇曰春分清明穀雨立夏小滿芒

種自夏至北陸至秋分西陸亦九十日有奇六平分爲六節氣曰夏至小暑大暑立秋處暑白露自秋分西陸至冬至南陸亦如之爲六節氣曰秋分寒露霜降立冬小雪大雪自冬至至南陸至春分東陸亦如之爲六節氣曰冬至小寒大寒立春雨水驚蟄共二十四節氣爲黃道二十四平分故曰節氣者黃道平分也諸節氣距赤道南北遠近每相反相對者度分皆同故得六距度即得二十四距度第其高下距地平不同故諸節氣各有測驗本法焉欲用此法又先用各距赤道幾何度分及本地北極度分故具列二圖如左

假如順天府北極出地四十度欲知夏至高于地平度分當以本日日距赤道二十三度半強求之凡北極出地度分與赤道離天頂度分等即順天府赤道南離天頂四十度又自地平至天頂恒爲九十度今赤道離天頂南四十度其至地平必五十度即赤道高于地平五十度而夏至日躔赤道北上二十三度半強以加五十度得七十三度半強爲夏至日午正日高于地平度分也日高七十三度半強即表景長得表之三度三十三分故夏至前後各二三日每日立表取景視其日午正表景長得表之三度三十三分爲夏至

冬至日在南距赤道二十三度半強以減五十度為赤道高于地平二十六度半弱即冬至日午正日軌高于地平也依法得是日表景長得表之二十四度〇四分若冬至前後各二三日立表取景視其日午正表景長得表之二十四度〇四分為冬至

春秋分為黃赤二道之交也距度正得赤道高于地平五十度無加減日軌高亦五十度表景長得表之十度〇四分春秋分前後各幾日立表取景視其日午正表景得表之十度〇四分為春秋分也凡黃道南北諸節氣相反相對者筭法並同節氣在北即自春至秋分加其距度分于

赤道高度分得各節氣高于地平度分。節氣在南。卽自秋至春分。減其距度分于赤道高度分。亦得各節氣高于地平度分。以其高于地平度分。依法測表景長短。得各節氣本日

每節氣本所及離赤道度分圖

春分。日軌出赤道南入赤道北。當二道之交。無距度分。本地赤道高于地平度分。卽日高度分。其宮爲白羊之初。無加減

清明距赤道北六度十九分。其宮爲白羊之中。加

穀雨距赤道北十一度三十分。其宮爲金牛之初。加

立夏距赤道北十六度四十分。其宮爲金牛之中。加

小滿距赤道北二十度十二分。其宮爲雙昆之初。加

芒種距赤道北二十二度四十六分。其宮爲雙昆之中。加

夏至距赤道北二十三度半强。其宮爲巨蟹之初。加

小暑距赤道北二十二度四十六分。其宮爲巨蟹之中。加

大暑距赤道北二十度十二分。其宮爲獅子之初。加

立秋距赤道北十六度四十分。其宮爲獅子之中。加

處暑距赤道北十一度三十分。其宮爲室女之初。加

白露距赤道北六度十九分。其宮爲室女之中。加

秋分日軌出赤道北。入赤道南。當二道之交。無距度分。本

地赤道高于地平度分即日高度分其宮為天稱之初無
加減
寒露距赤道南六度十九分其宮為天稱之中減
霜降距赤道南十一度三十分其宮為天蝎之初減
立冬距赤道南十六度四十分其宮為天蝎之中減
小雪距赤道南二十度十二分其宮為人馬之初減
大雪距赤道南二十二度四十六分其宮為人馬之中減
冬至距赤道南二十三度半強其宮為磨羯之初減
小寒距赤道南二十一度四十六分其宮為磨羯之中減
大寒距赤道南二十度十二分其宮為寶瓶之初減

立春距赤道南十六度四十分，其宮爲寶瓶之中緘

雨水距赤道南十一度三十分，其宮爲雙魚之初緘

驚蟄距赤道南六度十九分，其宮爲雙魚之中緘

北極出地度數，及春秋分、冬、夏至表景度分。

北極出地	春秋分	夏至	冬至
北京四十強	十度四分	三度二十三分	二十四度四分
南京三十二半	七度三十九分	一度九十四分	十七度四十七分
山東三十七	九度三分	一度五十三分	二十一度十三分
山西三十八	九度二十三分	三度六分	二十二度六分
陝西三十六	八度四十三分	二度四十分	三十度二十二分

河南三十五	八度二十四分	二度二十六分	十九度三十五分
浙江三十	六度五十六分	一度二十二分	十六度十三分
江西二十九	六度三十九分	一度九分	十五度三十八分
湖廣三十一	七度十三分	一度三十五分	十六度四十九分
四川二十九	六度四十七分	一度十六分	十五度五十五分
廣東二十三	五度六分	○六分	十二度三十九分
福建二十六	五度五十一分	○三十一分	十四度三分
廣西二十五	五度三十六分	○十九分	十三度三十四分
雲南二十二	四度五十一分	○十九分	十二度十三分
貴州二十四	五度二十一分	○六分	十三度六分

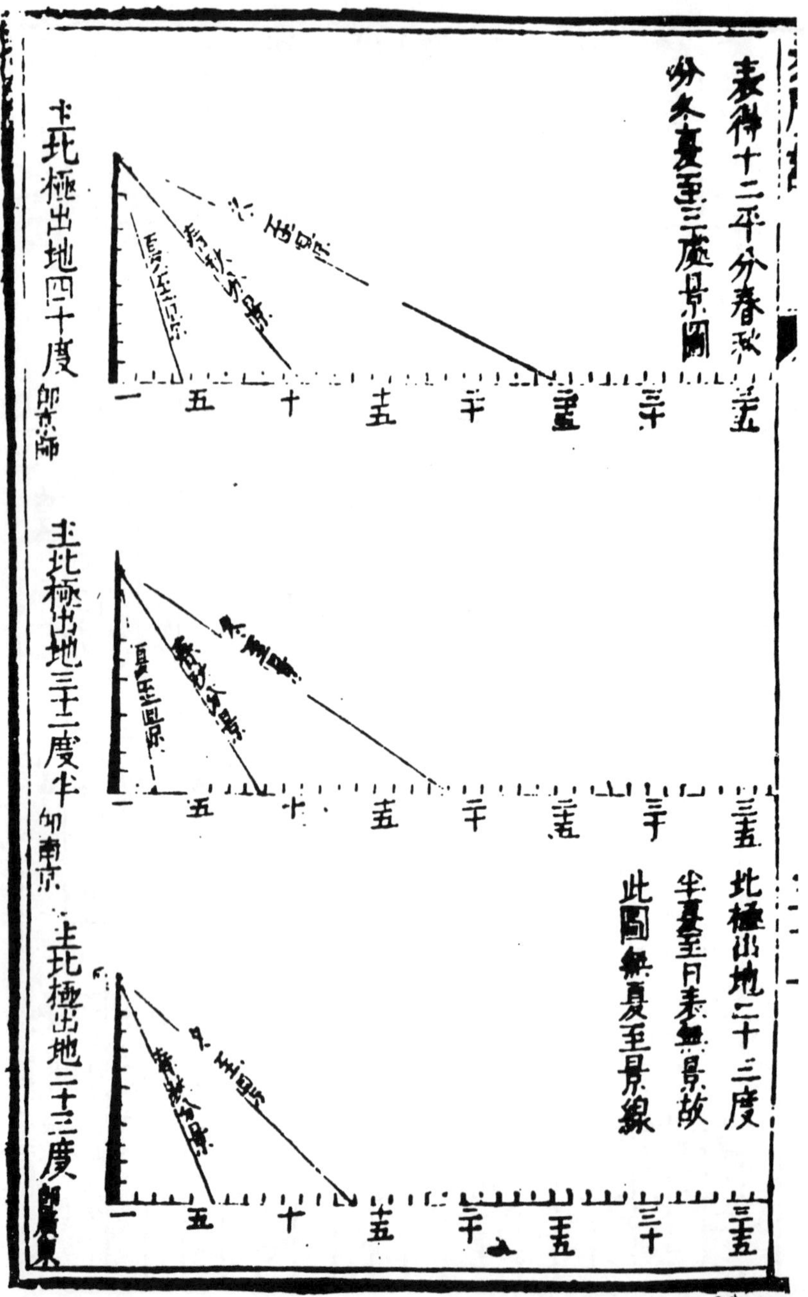
表得十二平分春秋
分冬夏至三度景圖
北極出地四十度
如京師
夏至景
春秋分景
冬至景
一
五
十
十五
二十
二十五
三十
三十五
北極出地三十二度半
如南京
夏至景
春秋分景
冬至景
北極出地二十三度半
夏至日表無景故
此圖無夏至景線
北極出地二十三度
如廣東
春秋分景
冬至景

右北極出地度數。止南北二京。及江西廣東。已嘗測驗無疑。其餘據地圖約量之。其確與否。未能明也。又北極出地每二百五十里差一度。一省之中。各郡邑各有本地度數故諸方測驗者。須先定本地北極出地度分。方能行測。

凡用右二圖。當先知測驗法。測驗之理。畧有數端。其一曰。自地平至天頂。為九十度。其二曰。南北極不出入地者。其赤道正為天頂。若北極出地。南極入地。其度分與赤道南離天頂同也。北極入地。南極出地。其度分亦與赤道北離天頂同也。其三曰。北極出地度分。以減地平至天頂九十度。即赤道高于地平度分。其四曰。欲以表景測節氣本日先考節氣高于地平度分其五曰節氣在赤道北為在赤道上而遠于地平欲得幾何度分當加其距赤道度分于赤道離地平度分節氣在赤道南為在赤道下而近于地平欲得幾何度分當減其距赤道度分于赤道離地平度分

第五依表之度分物景之長得物之高

日軌在四十五度直景倒景皆與表等故物在地平之景與物之高亦等在四十五度以下直景大于表則物之景必大于物之高在四十五度以上直景小于表則物之景亦小于物之高故量其景長即得其物高試如依第一法測得日高度分以表之景度分便得物在地平之景度分

所據物景之度分及表度分推算便得物高度分
假如依第一法量得日高四十五度此際量物景之長或
山岳之景或樓臺之景或樹木之景其景或長三丈據上
法日高四十五度物在地平之景與其物之高等是物之
高亦三丈不可疑矣次若日高三十度物景之長五丈據
上法日在四十五度以下物景多于物之高藏其多必得
其物之高也次撿前圖日高三十度之景係二十度四十
七分內藏表度十二餘八度四十七分爲餘景今取五丈
之景亦分作二十度四十七分截去餘高八度四十七分
而其餘即其物之高也若日高五十度物景長二丈者據

上法日在四十五度以上景短于物當用加法查前圖景得十度四分較表度十二不足一度五十六分卽以二丈之景分作十度四分外補一度五十六分得物之高餘倣此

第六日晷

日晷者定時之器也凡定時刻皆憑表景故造晷者先明表景之法日晷定時凡數百種其理甚廣別有成書今因表景及之止就用景而造者畧說一二器耳先論其理畧有數端其一曰表景與日躔平行日出地而上或過午時而下每行三度四十五分得一刻行三十度得一時表景

亦然。一長。一消。具有定度。因其定度。則可定時。每月行三度四十五分。而檢其表長定刻也。每日行三十度。而檢其表長。則定時也。午前。則檢其直景之消。倒景之長。午後則檢其直景之長。倒景之消也。

其二曰。日愈高。直景愈短。倒景愈長。日之升于地平。隨地各異。表景之長。在地面亦隨地各異也。所以然者。日之高下于本地平。隨南北極出入高下也。南北極之出入于本地平。其高下也。亦隨地各異也。

其三曰。赤道離天頂。各與其極出地地度分等。如北極出地三十度。赤道離天頂亦三十度。而高于地平六十度。蓋地平于天頂恒爲九十度。故北極出地四十度。赤道離天頂亦四十度。而高于地平五十度。是故二分之日。日躔赤道。而測午正初刻。若本地所得北極出地三十度。測。即日躔高六十度。本地所得北極出地四十度。即日躔高五十度。是知午正初刻日高于地平隨地各異也。

其四曰。日躔赤道高于地平。既隨地各異。即過此而躔赤道北或南。其高其下。亦隨地各異也。故夏至測午正初刻本地所得北極出地三十度。即日高八十三度半強。若所將北極出地四十度。即日高七十三度半強也。冬至亦然。諸節氣亦然。

其五曰、午正初刻之日軌高。既隨地隨節氣各異。卽諸時諸刻之日軌高。亦隨地各異也。假如二分日日躔赤道、或南或北、測量巳未二時。其本處爲北極出地三十度、卽日軌高于地平六十二度。若北極出地四十度、卽日軌高五十九度。諸時諸刻亦然。是其表景。亦隨日軌高下。而得長消、故日軌高下、隨地隨節氣隨時刻各異。表景長短。亦隨地隨節氣隨時刻各異也。故以表景測時刻、當先得本地及本節氣。每時每刻日軌高幾何度分也。

其六曰。既得每時每刻日軌高度分。卽可用表景定時刻也、假如順天府北極出地四十度。夏至初日。巳未二時日軌高于地平五十九度即直景長得表之七度十三分。倒景長得表之十九度四十八分。立表取直景候至景長七度十三分。即巳未時也。若取倒景候至景長十九度五十八分。亦巳未時也。其餘時刻推此類焉。求各處各節氣每時每刻日軌高度分具見簡平儀說。今舉一二處爲例如左

造柱晷

造圓柱晷法。用堅木或銅作圜體如柱。任意大小長短。其圜必中規。而上下等。次于兩端之圈界各十三平分之。依所分各界兩兩相對作直線。俱平行。各線與柱體亦平行。柱體之周爲十三直線。皆平行相等。每線直二節氣。惟夏

冬二至。各得一線。名為二十四節氣線。即任取一線。為冬至。次右二日小寒大雪。右三日大寒小雪。右四日立春立冬。右五日雨水霜降。右六日驚蟄寒露。右七日春分秋分。右八日清明白露。右九日穀雨處暑。右十日立夏立秋。右十一日小滿大暑。右十二日芒種小暑。右十三日夏至。

次作表。表長短無定度。約柱之長短。而定其度。既得其長。依前分表法。十二平分之。為表度。每度六十平分之。凡十二度七百二十分。若表體小者。每度六平分之。次依上圖視每節氣每時刻表景長短幾何度分。而移之柱晷之節氣本線。即得各時刻。

北極出地四十度

每節氣每時直景倒景度分。

節氣	午正 直景 度	午正 直景 分	午正 倒景 度	午正 倒景 分	午初未初 直景 度	午初未初 直景 分	午初未初 倒景 度	午初未初 倒景 分	巳正未正 直景 度	巳正未正 直景 分	巳正未正 倒景 度	巳正未正 倒景 分
夏至	三	三十三	四十	三十一	四	四十四	三十	二十八	七	十三	十九	五十八
芒種 小暑	三	四十二	三十九	十五	四	五十一	二十九	四十二	七	二十一	十九	四十二
小滿 大暑	四	十五	三十三	五十三	五	二十一	二十六	五十七	七	四十	十八	二十
立夏 立秋	五	六	二十八	二十六	六	二十三	二十二	二十四	八	二十四	十七	八
穀雨 處暑	六	二十三	二十二	三十四	七	三十一	十九	二十五	九	四十二	十四	四十九
清明 白露	八	六	十七	四十七	九	三	十五	五十五	十一	二十三	十一	二十六
春分 秋分	十	四	十四	十八	十一	○	十三	六	十三	二十四	十	三十七
驚蟄 寒露	十二	二十六	十二	三十五	十三	二十	十	四十八	十六	十三	八	五十三
雨水 霜降	十五	五	九	二十二	十六	三十一	八	四十三	十九	五十八	七	十三
立春 立冬	十七	四十七	八	六	十九	五十六	七	十二	二十三	二十三	六	七
大寒 小雪	二十	四十七	六	五十六	二十三	三	六	十五	二十八	二十六	五	六
小寒 大雪	二十三	三十	六	○	二十五	十	五	二十六	三十一	六	四	十二
冬至	二十四	四	五	五十九	二十六	二十	五	二十八	三十二	五十八	四	

巳申初 直景 度	直景 分	倒景 度	倒景 分
十	三十七	十三	三十四
十	五十一	十三	二十
十一	十一	十二	五十二
十二	十三	十一	三十三
十三	四十八	十	三十六
十五	五十五	九	三
十八	二十九	七	四十八
二十二	三十四	六	二十三
二十八	十六	五	六
三十四	五十二	四	八
四十一	五十一	三	二十六
四十六	八	三	〇
四十八	〇	二	五

辰申正 直景 度	直景 分	倒景 度	倒景 分
十五	五十	九	三十一
十六	七	九	
十七	五十	八	二十四
十八	二十九	七	四十八
二十	四十七	六	五十六
二十四	三十六	五	五十一
二十九	四十三	四	五十二
三十三	五十六	三	五十四
四十八	八	三	〇
六十四	五十五	二	十三
八十七	〇	二	四十五
一百一十四	十一	一	十六
二百一十四	二十八	一	九

辰酉初 直景 度	直景 分	倒景 度	倒景 分
二十五	十	五	四十三
二十五	五十	五	三十
二十六	五十七	五	三十一
三十一	十六	四	三十六
三十五	五十三	四	一
四十四	四十七	三	十三
六十二	四十四	二	十
九十二	九	一	三十九
一百二十五	三十七	〇	五十

卯酉正 直景 度	直景 分	倒景 度	倒景 分
四十六	二十四	三	六
四十八	八	三	
五十四	八	二	三十三
六十八	三	二	七
	九十一	一	三十五
[illegible]	二十七	〇	五十

北極出地三十二度每節氣每時直景倒景度分

節氣	午正 直景 度	分	午正 倒景 度	分	午未初 直景 度	分	午未初 倒景 度	分	巳未正 直景 度	分	巳未正 倒景 度	分
夏至	一	四十	八十	〇	三	四十	三十九	〇	六	二十	二十二	〇
芒種 小暑	一	五十	八十五	十	三	五十	三十八	十	六	四十	二十一	四十
小滿 大暑	二	二十	五十八	四十	四	〇	三十六	〇	七	〇	二十	四十
立夏 立秋	三	十	四十四	五十	四	四十	三十	二十	七	三十	十九	二十
穀雨 處暑	四	十	三十二	〇	五	三十七	二十五	三十	八	二十	十七	二十
清明 白露	五	五十	二十四	五十	六		二十四	〇	九	三十	十五	二十
春分 秋分	七	二十	十九	十	八	三十	十六	四十	十一	十	十二	五十
驚蟄 寒露	九	三十	十五	十	十	二十	十三	四十	十三	〇	十一	〇
雨水 霜降	十一	二十	十二	三十	十二	四十	十一	二十	十五	二十	九	十
立春 立冬	十三	二十	十	四十	十四	十	九	四十	十八	三十	七	五十
大寒 小雪	十五	二十	九	十	十六	五十	八	三十	二十一	四十	六	五十
小寒 大雪	十七	〇	八	三十	十八	三十	七	四十	二十三	十	六	十
冬至	十七	二十	八	十	十九	十	七	二十	二十三	四十	六	〇

巳申初	直景度	直景分	倒景度	倒景分
	十	二十	十三	五十
	十	三十	十三	四十
	十	五十	十三	二十
	十一	三十	十二	三十
	十二	二十	十一	三十
	十四	〇	十	十
	十六	〇	九	〇
	十八	五十	七	四十
	二十二	十	六	三十
	二十五	五十	五	三十
	二十九	四十	四	五十
	三十三	〇	四	二十
	三十四	十	四	〇

辰申正	直景度	直景分	倒景度	倒景分
	十六	〇	九	〇
	十六	三十	八	五十
	十七	〇	八	三十
	十八	〇	八	〇
	十九	〇	七	十
	二十一	十	六	二十
	二十六	〇	五	三十
	三十一	〇	四	三十
	三十八	〇	三	五十
	四十六	〇	三	十
	五十七	〇	二	二十
	六十三	〇	二	十
	七十二	〇	二	〇

辰酉初	直景度	直景分	倒景度	倒景分
	二十七	〇	五	二十
	二十七	三十	五	十
	二十九	〇	五	〇
	三十一	四十	四	三十
	三十五	〇	四	〇
	四十三	〇	三	二十

卯酉正	直景度	直景分	倒景度	倒景分
	五十六	〇	二	三十
	五十九	〇	二	二十
	六十五	〇	二	十
	八十	〇	一	五十
			一	二十

北極出地三十度。

每節氣每時直景倒景度分。

節氣	午正 直景 度	分	午正 倒景 度	分	午初 未初 直景 度	分	午初 未初 倒景 度	分	巳正 未正 直景 度	分	巳正 未正 倒景 度	分
夏至	一	二十	一百五	十	三	三十五	四十	〇	六	三十五	二十一	五十
芒種 小暑	一	三十	九十五	〇	三	四十	三十九	十	六	三十四	二十二	〇
小滿 大暑	二	〇	七十一	〇	三	五十五	三十六	五十	六	四十五	二十一	三十
立夏 立秋	二	五十	五十一	十	四	二十五	三十二	四十	七	十	二十	〇
穀雨 處暑	四	〇	三十六	四十	五	十九	二十七	二十	八	〇	十八	五
清明 白露	五	十	二十七	十	六	二十五	二十二	五十	九	五	十六	〇
春分 秋分	六	五十	二十	四十	八	五	十七	四十	十	四十	十三	二十五
驚蟄 寒露	八	四十	十六	二十	九	五十五	十四	三十	十二	三十	十一	三十五
雨水 霜降	十	三十	十三	三十	十一	〇	十三	〇	十四	五十	九	四十五
立春 立冬	十二	三十	十一	三十	十四	〇	十	二十	十七	五	八	二十五
大寒 小雪	十四	二十	十	〇	十六	〇	九	五	二十	〇	七	十
小寒 大雪	十五	五十	九	十	十七	二十五	八	十五	二十二	四十	六	二十
冬至	十六	十	八	五十	十八	〇	八	〇	二十一	二十	六	五十

巳申初 直景度	直景分	倒景度	倒景分
十	二十	十三	五十
十	三十	十三	四十
十	五十	十三	二十
十一	二十	十二	四十
十二	二十五	十一	三十五
十三	四十五	十	二十五
十五	四十	九	十
十八	五	八	〇
二十一	十	六	四十五
二十四	三十五	五	五十
二十六	十五	五	五
二十八	〇	四	四十
三十一	四十	四	三十

辰申正 直景度	直景分	倒景度	倒景分
十六	十	八	五十
十六	三十	八	四十
十七	五	八	二十五
十八	〇	八	〇
十九	五十	七	十五
二十一	〇	六	二十
二十五	四十	五	三十五
三十	三十	四	四十
三十六	四十	四	〇
四十三	〇	三	三十
五十二	〇	二	四十五
五十九	〇	二	二十五
六十二	〇	一	十五

辰酉初 直景度	直景分	倒景度	倒景分
二十七	五十	五	十
二十八	十五	五	〇
二十九	四十	四	五十
三十二	五	四	三十
三十六	三十	三	三十五
四十二	二十	三	三十
一 九十二	〇	二	四十五
六十八	〇	二	五
九十七	〇	一	三十

卯酉正 直景度	直景分	倒景度	倒景分
六十	〇	二	二十五
六十二	〇	二	五十五
六十六	〇	二	五
六十八	〇	一	四十
八十五 一百	〇	一	十五

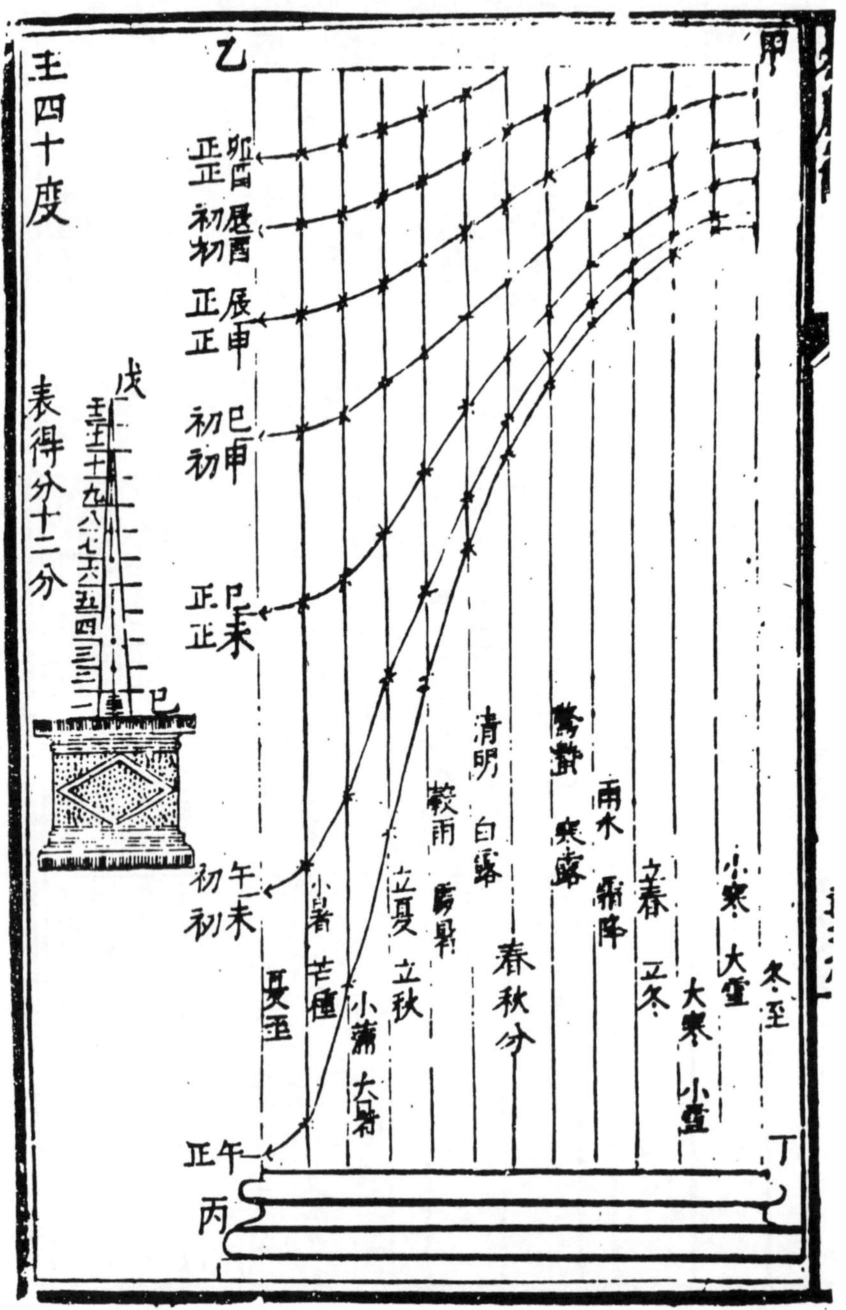
圭四十度
表得分十二分
甲
乙
丙
丁
戊
巳
卯酉
正正
辰酉
初初
辰申
正正
巳申
初初
巳未
正正
午未
初初
午
正
夏至
小暑 芒種
小滿 大暑
立夏 立秋
穀雨 處暑
清明 白露
春 秋分
驚蟄 寒露
雨水 霜降
立春 立冬
小寒 大雪
大寒 小雪
冬至

假如甲乙丙丁爲圜桯其甲乙等附桯十三直線則二十
四節氣線也戊巳表度十二平分也若于夏至線欲定午
正檢上圖夏至倒晷于午正得表之四十度三十一分即
規取戊巳表之四十度三十一分於桯之夏至線上自乙
向丙移量之得午正初刻也午初未初倒晷得三十度二
十八分亦如之諸時諸節氣俱如之

安表之法

晷之上端爲樞表體之長信其度長爲空於餘表而入之
樞令表之度皆在晷體之外也表之末與樞之心爲一直
線用時以晷與表各展轉就日而測之

用法

視本日爲某節氣第幾日。轉表加于晷端界第幾日上。次轉晷承日光令表景與節氣線平行。視表末所至得時刻。

造方晷以倒景其法同也。其節氣線以分黃道法爲疏密

度晷見簡平儀說

用直景造圜晷。及方晷。其法竝同。但表爲立體晷體則橫安之

題天問略

吾所稱大者道也道用莫如天始造天
者萬物之理畢具學士罕言之泰
西獨以厤習精鏈薄蝕旋變表占杪忽
之差悉能見於方星之規一髮之緣其他
稱是世無舉羲前有畫禹前有篇
孔子前有官周子前有極者皆經千

陸德劉光緒刊

載始出於不盡傳與中國非神物司

之時至事起不脛而走天且弗違乎語云

賢者識其大今日之大安大危乃歲差之

於曆也測量之於潛也地法之於西經地

利也南經占極之於海運倭防也周遊者

為事而不必命以事可以紀遠子儀

又識

天問略小序

昔章宗曦傳檀論議因嘆絕世奇以為五經之外別見之表吾自有人不必華宗夏士亦不必八索九丘旨哉斯言世固有奇文妙理發于思聞之外者第人罣步方內安睹所為奇人而稱之予于西泰書初習之奇及至逢而求之乃知天地冒覆

有此理西士發之東士睹之非西士之疏
哉而吾東士之未嘗究心也天問刪詩意
一端而言黄赤道以沈夢溪辯九道之說
其言曰蝕由月以王充太陰太陽之說
而言月借日光似張衡靈憲所什生魄
皆朔之說而言轉夫似有去渡儒見解
之外而又非佛氏三十三天之說安嗟乎

歷代天官書唐史若稽以至多成于李
淳風之手專門校著視他書楊藻撲
天者愈也今要盡以至畢世聰明求之
于天而通以史闕疑之書使致測者乘
之不大有裨助乎夫精如淳風而麟
德之曆不能不爲太衍等家殘積畸
所餘從來今之積差漸久縱數不應

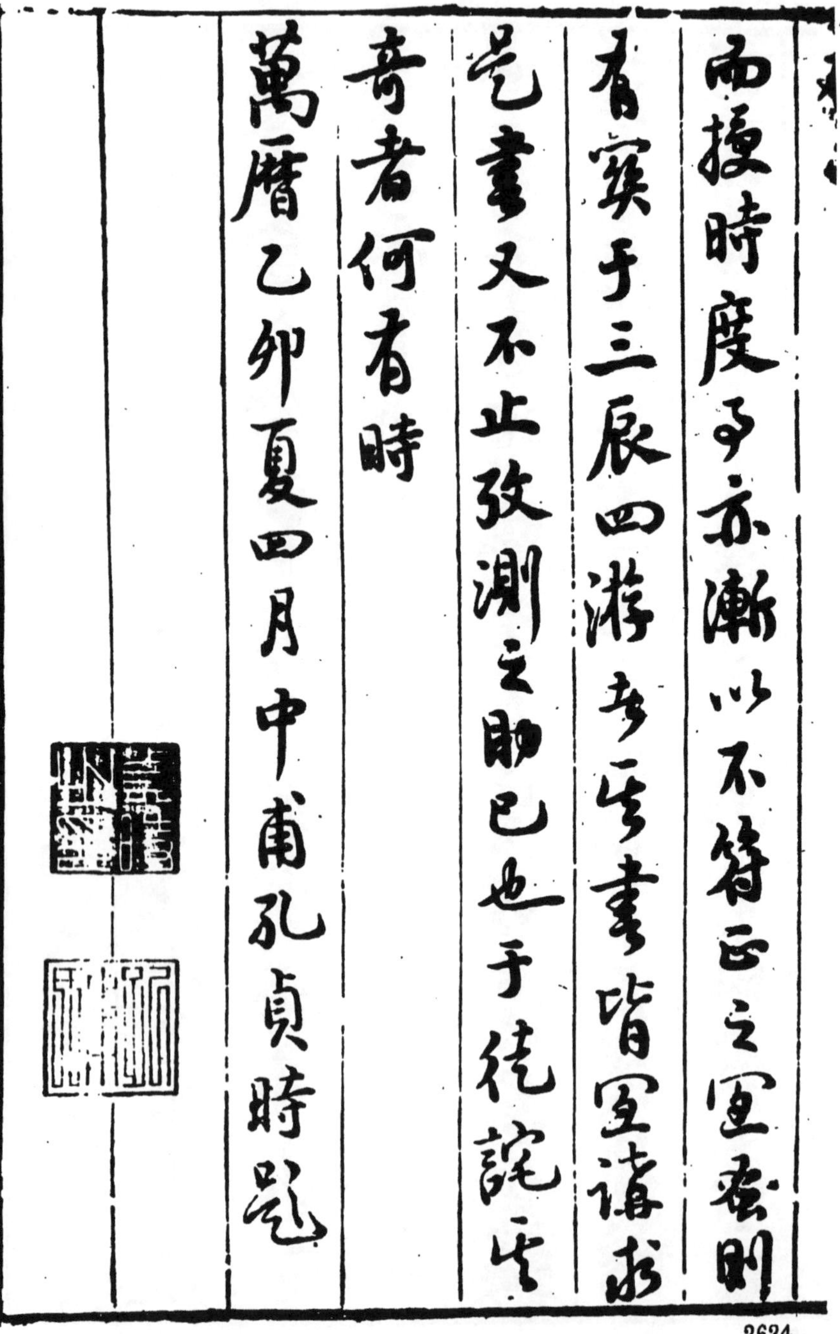

而攙時度予亦漸以不符正之宜審則有寘于三辰四游步其書皆宜詳求是書又不止攷測之助已也予徒詫其奇者何有時

萬曆乙卯夏四月中甫孔貞時題

劍天門略題詞

談天家有二患一曰淵而不專一曰執而難通斑固之言曰星事兇悍非湛密者弗能由也貴專也易曰知變化者其知神之所爲故貴通也夫不專不通焉紀昌之蝨每所大於車輪公孫之劍無何斷於波磔郎以秦舊技不可爲而況商天地之綱

夏文目

紀擅神明之制作矣蓋學者惟無獨守
之主故多拘方之見至於不恠所可怪而怪
所不可恠且舉方圓自然之故而惑之已
余攬西士之為象緯家之地家窮年累月
極力能善旁用比讀吾中國書甚以通
之而世色而凡為樂器為以尋好為曲農因
以利諸政善不以此道通之非天下之至

林其孰與焉而哉駴以為奇又或疑以為
焉吾外國耶何也盡取洪範諸書一紀
律之又取法焉之是為之表河之西人
之說乃正自守當之而未始其範圍之內
則夫雲際所未述成變化而仍究於古人
皆不割白特承吾者自出達毛木難火齊
而勸謂如從其眼故猓見布而疑麐

直ち耳

見劉而騖毳亦可嘆已嗟乎古筮示明洛範諸書僅流為占候推測之用占候推測又失其旨而象緯家妄立言以彌之噫抑末矣然則學者寧何患焉

萬曆乙卯季春望後巴國王應熊書於寶齋中

天問畧自序

造物主首生人則賜之形軀及靈神而又特又生天地形象萬物種種完備妙巧如肆大筵陳其品況人其間合形軀享厥用而靈神窮厥理且愈窮愈細愈細愈妙以引其好知之心而樂之故從古即至聖極聰惟窮理是務身心之餘閒及事物物理愈微其求悟亦愈殷幸而悟亦愈樂嘗辟知心於財心增一知彌增知渴益一財彌益財貪也吾西格物之學門臚而府藏枝屬而源脩於天論則尤所詳慎故其說能剖決心疑使人不得不是之如以手指物示人舉

目即謂名爲指論吾西欲證一切講辨最確無疑最實無虛者即曰天文指論也論天文者約有二端一則測天重之多寡厚薄日月星之運旋遲速大小上下去地之遠近及出入朔望弦食晝夜寒暑斯類者雖有實理第不急於日用謂之測學一則定節候以便稼穡以令種植察行度以知時刻以程作事算曆會以識稟受以治疾病量極宿以度地里以便行海斯類者有益於日用謂之用學乃其本旨則又有說焉夫學以道德爲本而道德之學又以識　天主事天主爲本有爲爲於此學之學爲實學益學永學無

為于此學之學為虛學廢學暫學而已天論者所以
使人識事真主輕世界而重天堂者也譬如入一巨
宮崇而且麗布置安美職司勤勸雖不見其主必意
此室中有主居之治之且必大富大智大德矣嗟乎
宮之崇麗孰如圜穹布置之安美孰如七政列宿職
司之勤勸孰如四時之乘除萬物之生息誠孰思之
不可謂天地萬物無主以造之治之也經云肉目不
能視　天主觀其所造即能識之既識之容不愛敬
乎故使人識事　天主者此也人情非彼大不知此
小非視彼姸不悟此醜苟能思天之大且美則必謂

毋所立所居所爭所分之地乃天中一點耳其間福樂以天之福樂視之不可為真乃福樂之景耳色搦加曰習于天者忽于地故使人輕世界而重天堂者此也夫天象甚廣且多難以殫悟日月附在人目亦用切人身特撮大畧數端使同志者稍嘗而喜焉敢曰天論之入門天堂之引路乎然寔所私祝矣

萬曆乙卯仲秋月泰西陽瑪諾題

泰西陽瑪諾條荅
豫章周希令
秣陵孔貞時
巴國王應熊仝閲

天有幾重及七政本位

問貴邦多習曆法，敢問太陽太陰之說何居，且天有幾重，太陽太陰位置安屬。曰，敝國曆家詳論此理，設十二重焉。最高者，即第十二重，爲天主上帝、諸神聖處，永靜不動，廣大無比，即天堂也。其內第十一重爲宗動天，其第十第九動絶微僅可推算而甚微妙故先論九重未及十二也十二重天其形皆圓各安本所各層相包如裹葱頭日月五星列宿在其體内如木節在板一定不移各因本天之動而動焉

問人居地上依其目力所及獨見一重自東而西一日一週耳今設十二重何徵曰萬物或靜或動靜者獨有一靜是靜無動動者獨有一動是動無靜終古以來未有一息之内能動靜互現者也未有二動並出能此動東亦彼動西行者也于其運動相反可知其體有同異矣今恒見日月五星列宿其運動各各相反便知所麗之

天原非一重、日月相反運動于朔望見之、朔日月共躔一度、望日月相遠半周、月每日自西而東行十三度有奇、日每日約行一度、五星所離日月列宿每日各異、其相近相遠亦各時刻不同、因知各有其本重所麗之天、可證五星之有五重天也、列宿諸星相近相遠終古恒同、因知其所麗天終古恒同、而可證其有第八重天也人日月諸星、本動之天、皆自西而東也、天左旋日月五星右行、貴國先儒亦已晰之矣、今舉日而視之、日生于東沒于西、月與諸星隨之、以旋其自東而西者、又昭昭然、此必有一天焉、爲之主宰、爲之牽屬、而日月諸星之天因之則九重天是也故自東而西者宗動天也自西而東者日月諸星之天也自西而東者日月諸星之本動也自東而西者日月諸星之帶動也明乎二動得天體也第九第十重天其說甚長宜有專書備論

問自東而西自西而東二動既相反矣今宗動天自東而西日月諸星之天自西而東何不爲相反運動哉曰所謂相反運動是一物自發二動非有自外轉動如一人在船中船順風自東而西人逆行自西而東則自西而東人之動也自東而西人之因船帶動也雖有二動非相反動又如車輪上有蟻行自南而北其輪之轉自北

而兩實見此蟻行有二動、而非相反何也、一從自動一從外帶故也、日月諸星之動何不其然

問今觀有異遐動從星而出、星行于天如鳥于空中、如魚于水內矣、大何所沓九重焉分、曰魚鳥一時獨有一動、諸星之動、則非一也、蓋星行一時之際自西而東、亦自東而西焉、所謂相反運動也、特有九重天以幹之故、非一物自發二動耳、且天體甚堅非水可比、胡能穿之、兩天之運不容一物、又焉分哉

問既有十二重天、敢問太陽何位、曰自下往上在第四位七政之中也、日得其中爲其本所光及餘政暨及下地

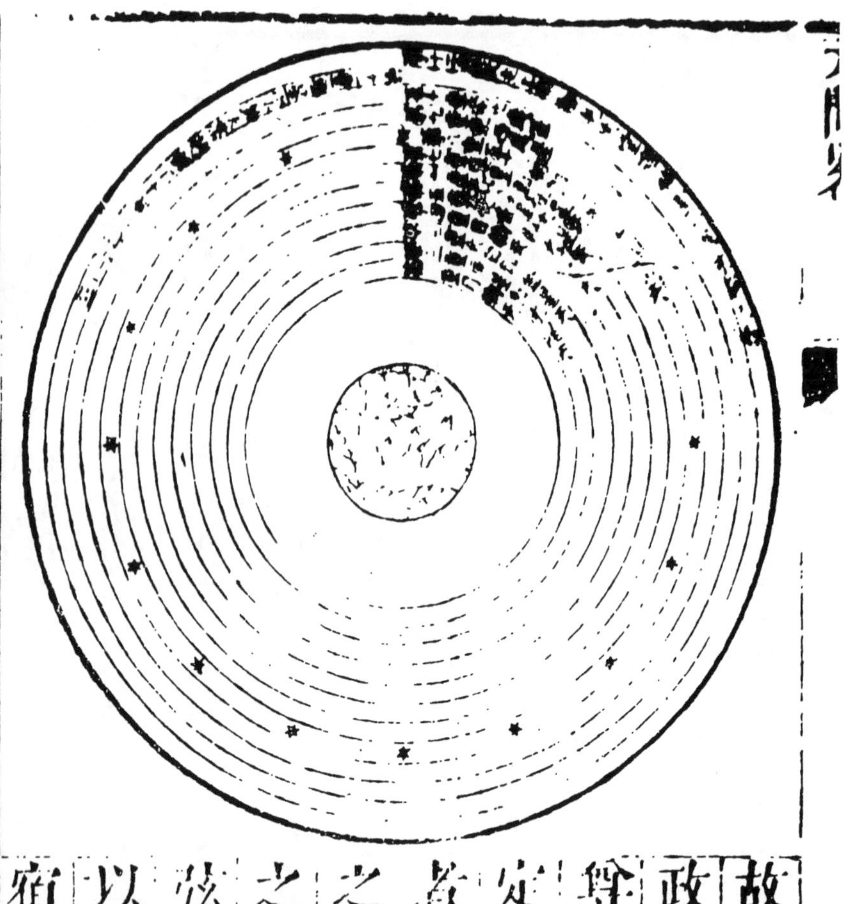

故也爲其本所者七政之中日最貴尊貴尊之物得其中位一定之勢也光及餘政者星月無光恒借日之光以爲光試觀月之于日合則魄遠則弦對則望隨其近遠以爲明闇焉五星列宿亦復如是蓋日居

其中適得上下照映也暄及下地者日光在中下濟萬物氣以暄之乃得調和若居最上則溫煖不及諸物難以滋生若居最下則燥熱太甚諸物受其瞨損故日得中正中和之理萬物之宜也諸天本位可視右圖

日天本動及日距赤道度分

赤道則第十一重宗動天之分中也周天三百六十度去南極九十度去北極亦九十度爲赤道所謂天之中而其南北二極天之極也黃道則第四重日天之分中也周天三百六十度南北亦各距九十度爲黃道所謂日天之中也日天本動自西而東其南北二極離宗動天

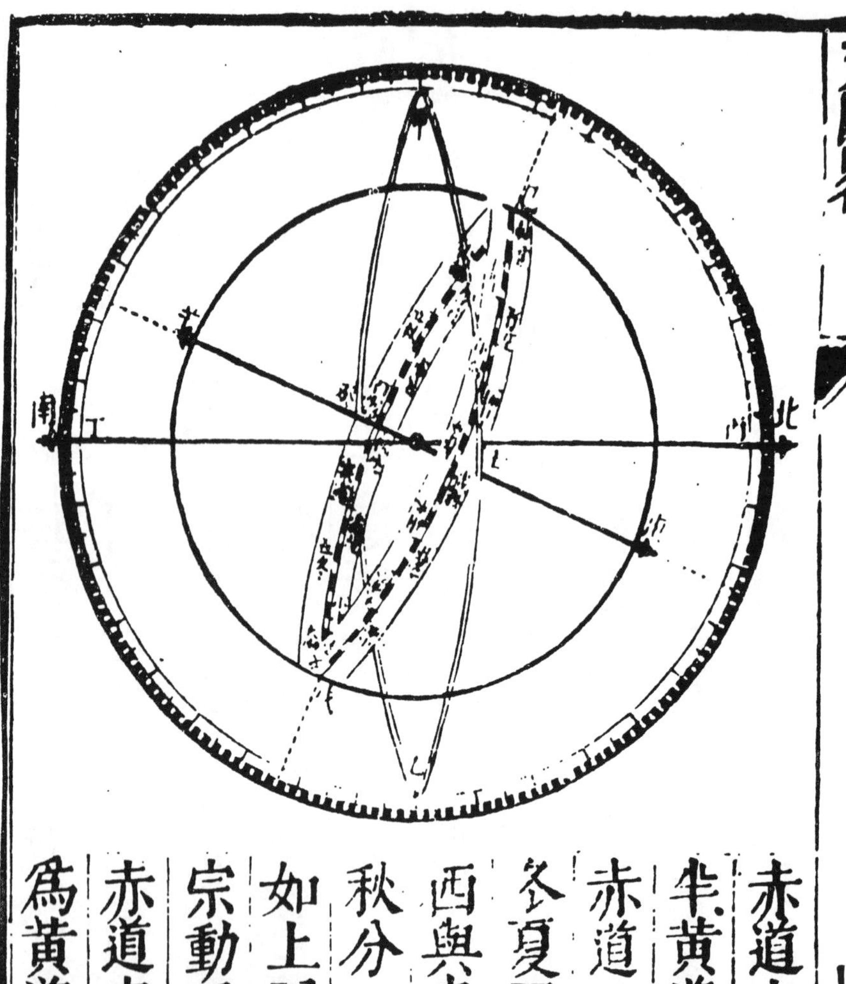

赤道之極二十三度半黃道以南以北離赤道二十三度半爲冬夏至黃道以東以西與赤道相交爲春秋分

如上圖甲乙爲赤道宗動天之中丙丁爲赤道南北二極巳戊爲黃道日天之中庚

辛爲黃道南北二極、即天庚辛二極離宗動天丙丁二極各二十三度半、即天巳戊黃道離宗動天甲乙赤道二十三度半、而爲冬夏至、黃道赤道相交于壬癸、而爲春秋分

宗動天自東而西一日一周、因而帶動其下十重諸天、亦自東而西一日一周、日一日約行一度、一歲一周、故自戊冬至至壬春分爲九十度、九十日、自壬春分至巳夏至、自巳夏至至癸秋分、自癸秋分至戊冬至、亦然、畧論三百六十五日有奇一周天也、宗動天自東而西一日一周、即此周日之間、日之自西而東自行一度、人只見

其日東而西左旋而已初不見其右行者何也以其外動之行東而西者甚疾內動之自西而東者甚遲故也然而因其近遠天頂可以推之春分以後日過赤道北而上秋分以後日過赤道南而下其上其下非日有偏行緣與宗動天不同極耳試看上圖庚辛爲日天之極若日輪在戊冬至以至壬春分漸上以至巳夏至亦上過巳夏至至癸秋分卽下至戊冬至亦下上下由于本天之極原離赤道之極二十三度半故日輪居本天之中亦離赤道南北二十三度半而春秋分必相交乃知氣不參差無以成化時不寒暑無以合序物不錯雜無

以生文儀曰天二極與宗動天同則日動恒在赤道下絕無距度安得有東西運行之異以行變化而稱貞觀貞明之體哉

日輪正居日天之中日天動而日輪亦動日天運行之一周如于宗動天晝一道焉所謂黃道也終古如是故日輪恒躔黃道一道不出入于南北界非如月五星之出入于十二度內也其上下四時各有定度不稍前後也

黃道周天三百六十度分爲四分每分九十度爲四象限又一象限分六分每分十五度爲一節氣共二十四節氣

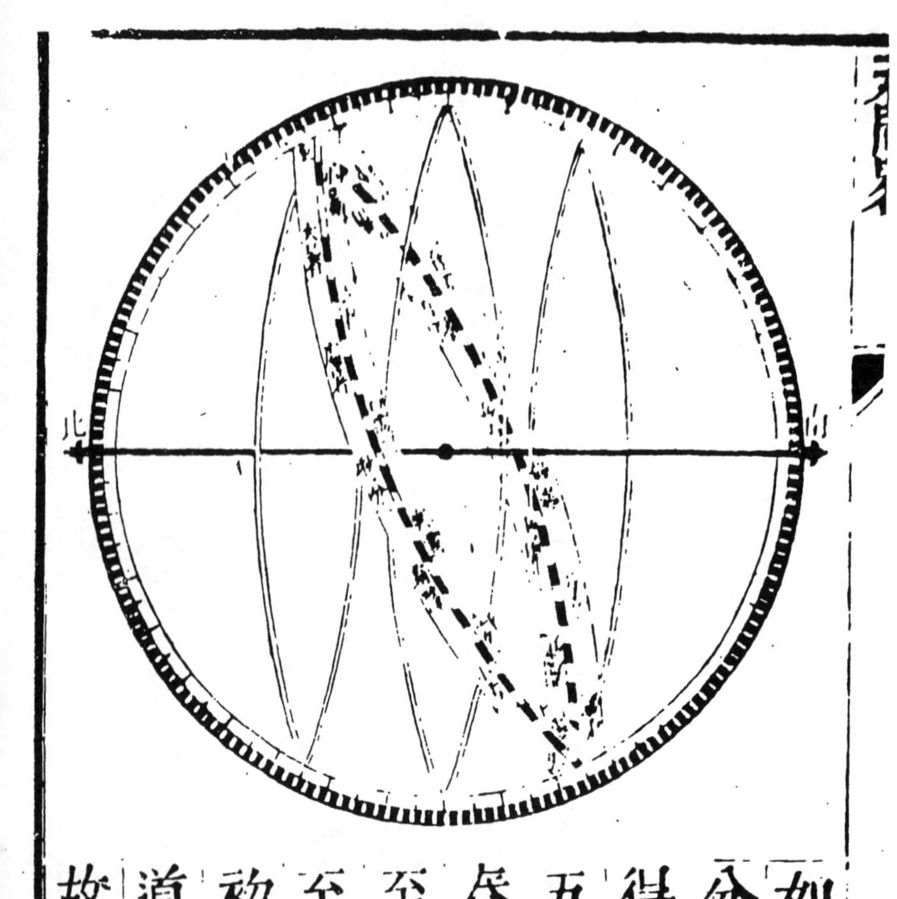

如上圖自冬至至春分、則周天象限也、分得九十度、每節氣十五度、則六節氣也、自春分至夏至、自夏至至秋分、自秋分至冬至、亦然、日輪躔冬至初度、至九十度在赤道外、而最遠于天頂、故自立冬至立春皆

寒而冬至在其九十度之中故其寒尤甚自立春至立夏因日漸近赤道而稍近于天頂故其時暖于冬至涼于夏至正交赤道謂春分也自立夏至立秋因日在赤道上而夏至則最近于天頂故其時甚熱自立秋至立冬日漸下而離天頂其時稍冷于夏至甚煖于春分亦交赤道所謂秋分也夫春秋分皆躔二道之交其離天頂同則其成寒暑宜亦同緣春日陰氣塞滿大地日光雖照難成溫熱秋日陽氣焦灼無所不暴日輪雖下難成寒氣故春秋二季日離天頂並同而寒暑不同也

日自春分至夏至行九十度爲六節氣自夏至至秋分亦

然四象限雖各行九十度而其距赤道之緯度則非九十度游移不出二十三度半也故九十度為黃道自東而西之度數而二十三度半為黃道距赤道南北之度數也蓋春秋分日日躔二道之交過春分日離赤道向夏至而漸遠赤道過此則又漸近赤道矣自秋分至冬至自冬至至春分亦然

如左圖甲乙為赤道丙丁為冬夏二至距赤道二十三度半假如日輪在春分則于赤道無距度自春分至清明則日行十五度而其距度非十五度乃六度十九分也自立夏至小滿此十五日之間其遠非六度而為四度

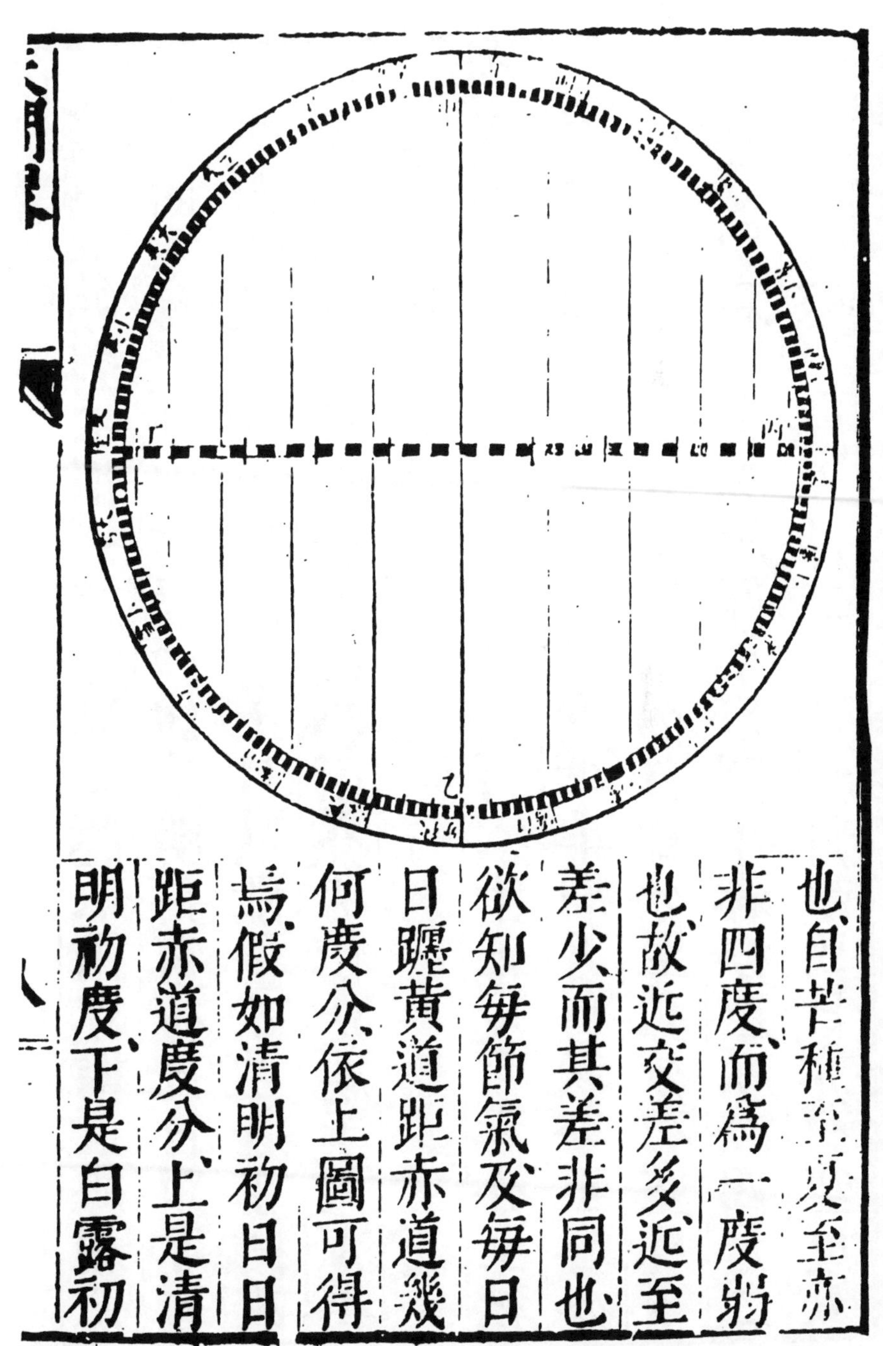

也、自芒種至夏至亦非四度、而為一度弱也、故近交差多、近至差少、而其差非同也。欲知每節氣及每日日躔黃道距赤道幾何度分、依上圖可得焉、假如清明初日日距赤道度分、上是清明初度、下是白露初

度、兩界相對、次用一線或界尺隱取兩界循直線視所
當丙丁線之分、得六度、因知清明白露初日、日距赤道
六度也、又清明五日、處暑十日、其離甲乙赤道亦同、故
撿取清明五度、處暑十度、爲兩界、次依法視于丙丁得
七度強、即其距度也、餘倣此
問太陽平行一日一度、一歲三百六十五度、自春分至秋
分半歲、宜行一百八十二度半、半周天、自秋分至春分
亦然、今不其然、大統曆太陽自春分至秋分有空度、自
秋分至春分有隔度、即今甲寅年春分至秋分四月二
十二日空一度、五月二十日、六月十四日、亦有空度、秋

分至春分十月十一日二十二日皆隔一度十一月一二日十二月十五日亦隔一度其非平行何也曰此理甚廣非可易盡凡求日距赤道度分測北極出地多寡定諸節氣真日算二食之真時刻皆以此理為最急也今姑舉其略依上論七政各有本天所麗各有異動然其本天之中心不與地之中心同一心也故其行轉于地體之面一周自非可謂平行也宗動天之黃道心與地球心一也則其行于地面一周恒為平行矣則七政之天雖不平行轉于地體之面然于其本天之中心平行轉也

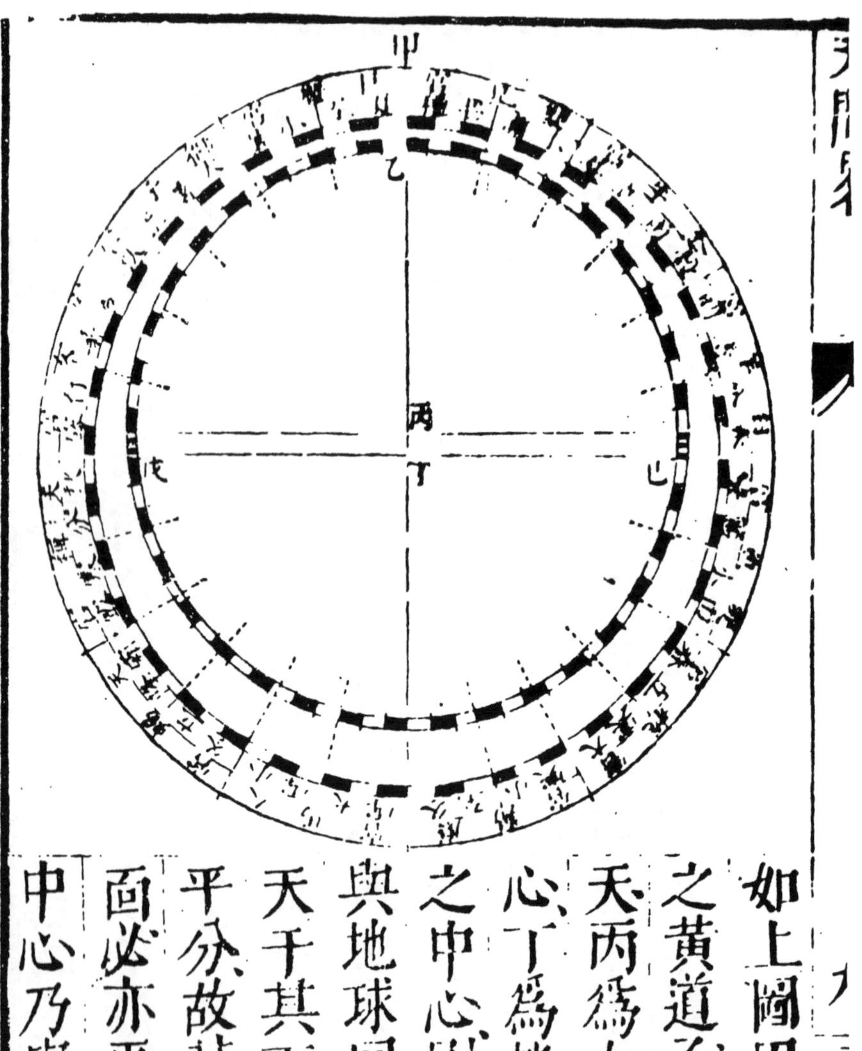

如上圖甲爲宗動天之黃道乙爲太陽之天丙爲太陽天之中心丁爲地及宗動天之中心則視宗動天與地球同心其上半天于其下半天實爲平分故其行轉于地面必亦平行也日天中心乃與地中心不

同一處其上半天與其下半天亦非平分故其行於
地面必非平行蓋日行從戊過乙至巳在地球北行其
半周分在太陽本天則已行大半周矣此以上之黃道
亦然故自春分至秋分太陽之天大分在上自秋分至
春分其在下之分不及半也自春分至秋分行十二節
氣半周天而多八度自秋分至春分以黃道論亦行十
二節氣而于本天則其行不及半周也因知日行半黃
道自春分至秋分必遲而自秋分至春分必速此非日

天不平行以與宗動天黃道非同心故也

問日天此理何以徵乎曰其所以然自有別論今獨徵定

節氣之日也西國曆家測驗節氣測得太陽自春分至秋分必須一百八十七日自秋分至春分止須一百七十八日大約曆半周共有一百八十二度故太陽行夏至節氣以其本天每日一度一百八十七日則行一百八十七度而黃道半周原當行一百八十二度以每日一度算之爲有餘故于夏至節氣有空度日行冬至節氣黃道自秋分至春分亦當行一百八十二度而本天止行一百七十八日乃依每日一度之算而不足故有隔日乃知春分至秋分黃道一百八十二度本天行一百八十七日日多度寡必須空日可以合之秋分至春

分黃道一百八十二度太天一百七十八日度多日少矣必須將日可以合之因此冬夏節氣于周天度數亦不平分焉節氣太陽行黃道之十五度也但日行夏節氣其所行十五日而于黃道非行十五度故不可以十五日定其一節也冬節氣亦然欲得其真確須依上法而定其限焉故于夏有以十六日日行黃道之十五度而一節氣足于冬有以十四日日行黃道之十五度而一節氣足

問大統曆自春分至秋分恆算得一百八十二日非一百八十七日也如甲寅年春分日為二月十四日秋分日

為八月十八日乃扣至一百八十二日足若自秋分至春分亦然其皆為平分何也曰定節氣法有二其一以太陽所行于本天度分其一以所行黃道度分大統曆定節氣非依黃道度分乃以日行本天度分定之若論黃道度則所謂春秋分必在日躔二道之交今大統曆恒前三日而得春分後三日而得秋分日輪于本天已行至一百八十二日然實未躔二道之交故諸節氣俱因此有前後西洋曆家則依太陽所行黃道度分而定諸節氣矣此法以得真確本日甚便蓋測驗以得日輪高下為總而日輪高下由于其所躔黃道度分也

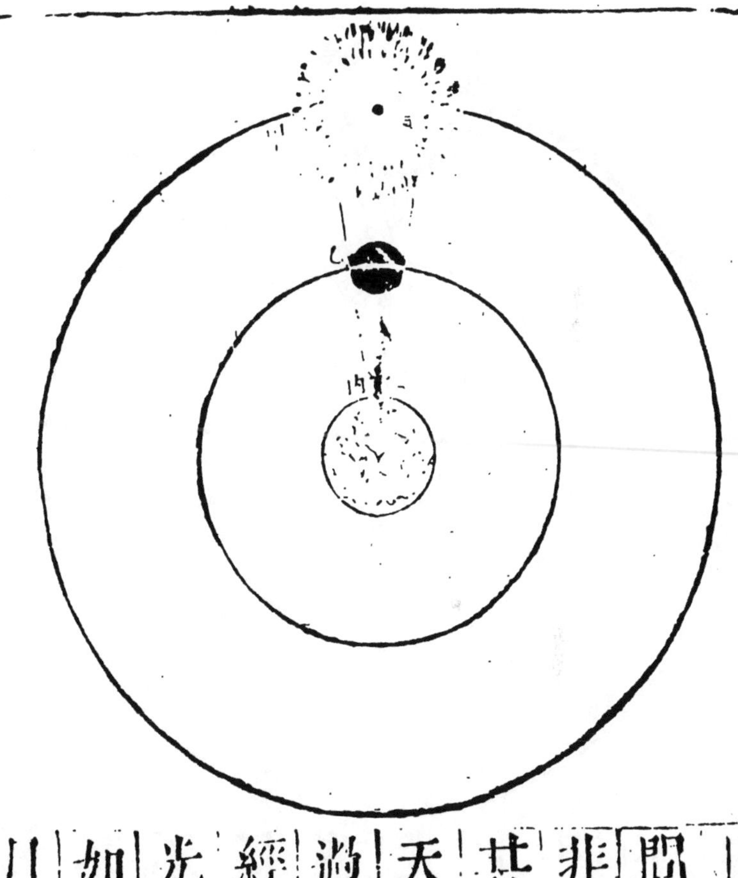

日蝕

問日蝕所以。曰、日蝕非日失其光，乃月掩其光也。月之天在日天之下，朔將月輪正過日輪之下，每此同經，東西同緯，故掩其光，若有失之耳。如上圖甲為日，乙為月、丙為人居地面，月

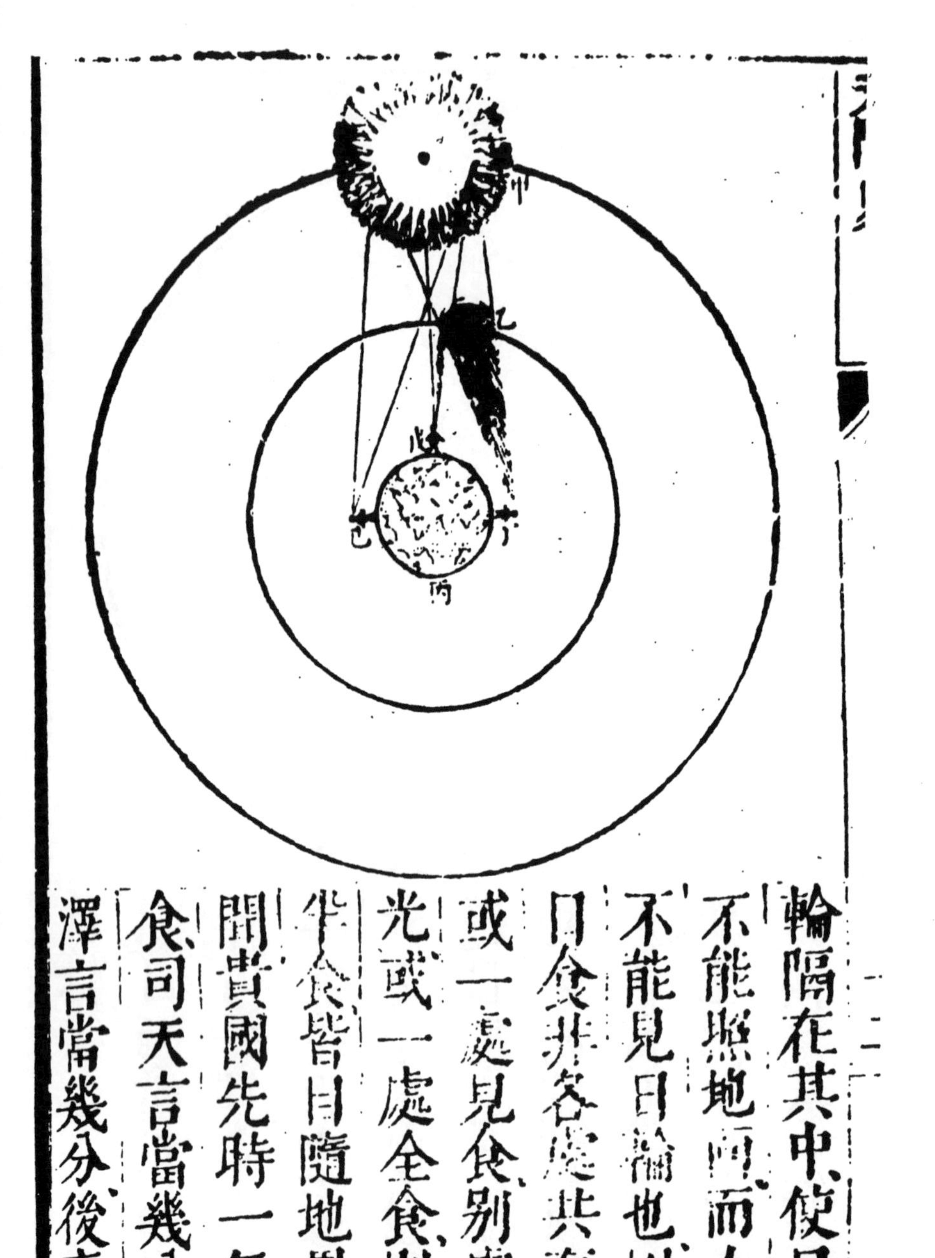

輪隔在其中、使日光不能照地面、而人目不能見日輪也、因知日食非各處共有之、或一處見食、別處見光、或一處全食、別處半食、皆日隨地異也、閒貴國先時一年日食、司天言當幾分、草澤言當幾分、後率如

草澤言說者以爲算法疎密使然實不爾也

如右圖內地面乙月輪甲日輪居丁者正見月于日故見全食居戊者斜見月于日故見半日食居巳者不見月于日故全不見食如欲得日食時刻最準先須得七政經緯度及正斜視法不然即交食分數測驗躔度悉不可算悉不可定故吾國曆家窮究此理以爲曆準別有備論今特畧言食理也試觀居房內者房中有燭以照四方君于東方有掩光者必坐東者不見其光而坐南北西方者得光也各方如是如滅其光則居諸方內者四方見燭無光矣與食同理也若月食則所食全缺分

秋、萬人萬目共作是觀、別無同異、與日不同

問日蝕由于月掩其光、凡每朔時日月同度、又正過其下宜皆得食、今不盡然、何也、曰、日躔惟一黃道、終古無出其外也、月于黃道有時在南在北、故月道半出黃道北半出黃道南、而爲南北二交、吾國所謂龍頭龍尾是也朔時若月在二交之外、或南或北、與日非經緯同度、不能掩日光也、南北爲經、東西爲緯、凡是朔日經度必同、如更同緯度、適在二交之上、乃能掩其光而食耳

如左圖、月道交黃道于龍頭龍尾甲、爲月道在黃道南丙在北、試使月朔時在龍頭、則經緯同度、月正過日輪之下

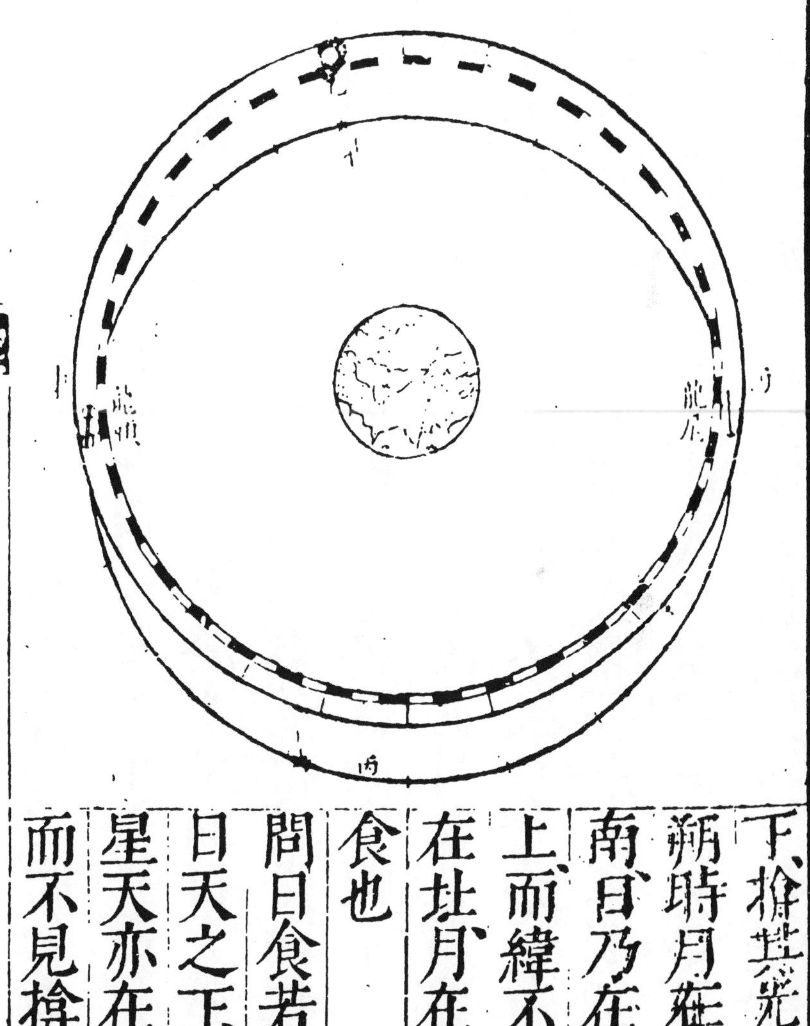

下、掩其光而食焉、如朔時月在甲黃道之、南、日乃在乙黃道之上、而緯不同度、則日在北、月在南矣、故不食也

問日食若因月天在日天之下、則木星金星天亦在日天之下、而不見掩其光、且月

天在金水二星之下、月亦宜揜其光、而金水有食如日矣今其食不顯何也曰水星金星雖正過日輪之下而有與日同度時然金星大於水星而日大於金星一百倍二星之體比日體甚小豈能揜其光而使人不見日也吕國曆家過金水二星與日同度恒見日輪中有黑點以星體不能全揜日體故也月輪正過二星之下亦宜揜其星光使人不見今不顯其食如日者非月不能揜之乃二星之光甚微其體甚小故不明顯也

問天地渾儀說曰地球大於金星三十六倍又二十七分之一大於月輪三十八倍又三分之一是金星大于月

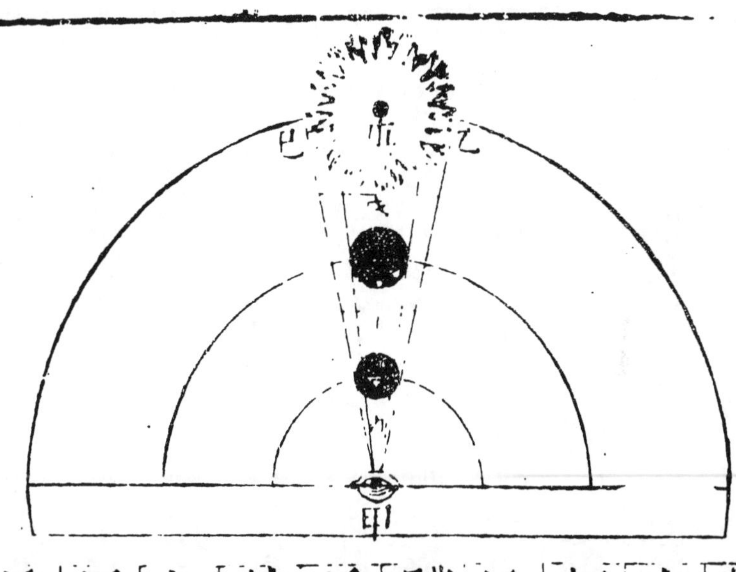

揜也、夫月球能揜日光、則金星更大、亦何不揜日光乎、曰凡物以形相揜、非惟論其大小、又當計其遠近、蓋人目視物之時、自目至物之體射兩直線爲直角形、故愈近于目其物雖小而徑愈大、愈遠于目其物雖大而徑愈小

如上圖甲、爲人目、庚爲物體、甲乙甲巳爲人目所射兩直線、則徑愈近愈小、愈遠愈大、故戊大于丁而

丁大于丙也試以人手隔目手愈近于目則愈掩物體矣是故金星雖大于月乃在月天之上去人目甚遠故不能掩日光也月雖小于金星乃在金星天之下去人目最近故能掩日光也此其理也

問日大于月固矣日輪較地球不知其大有幾何吾國曆家有明此理有論甚廣測七政高下及大小之度分有常甚準日大於地一百六十五倍又八分之三欲徵之宜知圓光照圓體之影也圓光若照圓體同大其影廣恒等而無窮若照圓體更大其影漸大而亦無窮若照圓體更小其影漸小而有盡

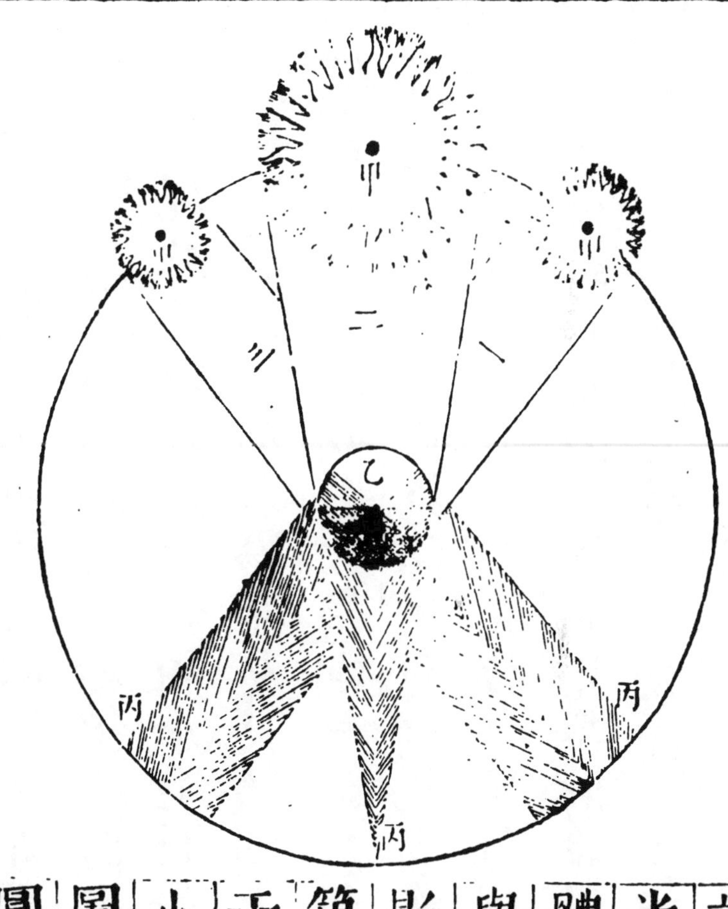

試觀上圖甲、爲圓光乙爲圓體、丙爲體影、第一圖甲圓與乙圓體相等、丙影亦等無窮盡矣、第二圖甲圓光大于乙圓體、丙影漸小而有盡矣、第三圖甲圓光小于乙圓體、丙影漸寬大

而亦無窮矣太陽照地之時地影非恒等亦非漸大譬之物影其爲漸小而有盡如第二圖也則以日輪圓光大于地形也地之影漸銳而小至有盡焉其光明也凡星月無光借日之光太陽照及其體則光生焉不然則否儻日與地等地或更大焉則其影爲無窮之影宜射蔭直過諸星之天必見諸星有食焉者矣今惟地體甚小銳影有盡不到諸星之天故日光無礙照及木火土以及列宿諸天而諸星恒明光無朦也其地影之盡可過第一并二重天至第三重天而不及第四重天所以月入地影得食而諸星不食也地球一周三百六十度每

度二百五十里、日天一周亦三百六十度、其每一度有
數萬餘里、曆家有器量得日天之度、每半度爲
日一含徑、因知其圓形亦得數萬餘里、而非地形可比
譬如山高二十餘里、上有人焉、居下者視之如小鳥也
日天之高、自地面至太陽中心、相隔一千六百萬餘里、
今視日輪如小車輪、猶之二十里高山視人如鳥矣
問太陽早晚出入時近于地平見大、午時近于天頂見小
何也、曰、地球懸於空際、居中無著、其四際離天、諸方同
一無近遠也、以理論之、其在東西出入方也、太陽離地
凡一千六百萬餘里矣、而人立地面、或自東視西、或自

西觀東半徑幾一萬五千里焉以一千六百萬餘里又加以一萬五千里人之視日宜小也日在午方從下視上止一千六百萬餘里人之視日宜大也今宜小而反大宜大而反小者此非由于地之遠近也濕氣使然也蓋夜中水氣恒上騰氣行空中悉成濕性濕以太陽自下而上映帶而來見漾焉遂勃焉人望之以為如是其大耳若太陽當空浮翳盡掃無所映隔真體明淨皦之旦暮為小凡月與諸星見于地平必有濕氣障隔爾時所見亦必大于午時試觀水中所見或石或木必大于水外者皆濕性之勢也

問人在地面視東視西若半徑各得一萬五千里豈以人之所立恰在地中乎曰地是圓體人之所立無論遠近中邊從其所立分之各得一半

晝夜時刻隨北極出地各有長短

問晝夜長短不一時刻亦異何也曰晝夜長短由于太陽次南北極出入地平也北極出地即夏至晝長夜短冬至晝短夜長南極出地反是其時勢異也爲此夏至爲彼冬至故晝短夜長爲此冬至爲彼夏至故晝長夜短南北二極與地平則其地晝夜恒平故晝夜長短由于太陽及極出入地也南北爲緯度東西爲經度各一周

三百六十度人在地面凡居經度一帶之內者其晝夜長短恒同其日出入及晝夜時刻則異蓋經度之自東而西者人之所居或東或西雖各不同而緯度之三十度者皆爲三十度四十度者皆爲四十度也此同緯度者也若緯度之異者自赤道以至極下其晝夜長短各異矣

如左圖地爲圓體懸于空際上下四旁皆有人居四方之人各以所居子午線爲午時太陽在東方甲居東方者爲午時日輪在其天頂故也乙居西方者即爲卯時日輪至天頂須三時故也丙亦居西方者即爲子時日輪

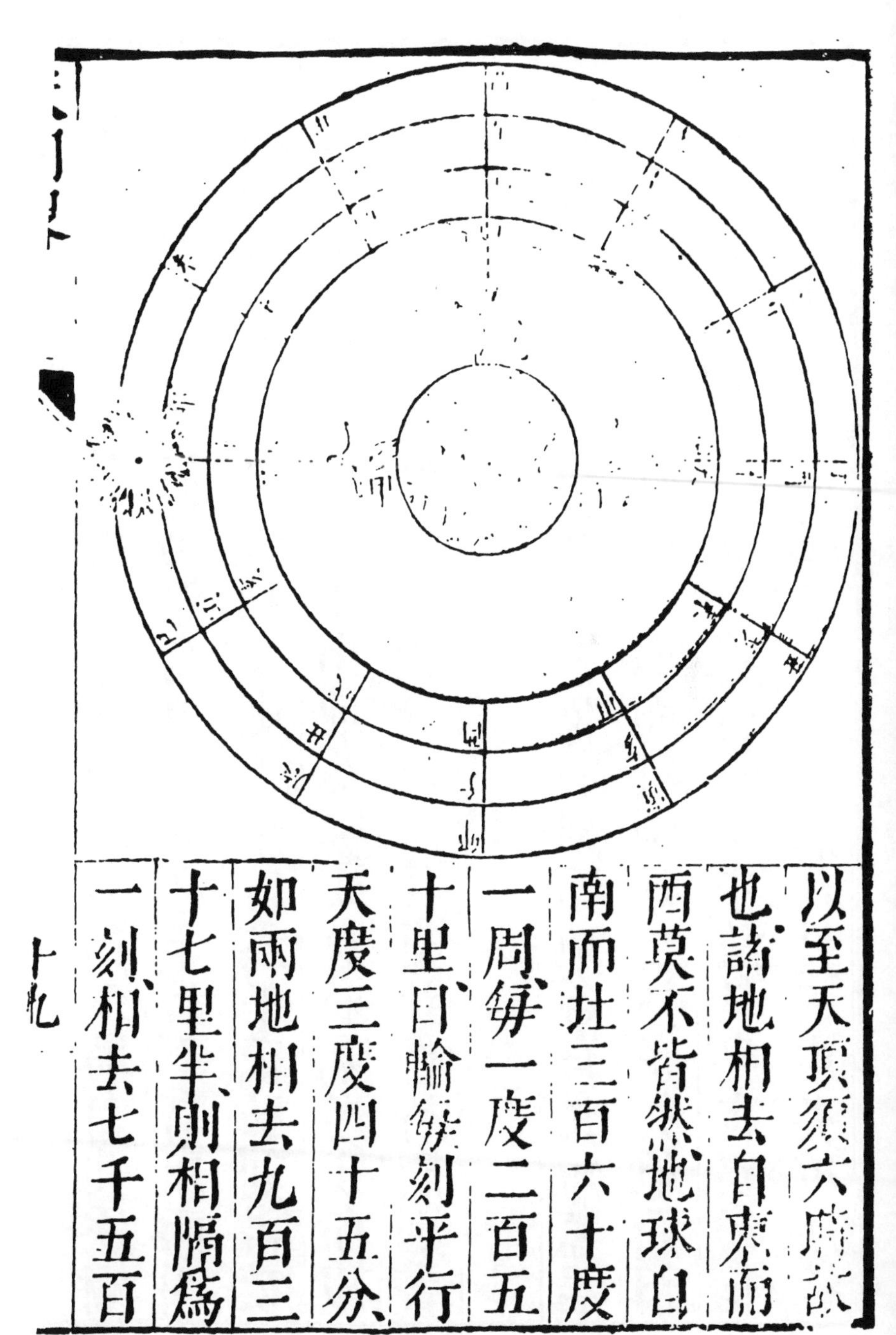

以至天頂須六時故也諸地相去自東而西莫不皆然地球自南而北三百六十度一周每一度二百五十里日輪每刻平行天度三度四十五分如兩地相去九百三十七里半則相隔爲一刻相去七千五百

十九

中則相隔為一時。丙知居東方者若得午時。自此逐漸得西即為巳。為辰。為卯。為寅。為丑。為子。天下自東而西時刻各異。各以日輪到本處子午線為午正初刻。晝夜長短相同者。蓋以北極出地多寡。定為時刻多少。所以自東而西一帶。但經度相同地方。其離北極皆同。則晝夜長短亦同

南北緯度。自赤道至極下。晝夜時刻隨地各有長短。蓋居赤道下者。以赤道為天頂。而其南北二極正與地面相平。地平之交于諸節氣線。皆當正中。故其晝夜長短恒平也。北極出地。則地平之交節氣非其正中矣。故所分

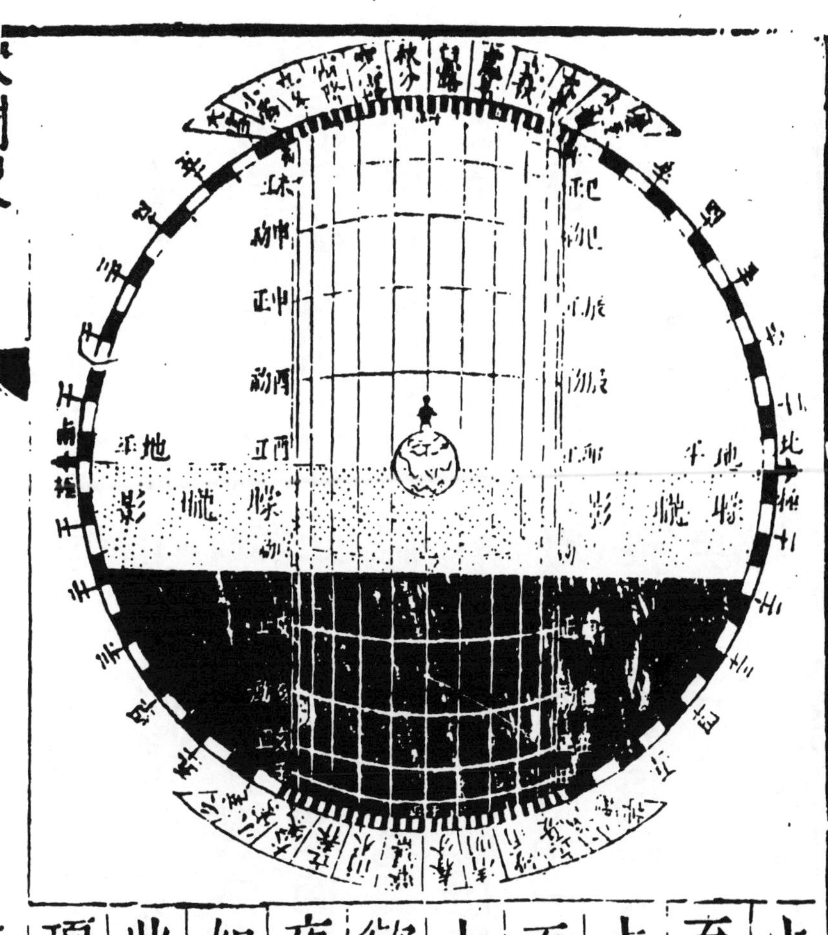

上下亦非平分夏至則其線大分在上而晝長夜短冬至則其線小分在上而晝短夜長今欲知赤道之下晝夜常平

如上圖即見人居此地以赤道為天頂又南北極不出

入地次見地平線相交于諸節氣之線正當中而六時在地平上六時在下故太陽或行夏至或冬至或春秋分線上必六時在地面上而爲晝六時在下而爲夜其諸節氣日出必卯正初刻日入必酉正初刻卽晝夜常平可知也但其朦朧影稍異冬夏二至略長于春秋分之時此有別論今不詳之自赤道北行二百五十里見北極出地一度赤道離天頂南亦一度若行二千五百里卽北極出地南極入地赤道離天頂南俱差十度自赤道下至北極下每行二百五十里皆差一度其赤道線偏在天頂南卽諸節氣線亦偏于南不與地平線相

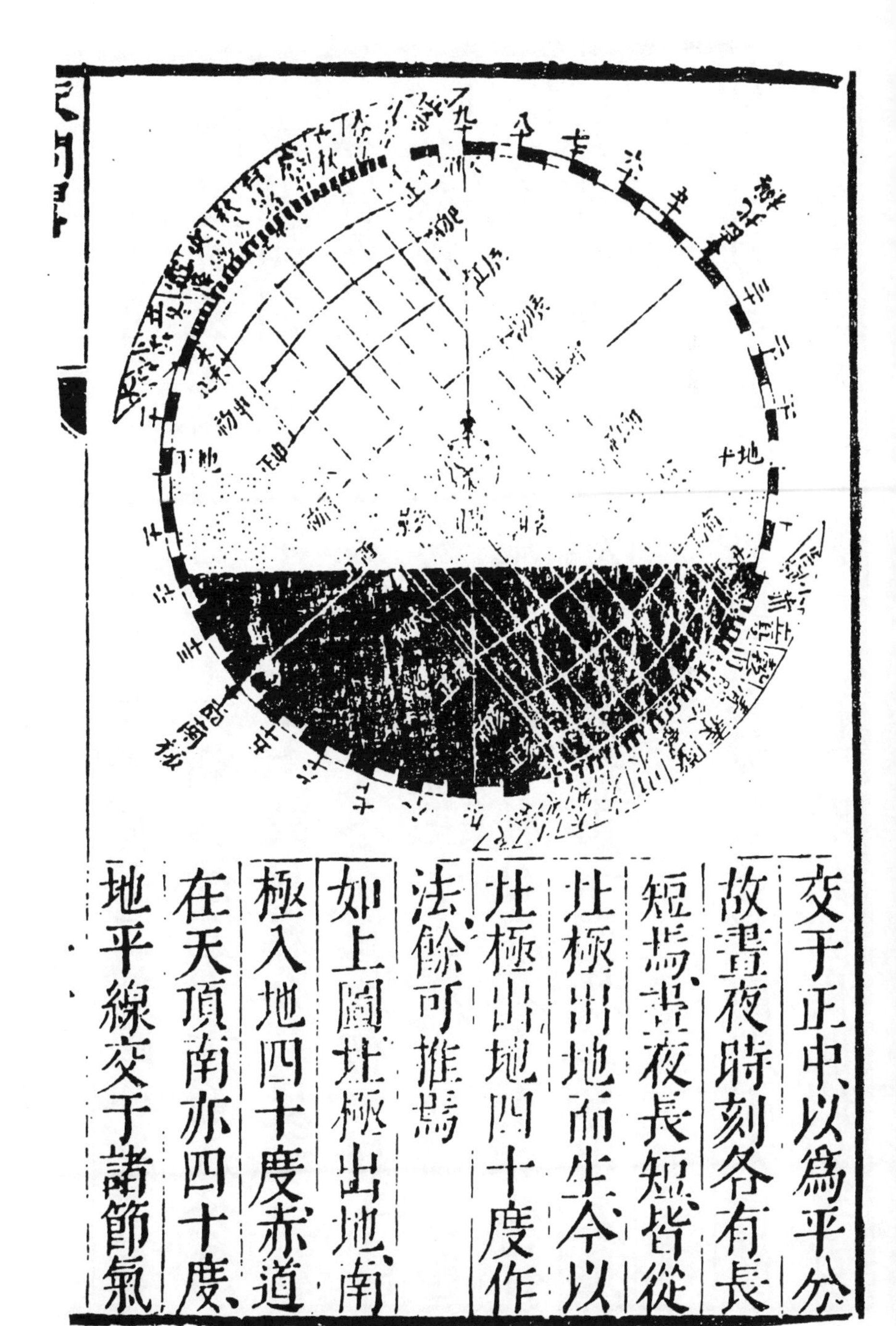

交于正中、以為平分故晝夜時刻各有長短焉、晝夜長短、皆從北極出地而生、今以北極出地四十度作法、餘可推焉

如上圖北極出地、南極入地四十度、赤道在天頂南亦四十度、地平線交于諸節氣

線非其正中其交夏至線也于寅正二刻四分故晝長五十九刻七分每日九十六刻其餘三十六刻八分爲夜甚短因其線大半在地平上故自春分經夏至至秋分皆爲晝長而夜短地平線交冬至在辰初一刻十一分故夜長五十九刻七分其餘三十六刻八分爲晝甚短因其線大半在地平下故自秋分歷冬至至春分皆爲夜長而晝短可知晝夜長短由于南北二極出入地也

如上圖欲知順天府每節氣晝夜刻各幾何則視本日節氣在地平線上時刻即晝在下時刻即夜也假如于夏

至線視地平線交于寅正二刻以上得二十九刻十一分、是從日出至午正初刻數、加一倍、即從午正初至日入得五十九刻七分、爲晝刻分、所餘刻分即夜刻分也、諸節氣亦然、又欲知日出入時刻、即視地平線于本節氣相交某時刻、即得、欲知隨節氣朦朧影刻、各幾何、亦視本節氣自朦朧線以上、至地平線、皆黃昏昧爽刻分也

凡晝夜長短時刻、由于南北極出入地、與所居緯度之不同也、天頂近于赤道、則北極出地度數少、即晝夜長短亦少、天頂遠于赤道、則北極出地度分多、即晝夜長短

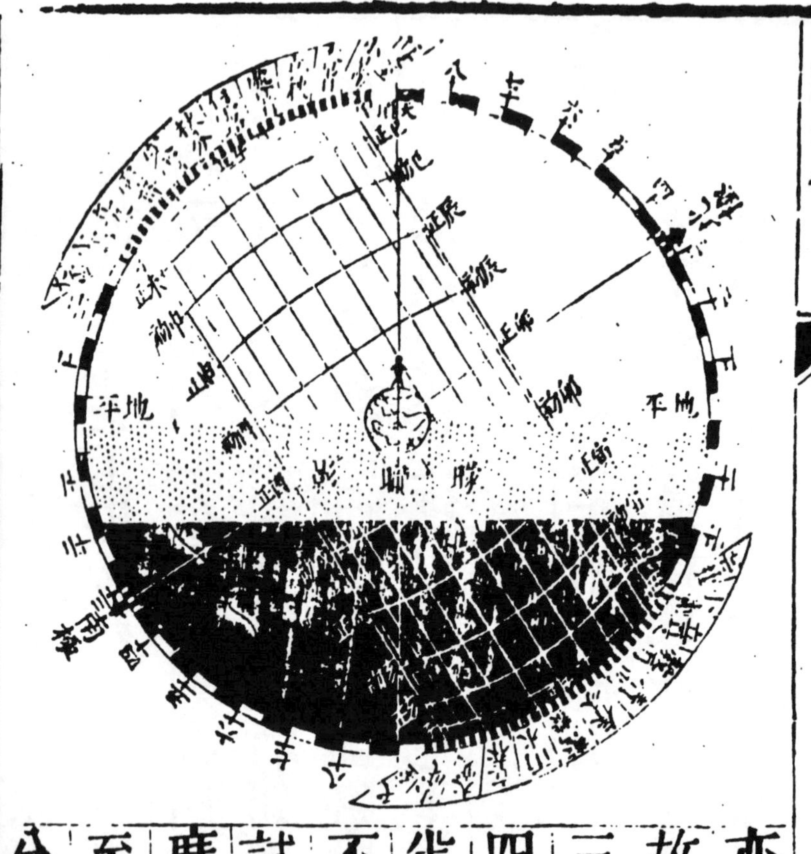

亦多
故應天府北極出地
三十二度半順天府
四十度强即多七度
半其晝夜長短亦自
不同欲知所差幾何
試觀北極出地四十
度强圖地平線交夏
至線于寅正二刻四
分故順天府夏至晝

長五十九刻七分、觀北極出地三十二度半圖地平綫
交夏至線于寅正三刻十二分、故應天府夏至晝長五
十六刻六分、計差三刻、其餘節氣以法對之亦然、又欲
知日出入及朦朧影時刻各異、如上法可求
因上三圖、即知晝夜時刻隨北極出地各有長短、北極不
出地、因赤道爲天頂、左右節氣半在地上、半在地下、故
晝夜必恒平也、北極出地或二十度、其赤道在天頂南
二十度、左右節氣皆偏于南二十度、故晝夜必有長短
也、蓋人居赤道下者、恒見半天、若北極出地二十度、南
極必入地二十度、人居赤道北二十度者、其所見天北

方必後二十度而能見赤道下者之所不見南方必多
二十度而不見赤道下者之所得見人恒得見半天故
地夏至節氣在赤道北其二十度之分現在地面上故
得晝長冬至在赤道南其二十度之分隱在地面下故
得晝短其北極出地三十四十五十度者其理並同獨
至出地六十七度半則不同也試觀渾儀若北極出地
十度夏至晝長二刻君出二十度長五刻出三十度長
八刻出四十度長十二刻出五十度長十八刻出六十
度長二十六刻出六十七度長四十八刻其長四十八
刻者夏至線不交地平而全見在地平上冬至全在地

平下、故夏至日太陽行地面上不入地平、晝長九十六刻、無夜、冬至日太陽行地面下不出地平、夜長九十六刻無晝、北極出地七十度五夏節氣線小滿、芒種、夏至、小暑、大暑、皆在地平上、五冬節氣線小雪、大雪、冬至、小寒、大寒、皆在地平下、其北極出地七十度者、從小滿歷夏至、夏至歷大暑、凡六十日、太陽斜行地上不入地下、即六十日全爲晝無夜、小雪以後歷冬至、冬至歷大寒、凡六十日太陽斜行地下不出地上、即六十日全爲夜無晝、若北極出地八十度、則夏十節氣皆在地平上、冬在下、晝夜長短全爲百二十餘日、若北極出地九十度、

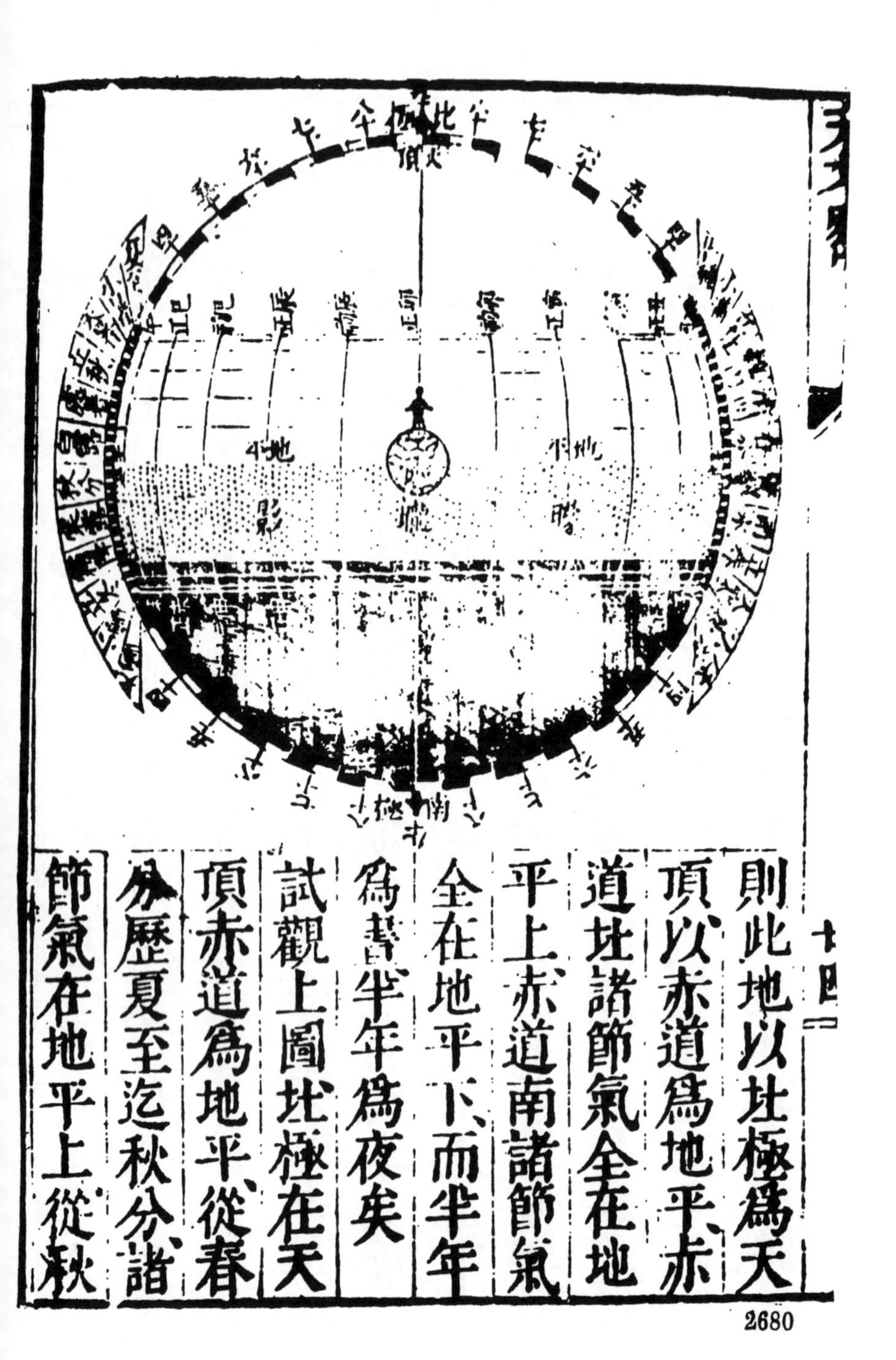

則此地以北極為天頂以赤道為地平、赤道北諸節氣全在地平上、赤道南諸節氣全在地下、而半年為晝半年為夜矣

試觀上圖北極在天頂赤道為地平、從春分歷夏至迄秋分、諸節氣在地平上、從秋

分歷冬至迄春分、諸節氣在地平下、即見此地日躔赤道春分以後出地、日輪漸漸高至夏至二十三度半、以後漸下至秋分、故半年恒周行于地平之上、而全為一晝、秋分以後入地、日輪漸下至冬至二十三度半、以後漸高至春分、故半年恒周行于地平之下、而全為一夜、日出入地平十八度內、皆為朦朧影時刻、故此地春分以前月半為昧爽、秋分以後月半為黄昏也

或曰、一年半為晝、半為夜、何以証之、曰、吾西國人親所經歷、其愈近北極者、夏至日晝愈長、夜愈短、夏至日有全十二時為晝、有全三十日為晝、全六十日為晝、全六月

爲晝、歷歷身涉不可疑也、依渾天儀論之其理不得不然也試于中國亦可見焉中國本境自南十八度起至北四十二度止、人從最南北行每二百五十里必更一度漸北漸移夏至日、晝長夜短而京師北土之夏至日長于廣東南土之夏至、廣州北極出地二十三度半、夏至日五十三刻十一分爲晝餘四十二刻四分爲夜又以江西較之、南昌府北極出地二十九度夏至日五十五刻七分爲晝餘四十刻八分爲夜、視廣東晝夜長短差二刻、南京北極出地三十二度半、夏至日五十六刻六分爲晝餘三十九刻九分爲夜、視廣東晝夜長短差三刻視江西差一刻山東濟南府北極出地三十七度其晝長五十八刻四分餘爲夜卽晝長于廣東五刻于江西三刻于南京二刻京師北極出地四十度其晝夜長短所差愈多從此可推自十八度以至四十二度各處不同。又推知自四十二度至九十度晝夜漸長漸短以至半年爲晝半年爲夜足徵矣

晝夜長短日出入時刻朦朧影刻分皆以北極出地多寡及所交節氣之日爲準宜隨地隨氣立算不可執一處以槩他方也故爲列圖如左圖中最上横書一行爲諸節氣本日從冬至至夏至次第一直行爲各省所宜用

本圖、及其地北極出地多寡、次得日出一行、此行橫書作二行、一為日出刻數、一為日出分數、次日入一行、及晝夜長短朦朧影、其行各橫書作二行、一為刻數、一為分數、假如欲知順天府立冬或立春日、日出入時刻、晝夜長短朦朧影刻分、則視左各圖、而例得第一圖為其本圖、次檢取圖中立冬本行、及右日出行相對、得卯正三刻十三分、其餘相對如是、而得日入申正四刻二分、晝長短四十刻四分、夜長短五十五刻十一分、朦朧影六刻七分、其餘節氣亦然、餘圖視法亦然、依西曆每日九十六刻每時八刻算

北京及鄰近地方晝夜長短日出日入曚曨影刻分

主北極出地四十度

節氣	日出 刻 分	日入 刻 分	晝長短 刻 分	夜長短 刻 分	曚曨影 刻 分
冬至	辰初一刻十一分	申正二刻四分	三十六刻八分	五十九刻七分	六刻十二分
小寒 大雪	辰初一刻七分	申正二刻八分	三十七刻一分	五十八刻十四分	六刻十二分
大寒 小雪	卯正四刻十二分	申正三刻三分	三十八刻六分	五十七刻九分	六刻十分
立春 立冬	卯正三刻十三分	申正四刻二分	四十刻四分	五十五刻十一分	六刻七分
雨水 霜降	卯正二刻八分	酉初一刻七分	四十二刻十四分	五十三刻一分	六刻六分
驚蟄 寒露	卯正一刻五分	酉初二刻十分	四十五刻五分	五十刻十分	六刻四分
春分 秋分	卯初四刻〇分	酉初四刻〇分	四十八刻〇分	四十八刻〇分	六刻五分
清明 白露	卯初二刻十分	酉正一刻五分	五十刻十分	四十五刻五分	六刻十分
穀雨 處暑	卯初一刻六分	酉正二刻九分	五十三刻三分	四十二刻十二分	六刻十四分
立夏 立秋	寅正四刻二分	酉正三刻十三分	五十五刻十一分	四十刻四分	七刻五分
小滿 大暑	寅正三刻三分	酉正四刻十二分	五十七刻九分	三十八刻六分	八刻〇分
芒種 小暑	寅正二刻八分	戌初一刻七分	五十八刻十四分	三十七刻一分	八刻十一分
夏至	寅正二刻四分	戌初一刻十一分	五十九刻七分	三十六刻八分	八刻十二分

南京及鄰近地方晝夜長短日出日入矇矓影刻分

去北極出地三十二度半	日出	刻	分	日入	刻	分	晝長短 刻	分	夜長短 刻	分	矇矓影 刻	分
冬至	卯	正四	三	申	正三	十二	三十九	九	五十六	六	六	七
小寒大雪	卯	正四	○	申	正四	○	四十	○	五十六	○	六	五
大寒小雪	卯	正三	八	申	正四	七	四十	十四	五十五	一	五	十四
立春立冬	卯	正二	十三	酉	初一	二	四十二	四	五十三	十一	五	十四
雨水霜降	卯	正二	○	酉	初二	○	四十四	○	五十二	○	五	十三
驚蟄寒露	卯	正一	○	酉	初三	○	四十六	○	五十	○	五	十一
春分秋分	卯	初四	○	酉	初四	○	四十八	○	四十八	○	五	十一
清明白露	卯	初三	○	酉	正一	○	五十	○	四十六	○	五	十三
穀雨處暑	卯	初二	○	酉	正二	○	五十二	○	四十四	○	六	二
立夏立秋	卯	初一	二	酉	正二	十三	五十三	十一	四十二	四	六	五
小滿大暑	寅	正四	七	酉	正三	八	五十五	一	四十	十四	六	九
芒種小暑	寅	正四	○	酉	正四	○	五十六	○	四十	○	六	十二
夏至	寅	正三	十二	酉	正四	三	五十六	六	三十九	九	六	十三

山東省城及鄰近地方晝夜長短日出日入矇矓影刻分

主北極出地三十七度	日出 刻分	日入 刻分	晝長短 刻分	夜長短 刻分	矇矓影 刻分
冬至	辰初一二	申正二十三	三十七十一	五十八四	六十
小寒大雪	卯正四十三	申正三二	三十八四	五十七十一	六八
大寒小雪	卯正四四	申正三十一	三十九七	五十六八	六六
立春立冬	卯正三六	申正四九	四十一三	五十四十二	六三
雨水霜降	卯正二五	酉初一十	四十三五	五十二十	六二
驚蟄寒露	卯正一三	酉初二十二	四十五九	五十六	六一
春分秋分	卯初四〇	酉初四〇	四十八〇	四十八〇	六一
清明白露	卯初二十二	酉正一三	五十一六	四十五九	六七
穀雨處暑	卯初一十	酉正二五	五十二十	四十三五	六十一
立夏立秋	寅正四九	酉正三六	五十四十二	四十一三	六十三
小滿大暑	寅正三十一	酉正四四	五十六八	三十九七	七五
芒種小暑	寅正三二	酉正四十三	五十七十一	三十八四	七八
夏至	寅正二十三	戌初一二	五十八四	三十七十一	七九

山西省城及鄰近地方晝夜長短日出日入矇朧影刻分

北極出地三十八度

節氣	日出	刻	分	日入	刻	分	晝長短 刻	分	夜長短 刻	分	矇朧影 刻	分
冬至	辰	初二	四	申	正二	十一	三十七	九	五十八	六	六	十二
小寒大雪	辰	初一	一	申	正二	十四	三十七	十三	五十八	二	六	十一
大寒小雪	卯	正四	七	申	正三	八	三十九	一	五十六	十四	六	七
立春立冬	卯	正三	八	申	正四	七	四十	十四	五十五	一	六	四
雨水霜降	卯	正二	七	酉	初一	八	四十三	一	五十二	十四	六	一
驚蟄寒露	卯	正一	四	酉	初二	十一	四十五	七	五十	八	六	一
春分秋分	卯	初四	〇	酉	初四	〇	四十八	〇	四十八	〇	六	〇
清明白露	卯	初三	十一	酉	正一	四	五十	八	四十五	七	六	四
穀雨處暑	卯	初一	八	酉	正二	七	五十二	十四	四十三	一	六	九
立夏立秋	寅	正四	七	酉	正三	八	五十五	一	四十	十四	六	十二
小滿大暑	寅	正三	八	酉	正四	七	五十六	十四	三十九	一	七	七
芒種小暑	寅	正二	十四	戌	初一	一	五十八	二	三十七	十三	七	十一
夏至	寅	正二	十一	戌	初一	四	五十八	六	三十七	九	七	十二

陝西省城及鄰近地方晝夜長短日出日入朦朧影刻分

至北極出地三十六度

節氣	日出	刻	分	日入	刻	分	晝長短 刻	分	夜長短 刻	分	朦朧影 刻	分
冬至	卯	正四	十四	申	正三	一	三十八	二	五十七	十三	六	八
小寒大雪	卯	正四	十一	申	正三	四	三十八	八	五十七	七	六	六
大寒小雪	卯	正四	二	申	正三	十三	三十九	十一	五十六	四	六	四
立春立冬	卯	正三	四	申	正四	十一	四十一	七	五十四	八	六	一
雨水霜降	卯	正二	四	酉	初一	十一	四十三	九	五十二	八	六	○
驚蟄寒露	卯	正一	二	酉	初二	十三	四十五	十二	五十	四	六	○
春分秋分	卯	初四	○	酉	初四	○	四十八	○	四十八	○	六	○
清明	卯	初二	十三	酉	正一	二	五十	四	四十五	十二	六	四
穀雨	卯	初一	十一	酉	正二	四	五十二	八	四十三	七	六	七
立夏立秋	寅	正四	十二	酉	正三	四	五十四	八	四十一	七	六	十一
小滿大暑	寅	正三	十三	酉	正四	二	五十六	四	三十九	十一	七	二
芒種小暑	寅	正三	四	酉	正四	十一	五十七	七	三十八	八	七	七
夏至	寅	正三	一	酉	正四	十四	五十七	十三	三十八	二	七	八

河南省城及鄰近地方晝夜長短日出日入朦朧影刻分

北極出地三十五度

節氣	日出	日入	晝長短	夜長短	朦朧影
	刻分	刻分	刻分	刻分	刻分
冬至	卯正四刻十一分	申正三刻四分	三十八刻八分	五十七刻七分	六刻七分
小寒 大雪	卯正四刻八分	申正三刻七分	三十八刻十四分	五十七刻一分	六刻七分
大寒 小雪	卯正四刻〇分	申正四刻〇分	四十刻〇分	五十六刻〇分	六刻三分
立春 立冬	卯正三刻三分	申正四刻十二分	四十一刻九分	五十四刻六分	六刻〇分
雨水 霜降	卯正二刻二分	酉初一刻十三分	四十三刻十一分	五十二刻四分	五刻十四分
驚蟄 寒露	卯正一刻一分	酉初二刻十四分	四十五刻十三分	五十刻二分	五刻十三分
春分 秋分	卯初四刻〇分	酉初四刻〇分	四十八刻〇分	四十八刻〇分	五刻〇分
清明 白露	卯初二刻十四分	酉正一刻一分	五十刻二分	四十五刻十三分	六刻十二分
穀雨 處暑	卯初一刻十三分	酉正二刻二分	五十二刻四分	四十三刻十一分	六刻六分
立夏 立秋	寅正四刻十二分	酉正三刻一分	五十四刻六分	四十一刻九分	六刻十分
小滿 大暑	寅正四刻〇分	酉正四刻〇分	五十六刻〇分	四十刻〇分	六刻[illegible]
芒種 小暑	寅正三刻七分	酉正四刻八分	五十七刻一分	三十八刻四分	七刻[illegible]
夏至	寅正三刻四分	酉正四刻十一分	五十七刻七分	三十八刻八分	七刻六分

浙江省城及鄰近地方晝夜長短日出日入矇朧影刻分

北極出地三十度	日出	刻	分	日入	刻	分	晝長短刻	分	夜長短刻	分	矇朧影刻	分
冬至	卯	正三	十三	申	正四	二	四十	四	五十五	十一	六	一
小寒大雪	卯	正三	十	申	正四	五	四十	十	五十五	五	六	○
大寒小雪	卯	正三	四	申	正四	十一	四十一	七	五十四	八	五	十三
立春立冬	卯	正二	九	酉	初一	六	四十二	十二	五十三	三	五	十一
雨水霜降	卯	正一	十二	酉	初二	三	四十四	六	五十一	九	五	八
驚蟄寒露	卯	初四	十四	酉	初三	一	四十六	二	四十九	十三	五	六
春分秋分	卯	初四	○	酉	初四	○	四十八	○	四十八	○	五	七
清明白露	卯	初三	一	酉	初四	十四	四十九	十三	四十六	二	五	八
穀雨處暑	卯	初二	三	酉	正一	十二	五十一	九	四十四	六	六	○
立夏立秋	卯	初一	六	酉	正二	九	五十三	三	四十二	十二	六	三
小滿大暑	寅	正四	十一	酉	正三	四	五十四	八	四十一	七	六	六
芒種小暑	寅	正四	五	酉	正三	十	五十五	五	四十	十	六	七
夏至	寅	正四	二	酉	正三	十三	五十五	十一	四十	四	六	九

江西省城及鄰近地方晝夜長短日出日入朦朧影刻分

主北極出地二十九度

節氣	日出	刻	分	日入	刻	分	晝長短 刻	分	夜長短 刻	分	朦朧影 刻	分
冬至	卯	正三	十一	申	正四	四	四十	八	五十五	七	六	二
小寒大雪	卯	正三	八	申	正四	七	四十	十四	五十五	一	六	一
大寒小雪	卯	正三	二	申	正四	十三	四十一	十	五十四	五	五	十三
立春立冬	卯	正二	七	酉	初一	八	四十三	一	五十二	十四	五	十
雨水霜降	卯	正一	十一	酉	初二	四	四十四	八	五十一	七	五	九
驚蟄寒露	卯	初四	十三	酉	初三	二	四十六	四	四十九	十一	五	八
春分秋分	卯	初四	〇	酉	初四	〇	四十八	〇	四十八	〇	五	十
清明白露	卯	初三	二	酉	初四	十三	四十九	十一	四十六	四	五	十
穀雨處暑	卯	初二	四	酉	正一	十一	五十一	七	四十四	八	六	〇
立夏立秋	卯	初一	八	酉	正二	七	五十二	十四	四十三	一	六	三
小滿大暑	寅	正四	十三	酉	正三	二	五十四	四	四十一	十一	六	六
芒種小暑	寅	正四	七	酉	正三	八	五十五	一	四十	十四	六	七
夏至	寅	正四	四	酉	正三	十一	五十五	七	四十	八	六	九

湖廣省城及鄰近地方晝夜長短日出日入矇朧影刻分

主北極出地三十一度	日出	刻	分	日入	刻	分	晝長短 刻	分	夜長短 刻	分	矇朧影 刻	分
冬至	卯	正四	一	申	正三	十四	三十九	十三	五十六	二	六	三
小寒大雪	卯	正三	十三	申	正四	二	四十	四	五十五	十一	六	三
大寒小雪	卯	正三	六	申	正四	九	四十一	三	五十四	十二	五	十四
立春立冬	卯	正二	十一	酉	初一	四	四十二	八	五十三	七	五	十二
雨水霜降	卯	正一	十四	酉	初二	一	四十四	二	五十一	十三	五	十
驚蟄寒露	卯	初四	十四	酉	初三	一	四十六	二	四十九	十三	五	十
春分秋分	卯	初四	○	酉	初四	○	四十八	○	四十八	○	五	九
清明白露	卯	初三	一	酉	初四	十四	四十九	十三	四十六	二	五	十二
穀雨處暑	卯	初二	一	酉	正一	十四	五十一	十三	四十四	二	六	一
立夏立秋	卯	初一	四	酉	正二	十一	五十三	七	四十二	八	六	五
小滿大暑	寅	正四	九	酉	正三	六	五十四	十二	四十一	三	六	八
芒種小暑	寅	正四	二	酉	正三	十三	五十五	十一	四十	四	六	十一
夏至	寅	正三	十四	酉	正四	一	五十六	二	三十九	十三	六	十[illegible]

四川省城及鄰近地方晝夜長短日出日入矇朧影刻分

主北極出地二十九度半

節氣	日出	刻	分	日入	刻	分	晝長短刻	分	夜長短刻	分	矇朧影刻	分
冬至	卯	正三	十一	申	正四	四	四十	八	五十五	七	六	二
小寒大雪	卯	正三	八	申	正四	七	四十	十四	五十五	一	六	一
大寒小雪	卯	正三	二	申	正四	十三	四十一	十一	五十四	四	五	十三
立春立冬	卯	正二	七	酉	初一	八	四十三	一	五十二	十四	五	十
雨水霜降	卯	正一	十一	酉	初二	四	四十四	八	五十一	七	五	九
驚蟄寒露	卯	初四	十三	酉	初三	二	四十六	四	四十九	十一	五	八
春分秋分	卯	初四	〇	酉	初四	〇	四十八	〇	四十八	〇	五	十
清明白露	卯	初三	二	酉	初四	十三	四十九	十一	四十六	四	五	十一
穀雨處暑	卯	初二	四	酉	正一	十一	五十一	七	四十四	八	六	〇
立夏立秋	卯	初一	八	酉	正二	七	五十二	十四	四十三	一	六	三
小滿大暑	寅	正四	十二	酉	正三	二	五十四	四	四十一	十一	六	六
芒種小暑	寅	正四	七	酉	正三	八	五十五	一	四十	十四	六	七
夏至	寅	正四	四	酉	正三	十一	五十五	七	四十	八	六	九

福建省城及鄰近地方晝夜長短日出日入曚曨影刻分

赤北極出地二十六度

節氣	日出	日入	晝長短	夜長短	曚曨影
	刻分	刻分	刻分	刻分	刻分
冬至	卯正三刻四分	申正四刻十一分	四十一刻七分	五十四刻八分	五刻十四分
小寒 大雪	卯正三刻二分	申正四刻十三分	四十一刻十一分	五十四刻四分	五刻十二分
大寒 小雪	卯正二刻十一分	酉初一刻四分	四十二刻八分	五十三刻七分	五刻九分
立春 立冬	卯正二刻三分	酉初一刻十二分	四十三刻九分	五十二刻六分	五刻七分
雨水 霜降	卯正一刻八分	酉初二刻七分	四十四刻十四分	五十一刻一分	五刻七分
驚蟄 寒露	卯初四刻十二分	酉初三刻三分	四十六刻六分	四十九刻九分	五刻六分
春分 秋分	卯初四刻〇分	酉初四刻〇分	四十八刻〇分	四十八刻〇分	五刻五分
清明 白露	卯初三刻三分	酉初四刻十二分	四十九刻九分	四十六刻六分	五刻六分
穀雨 處暑	卯初二刻七分	酉正一刻八分	五十一刻一分	四十四刻十四分	五刻十分
立夏 立秋	卯初一刻十二分	酉正二刻三分	五十二刻六分	四十三刻九分	五刻十四分
小滿 大暑	卯初一刻四分	酉正二刻十一分	五十三刻七分	四十二刻八分	六刻二分
芒種 小暑	寅正四刻十三分	酉正三刻二分	五十四刻四分	四十一刻十一分	六刻五分
夏至	寅正四刻十一分	酉正三刻四分	五十四刻八分	四十一刻七分	六刻六分

廣東省城及鄰近地方晝夜長短日出日入矇朧影刻分

主北極出地二十三度半

節氣	日出	刻	分	日入	刻	分	晝長 刻	分	夜長 刻	分	矇朧影 刻	分
冬至	卯	正二	十三	酉	初一	二	四十二	四	五十三	十一	五	十一
小寒 大雪	卯	正二	十一	酉	初一	四	四十二	八	五十三	七	五	十
大寒 小雪	卯	正二	六	酉	初一	九	四十三	三	五十二	十二	五	八
立春 立冬	卯	正一	十四	酉	初二	一	四十四	二	五十一	十三	五	六
雨水 霜降	卯	正一	五	酉	初二	十	四十五	五	五十	十	五	六
驚蟄 寒露	卯	初四	十	酉	初三	五	四十六	十	四十九	五	五	五
春分 秋分	卯	初四	〇	酉	初四	〇	四十八	〇	四十八	〇	五	三
清明 白露	卯	初三	五	酉	初四	十	四十九	五	四十六	十	五	五
穀雨 處暑	卯	初二	十	酉	正一	五	五十	十	四十五	五	五	八
立夏 立秋	卯	初二	一	酉	正一	十四	五十一	十三	四十四	二	五	十一
小滿 大暑	卯	初一	九	酉	正二	六	五十二	十二	四十三	三	五	十二
芒種 小暑	卯	初一	四	酉	正二	十一	五十三	七	四十二	八	六	〇
夏至	卯	初一	二	酉	正二	十三	五十三	十一	四十二	四	六	〇

廣西省城及鄰近地方晝夜長短日出日入曚曨影刻分

主北極出地二十五度

節氣	日出 刻	日出 分	日入 刻	日入 分	晝長短 刻	晝長短 分	夜長短 刻	夜長短 分	曚曨影 刻	曚曨影 分
冬至	卯正三	二	申正四	十三	四十一	十一	五十四	四	五	十三
小寒大雪	卯正三	○	酉初	○	四十二	○	五十四	○	五	十
大寒小雪	卯正二	九	酉初一	六	四十二	十二	五十三	三	五	八
立春立冬	卯正二	二	酉初一	十三	四十三	十一	五十二	四	五	六
雨水霜降	卯正一	七	酉初二	八	四十五	一	五十	十四	五	五
驚蟄寒露	卯初四	十一	酉初三	四	四十六	八	四十九	七	五	七
春分秋分	卯初四	○	酉初四	○	四十八	○	四十八	○	五	五
清明白露	卯初三	四	酉初四	十一	四十九	七	四十六	八	五	五
穀雨處暑	卯初二	八	酉正一	七	五十	十四	四十五	一	五	九
立夏立秋	卯初一	十三	酉正二	二	五十二	四	四十三	十一	五	十二
小滿大暑	卯初一	六	酉正二	九	五十三	三	四十二	十二	六	一
芒種小暑	卯初	○	酉正三	○	五十四	○	四十二	○	六	二
夏至	寅正四	十三	酉正三	二	五十四	四	四十一	十一	六	二

雲南省城及鄰近地方晝夜長短日出日入矇朧影刻分

北極出地二十四度

節氣	日出	刻	分	日入	刻	分	晝長短 刻	分	夜長短 刻	分	矇朧影 刻	分
冬至	卯正	三	[illegible]	酉初	[illegible]	○	四十二	[illegible]	五十[illegible]	○	五	十
小寒大雪	卯正	二	十二	酉初	一	三	四十二	六	五十三	九	五	十二
大寒小雪	卯正	二	七	酉初	一	八	四十三	一	五十二	十四	五	九
立春立冬	卯正	一	十四	酉初	二	一	四十四	二	五十一	十三	五	五
雨水霜降	卯正	一	四	酉初	二	十一	四十五	七	五十	八	五	四
驚蟄寒露	卯初	四	九	酉初	三	六	四十六	十二	四十九	三	五	四
春分秋分	卯初	四	○	酉初	四	○	四十八	○	四十八	○	五	一
清明白露	卯初	三	四	酉初	四	十一	四十九	七	四十六	八	五	四
穀雨處暑	卯初	二	九	酉正	一	六	五十	十二	四十五	三	五	五
立夏立秋	卯初	二	○	酉正	一	○	五十二	○	四十四	○	五	九
小滿大暑	卯初	一	七	酉正	二	八	五十三	[illegible]	四十	十四	五	十
芒種小暑	卯初	一	二	酉正	二	十三	五十三	十二	四十二	四	六	○
夏至	卯初		○	酉正	三	○	五十三	○	四十二	○	六	○

貴州省城及鄰近地方晝夜長短日出日入朦朧影刻分

圭北極出地二十四度半

節氣	日出 刻	日出 分	日入 刻	日入 分	晝長短 刻	晝長短 分	夜長短 刻	夜長短 分	朦朧影 刻	朦朧影 分
冬至	卯正三	○	酉初	○	四十二	○	五十四	○	五	十三
小寒大雪	卯正二	十三	酉初一	二	四十二	四	五十三	十一	五	十
大寒小雪	卯正二	八	酉初一	七	四十二	十四	五十三	一	五	八
立春立冬	卯正二	○	酉初二	○	四十四	○	五十二	○	五	六
雨水霜降	卯正一	十二	酉初二	九	四十五	三	五十	十二	五	五
驚蟄寒露	卯初四	七	酉初三	四	四十六	八	四十九	七	五	七
春分秋分	卯初四	○	酉初四	○	四十八	○	四十八	○	五	五
清明白露	卯初三	四	酉初四	七	四十九	七	四十六	八	五	五
穀雨處暑	卯初二	九	酉正一	十二	五十	十二	四十五	三	五	九
立夏立秋	卯初二	○	酉正二	○	五十二	○	四十四	○	五	十二
小滿大暑	卯初一	七	酉正二	八	五十三	一	四十二	十四	六	二
芒種小暑	卯初一	二	酉正二	十三	五十三	十一	四十二	四	六	二
夏至	卯初	○	酉正三	○	五十四	○	四十二	○	六	二

月天爲第一重天及月本動

問太陰在何重天曰第一重天最近于地者是也吾徵之日食由于月掩其光且恒見月體能掩水與金星則月天必居其下矣依表影之理亦可徵也立表取影光體遠于地面得景短光體近于地面得景長今西國曆家以表景測驗日月高下日輪高于地平五十度月輪亦高于地平五十度然而所得日光表景則短月光表景則長也

如左圖甲乙爲地平丙爲表視日輪高于地平五十度月輪高五十度即日光從表端至丁月光從表端至戊

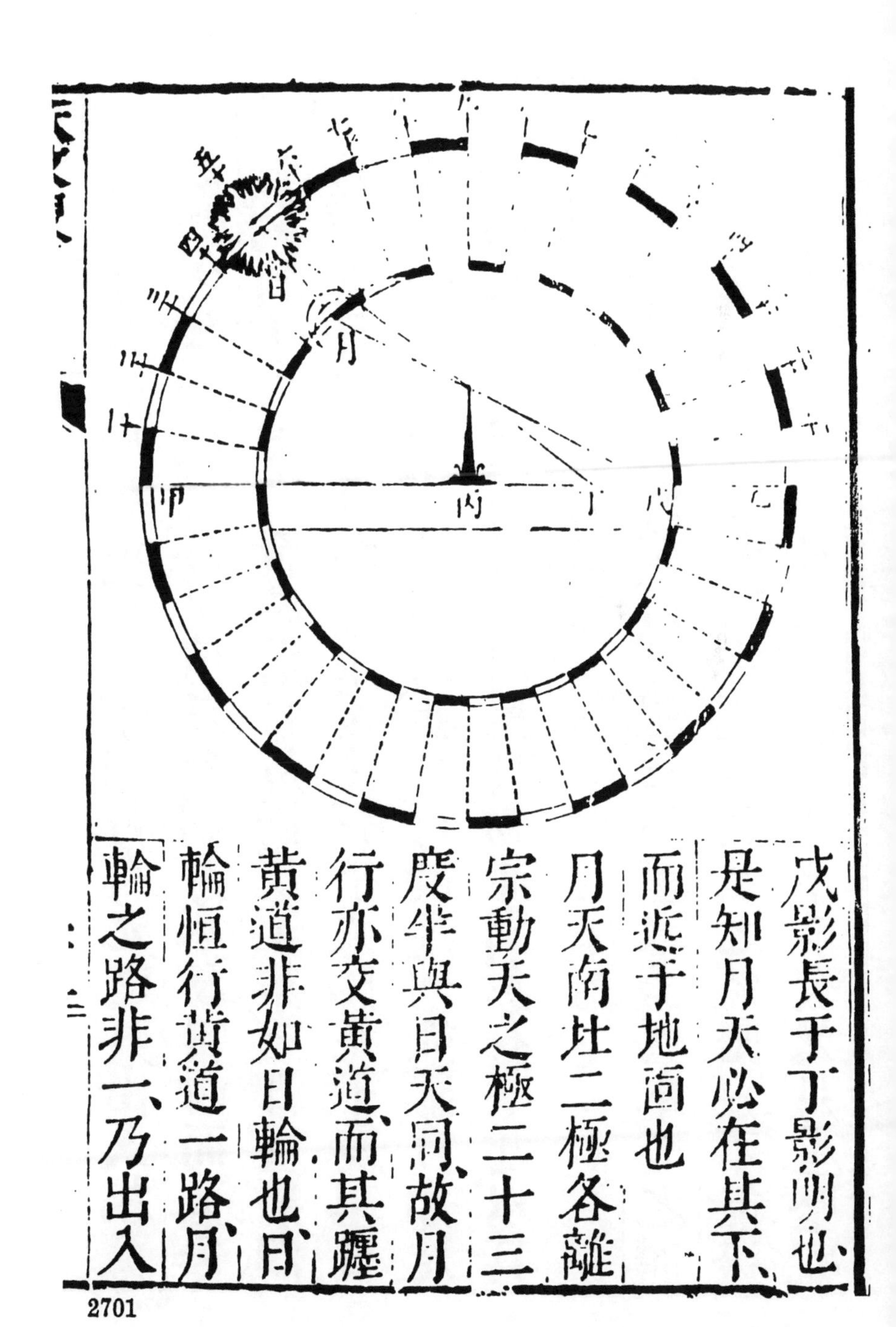

戊影長于丁影明也、是知月天必在其下、而近于地面也

月天南北二極各離宗動天之極二十三度半與日天同、故月行亦交黃道、而其躔黃道非如日輪也、月輪恒行黃道一路、月輪之路非一、乃出入

黃道南北五度故中國曆家曰月有九道其出入相交處謂之龍頭龍尾詳見前日食圖月本動自西而東每日約行十三度有奇朔時日月同度至第三日及第四日所見月輪在日輪之東至上弦離太陽九十度望日正相對百八十度半周天非月行最疾何能離日如是乎然其自東而西日月諸星其動並同無有疾遲以其皆爲宗動天所帶故也

問月光與日不同何故曰月體及諸星之體與本天之體一也第天體透光如玻瓈而月與星之體堅凝不能透光耳故日光全照月天天體直透不能發光月星堅凝

不透故耀日光而發照焉徵之朔日及上下弦可知也
月體無光恒借太陽之光故日光照及其體則明不及
其體則暗如使月本有光則近于日遠于日其光恒一
絕無消長矣今朔則月全無光上弦漸長下弦漸消必
借于日明也日天在上月天在下日光在月恒照半體
朔日日月同度月正居日之下日光獨照其向上之半
不照其向下之半人居地上獨能見其無光之下半而
不見其有光之上半故朔之日視月全無光也過朔日
則月東行而漸離于日日輪在西月亦受光于西愈近
于日日光愈照其上面愈遠于日日光愈照其下面以

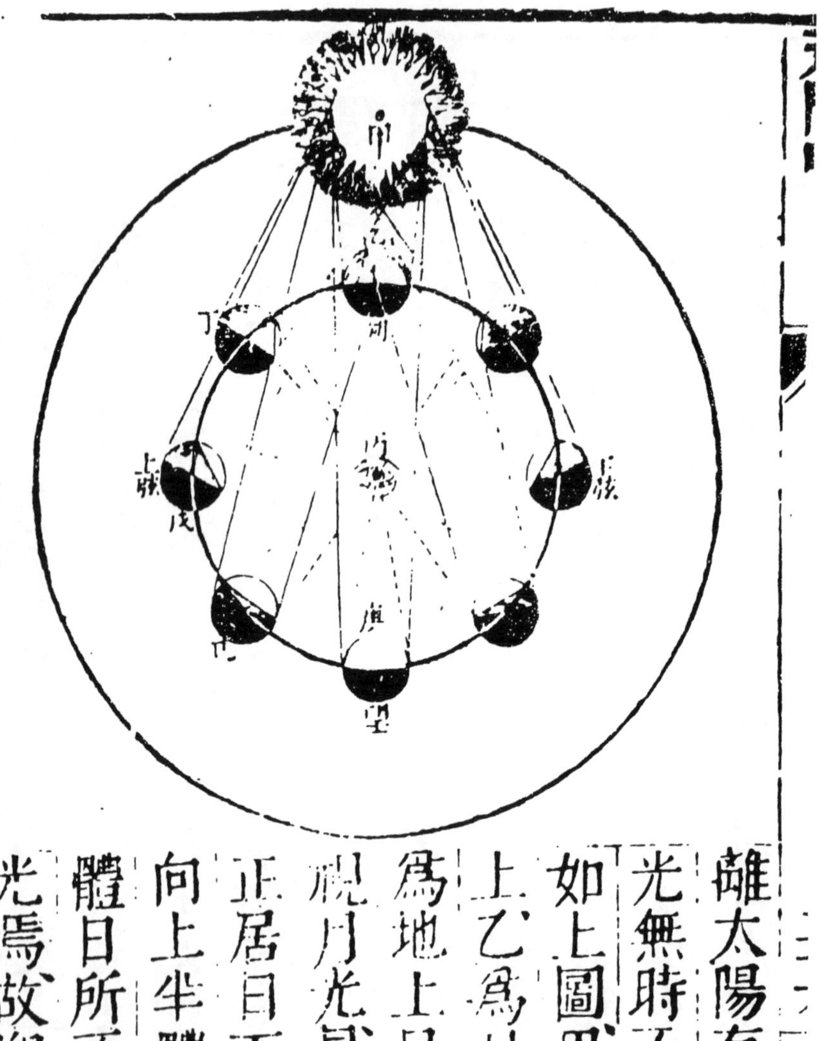

離太陽有遠近故其光無時不消長也

如上圖甲為日輪在上乙為月輪在下丙為地上目力所及以視月光見月輪在乙正居日下日光全照向上半體而向下半體日所不及者絕無光焉故朔日則月全

無光月在丁雖日光皆照其半然入半居天內月力獨見其小分也月在戊在巳亦然月在庚乃正相對于日輪日光全照其向下之半目力得見而其向上者無光人目俱所不及焉故望日月光滿全也過望日後目力漸不能及月光漸消以至無光焉

問月借日光光有消長乃諸星之光恒見滿圓而無消長何也曰諸星與月其借日光不同也月天在日天之下月受其光近遠一與消長不同諸星之天居日天之上日光照星恒照其下面雖或近或遠于日而其下面恒有光故居地上者視星恒有光也

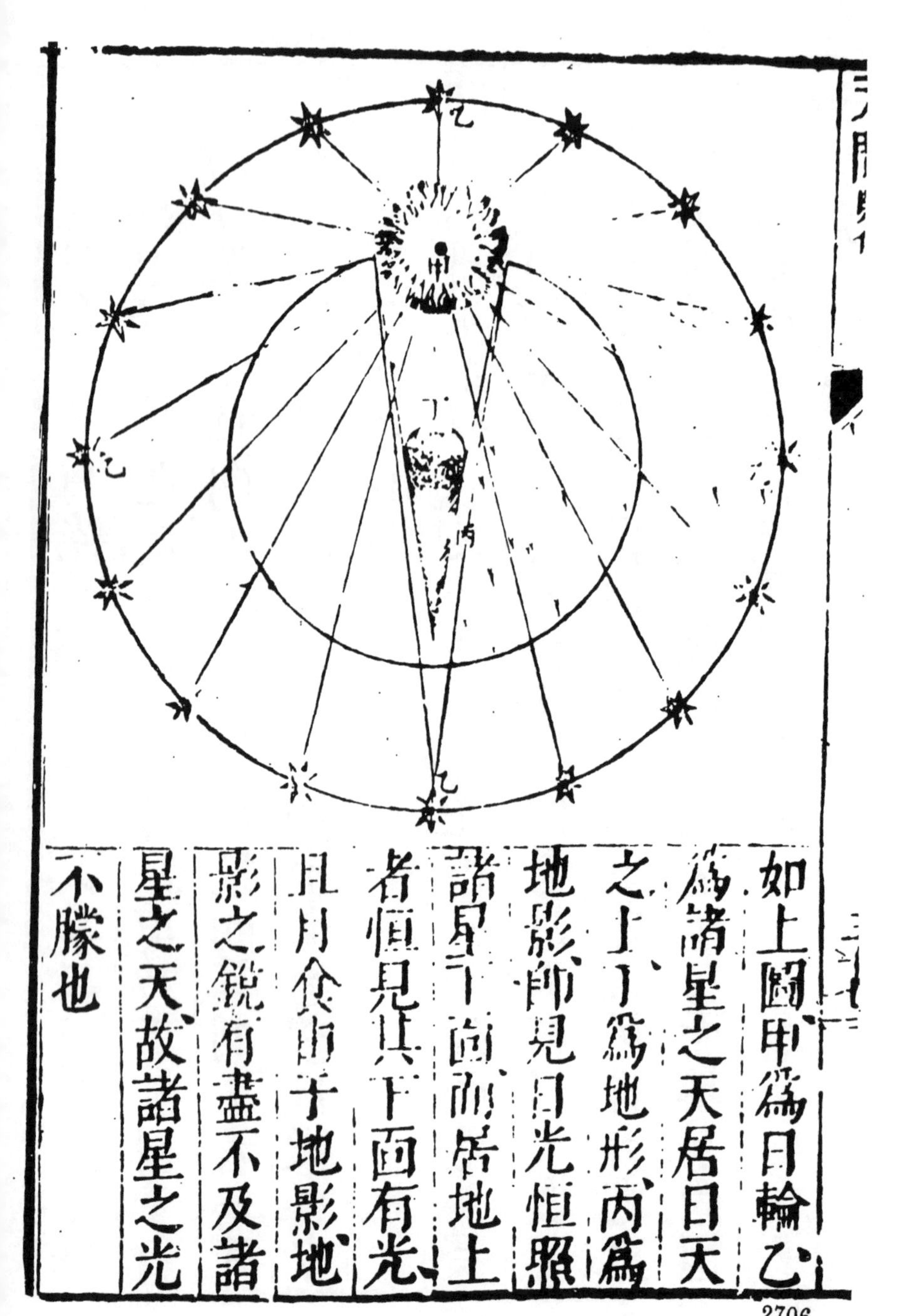

如上圖甲為日輪乙為諸星之天居日天之上丁為地形丙為地影卽見日光恒照諸星下面而居地上者恒見其下面有光且月食由于地影地影之銳有盡不及諸星之天故諸星之光不朦也

月食

問望日月與日正對則月光當滿圓矣然而或全無光或一分有光一分無光其故何也曰地毬懸于十二重大之中央如雞卵黃在青之中央故日由西照地地必有景則東由東照必有景則西夫日輪恒在黃道上若遇望日而月輪亦在黃道上與日正對望則地毬障隔日月之間月輪必入地景之內太陽不能照之故失光而食矣漸出地景之外太陽能照之乃漸復得原光也若渾然相對全失光若一分對一分不對對者失光不對者否矣即知月輪失光而食悉由于地景也

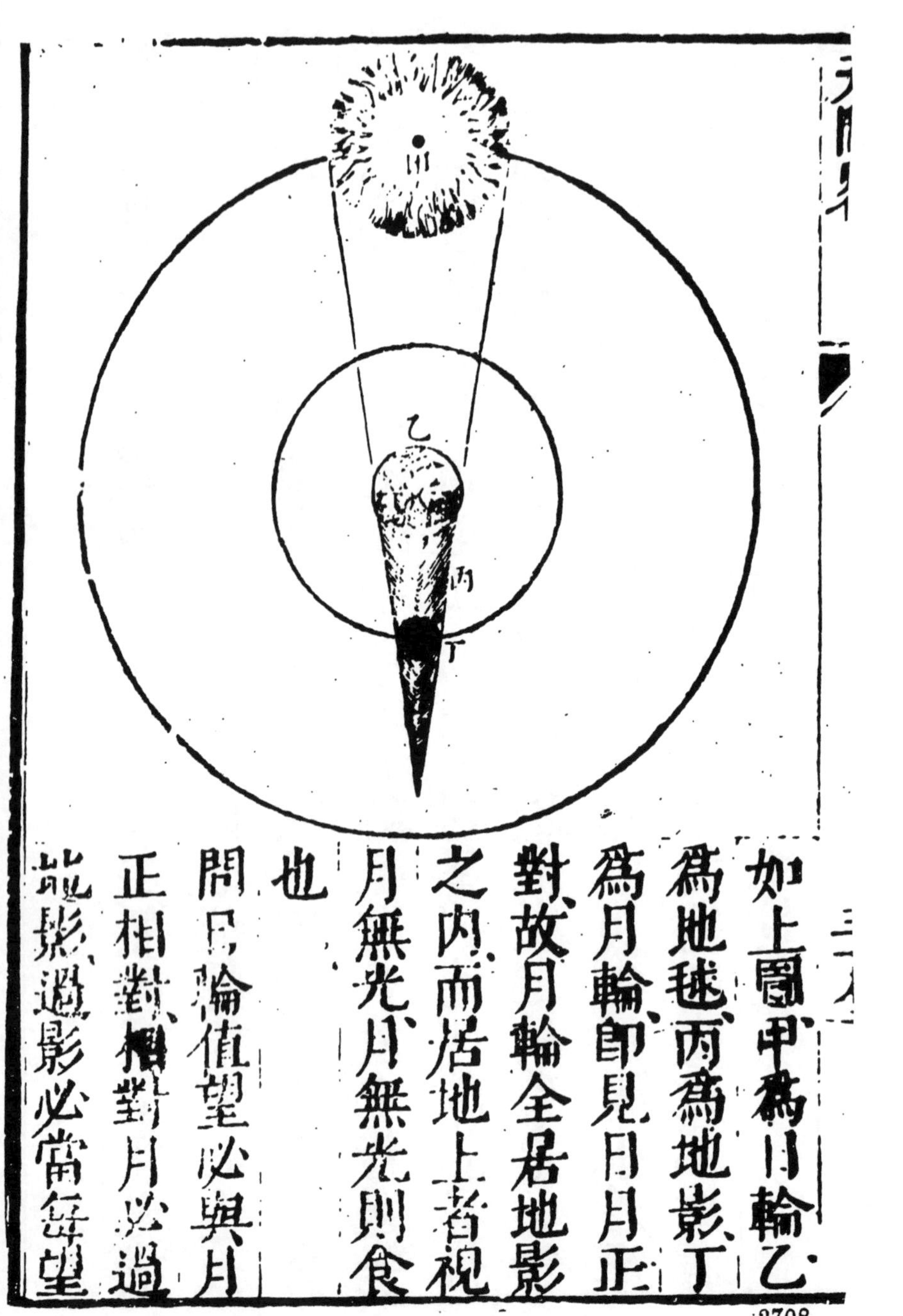

如上圖甲爲日輪乙爲地毬丙爲地影丁爲月輪卽見日月正對故月輪全居地影之內而居地上者視月無光月無光則食也

問日輪值望必與月正相對相對月必過地影過影必當每望

矣今月之遇食不過什一焉地影之說毋乃得乎曰
輪恒行黄道上不出入內外地體之影正對于月亦
在黄道上不出入内外焉月輪惟行龍頭龍尾之上
行黄道故望時月輪適當龍頭龍尾適過地影之内
食若出黄道内外或南或北地影不便不能食即食
分秒不同此望日日月雖對而亦不能常食也
月正對則相遠必百八十度半周天也故月在地平
上日必居其下日在地平上月必居其下然有月食而
日月皆在地平上則月食非由地影矣何也曰從古至
今凡月食皆以望日爲限其相遠必半周天不然不食

也月食時日月俱在地平上者或日在西以將入月在東以始出或月入而日出也夫月將出而日將入其視月在地平者非月全出也則海水或濕氣所影映也蓋地平傍近恒有濕氣清微如煙或空中對月輪偶有輕淸白雲或值當海水皆能令月影映于其內而目力所成宛一月焉此視法之理也迴有別論今試于空盤若盤底內置一錢人漸遠于盤或八步或十餘步盤內之錢已不見矣令斟水滿盤即仍八步或十餘步而錢忽見之何也所視非錢體也錢影也然則地平之月非月體也月影也

問月食時刻不同或所食時長或時短何也曰月食長短

由于地體之影及月輪之行也月天之內別有小輪以

帶月爲帶月輪此小輪之動與月天之本動非同一也

乃月天行自西而東小輪其上半周行自東而西其下

半周行自西而東故月輪近遠于地心恒異也月輪若

居小輪之下必近于地若居小輪之上必遠于地也地

景漸銳而有盡其愈近于地愈寬愈至于銳愈狹若月

行小輪之下所經影界寬故食久若行小輪之上所經

影界狹故食暫也小輪之說及其上半周何得行自東

而西其下半周自西而東別有正論

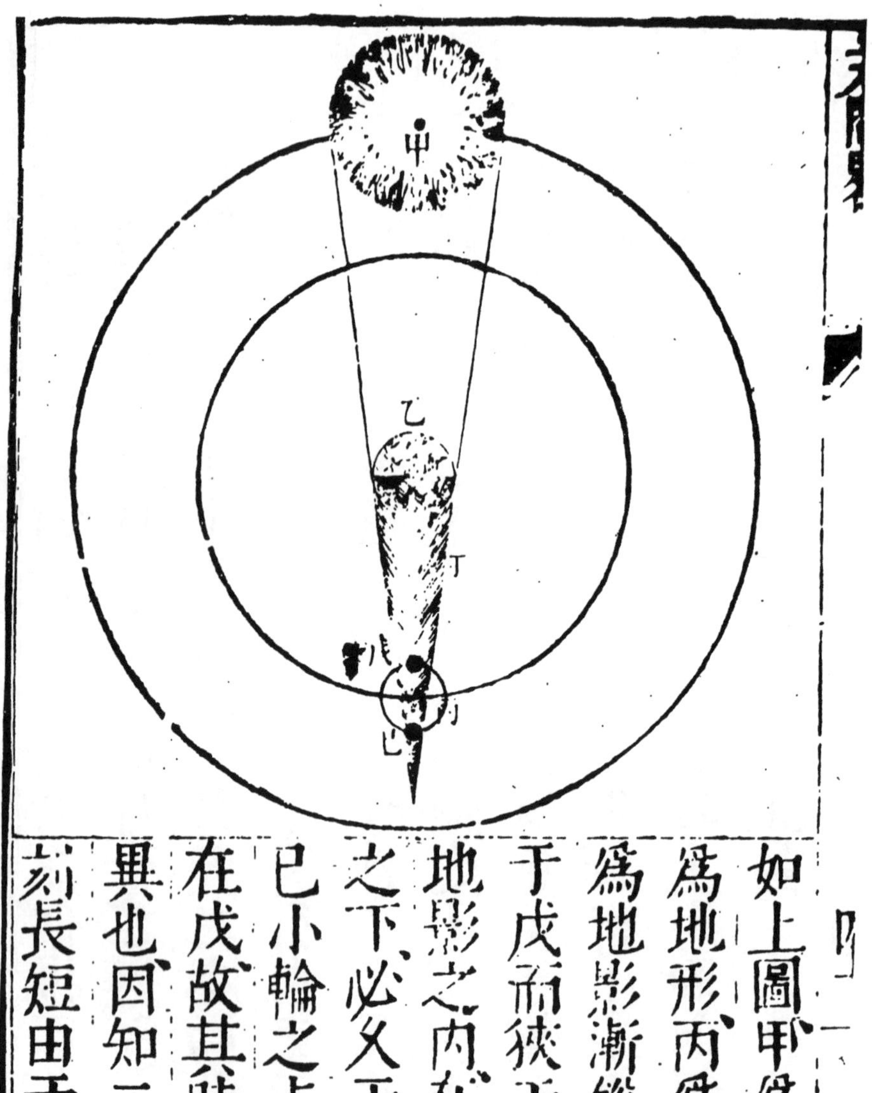

如上圖甲爲日輪乙爲地形丙爲小輪丁爲地影漸銳故影寬于戊而狹于巳月行地影之內在戊小輪之下必久于在巳在巳小輪之上必速于在戊故其時刻長短異也因知二食之時刻長短由于地影及

月輪之行也

朔日既過月光漸長望日以後其光漸消則月行地平上其光非同也蓋月輪每日自西而東約行十三度朔日以後每日離日輪亦十三度故朔日日輪入地平而月在日東十三度爲三刻未入地也次日又離十三度次日亦然以至于望月與日正相對故日入地下而月出地上也望日以後月漸近于日以至合璧焉因知居地面者其有月光朔日以後每日多三刻望日以後每日少三刻欲知每日多寡試觀左圖第一上圈月日自初一日至第三十日也第二中圈月在地上每日有光幾

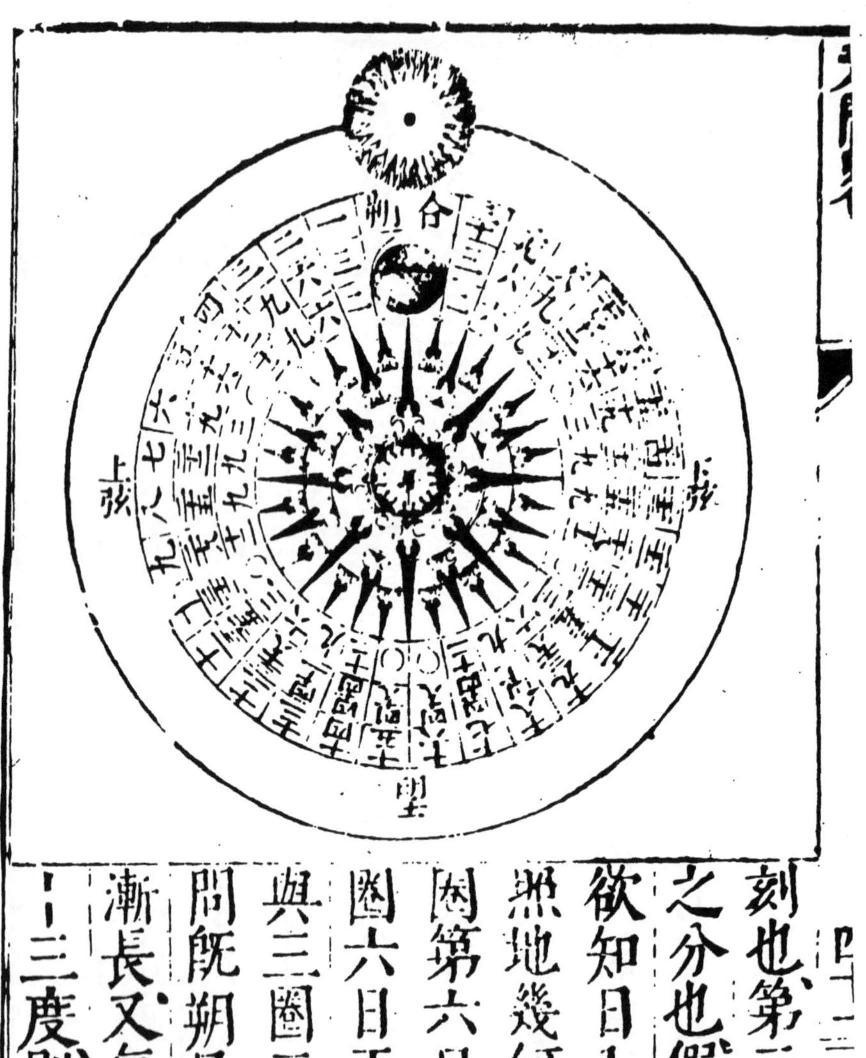

刻也第三內圈一刻之分也假如初六日欲知日入以後月光照地幾何刻分視上圖第六日即得第二圈六日正下十九刻與三圈三分

問既朔日以後月光漸長又每日離日輪十三度則第二日日

入地平月在日東十三度遠則月高于地平亦十三度遠自第二日以後皆無不見月光者乃今之見光或在朔後二日或在三日或在四日其不同何也曰其故由于地平及黃道也人居地面而以見月光者必月輪在地平上高十二度方可得見不然則否蓋月之度數有離日輪之度有離地平之度月光之見否由于離地平之高低不由于離日輪之遠近也故黃道交于地平不同有斜相交有正相交朔時日月同度若其同度在于斜交之宮則居地面者遲見月光也若在于正交之宮則速見其光也

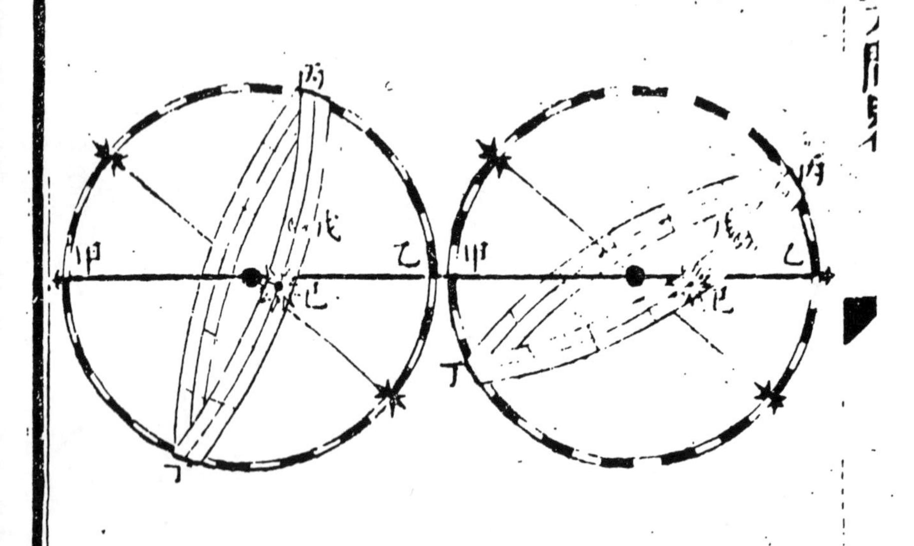

視上二圖、甲乙為地平、丙丁為黃道、戊為月輪、在地平上、巳為日輪、將入地平、第一圖乃甲乙地平斜相交于丙丁黃道、戊月輪離巳日輪十二度、或十五度、乃其高于地平、非十二度、故合朔之次日、其月離日輪十三餘度、因未至地平、十二度高、故居地面者、第二日不能見其光、或在第三第四日之間也、第

二圖甲乙地平、乃正相交于黃道也、月輪之離日輪及地平並同也、故均為行十三度、而其第二日已高于地平十三度、故得即見月光云、又月因有逆順行、亦有離太陽遲速、逆行時、必遲離太陽、順行時、必速離太陽、此其故也

凡右諸論、大約則據肉目所及測而已矣、第肉目之力劣短、曷能窮盡天上微妙理之萬一耶、近世西洋精于曆法一名士、務測日月星辰奧理、而哀其目力尫羸、則造創一巧器以助之、持此器觀六十里遠一尺大之物、明視之、無異在目前也、持之觀月、則千倍大于常、觀金星、

大似月、其光亦或消或長無異于月輪也。觀土星則其形如上圖圓似鷄卵、兩側繼有兩小星其或與本星聯體否不可明測也。觀木星其四圍恒有四小星周行甚疾或此東而彼西或此西而彼東或俱東俱西、但其行動與二十八宿甚異此星必居七政之內別一星也。觀列宿之天則其中小星更多稠密、故其體光顯微測遠若白練然即今所謂天河者待此器至中國之日、而後詳言其妙用也。

簡平儀說序

楊子雲未諳曆理而依循法言理理于何傳邵堯夫未嫻曆法而撰私理立法法于何生不知吾儒學宗傳有一字曆能盡天地之道窮宇極宙言曆者莫能舍旃孔子曰澤火革孟子曰苟求其故是己革者東

西南北歲月日時靡所弗革言法不言革
似法非法也故者二儀七政參差往復各
有所以然之故言理不言故似理非理也
唐虞邈矣欽若授時學士大夫罕言之劉
洪姜岌何承天祖冲之之流越百載一人
焉或二三百載一人焉無有如羲和仲叔

極議一堂之上者故此事三千年以還志忞也郭守敬推爲精紗然於華之義庶幾焉而能言其所爲故者則斷自西泰子之入

中國始先生嘗爲余言西士之精于曆無他謬巧也千百爲輩傳習講求者三千年

其青於藍而寒於水者時時有之以故言理彌微亦彌著立法彌詳亦彌簡余聞其言而喟然以彼千百爲輩傳習講求者三千年吾且越百載一人焉或二三百載一人焉此其閒何工拙可較論哉先生沒賜塋燕中仍

詔聽其同學二三君子依止焚脩諸君子

感

恩圖報将欲續成利氏之書盡闡發其所

為知天事天窮理盡性之學而會

中朝方脩正曆法

特簡宿學名儒滙正其事于時司天氏習

聞諸君子之言者爭推舉以上大宗伯欲
依洪武壬戌故事盡譯其書用備典章大
宗伯以聞
報可自是一時疇人世業亡不賈勇厲
以勸厥成盛哉堯舜在
上下有長和庶其將極議一堂之上予今

以為諸君子之書成其裨益世道未易悉
數若星曆一事究竟其學必勝郭守敬數
倍其最小者是儀為有綱熊先生所手創
以呈利先生利所嘉歎偶為余解其凡因
手受之草次成章未及詳其所謂故也若
其言革也抑亦文豹之一斑矣熊子以為

少未肯傳余固請行之為言曆嚆矢焉第
欲究竟其學為書且千百是是非余所能
終也必若博求道藝之士虛心揚搉令後
三千年增脩漸進之業我歲月間拱受其
成以光昭我
聖明來遠之盛且傳之史冊曰曆理大明

曆法至當自今伊始復越前古亦綦快已

萬曆辛亥秋月吳淞徐光啓序

簡平儀說

泰西熊三拔撰說
吳淞徐光啓劄記

名數十二則

簡平儀用二盤下層方面名爲下盤亦名天盤上層圓面半虛半實者名爲上盤亦名地盤

下盤安軸處爲地心其過心橫線名爲極線極線之左界爲北極右界爲南極其過心直線與極線作十字交羅者名爲赤道線盤周之最內一圈名爲周天圈

赤道線左右各六直線漸次疎密者名爲二十四節氣線

即以赤道線爲春分爲秋分次左一曰清明曰白露次左二曰穀雨曰處暑次左三曰立夏曰立秋次左四曰小滿曰大暑次左五曰芒種曰小暑次左六曰夏至此爲日行赤道北諸節氣線也次右一曰驚蟄曰寒露次右二曰雨水曰霜降次右三曰立春曰立冬次右四曰大寒曰小雪次右五曰小寒曰大雪次右六曰冬至此爲日行赤道南諸節氣線也若儀體小者左右各三線則以一宮爲一線儀體大者左右各十八線則以一候爲一線也

從赤道線上取心以冬夏二至線爲界上下各作半圈者

名爲黃道圈用半圈周平分十二者是黃道半周天度十五度爲一分若儀體大者分三十六則五度爲一分也

巳上下盤訖線共作一圖本名範天圖爲測驗根本別有備論

極線之上下并周天圈分各十二曲線漸次疎密者名爲十二時刻線即以極線線爲卯正初刻爲酉正初刻次上一爲卯正二爲酉初二每線二刻依時列之次上十二即周天圈分爲午正初刻也次下一爲酉正二爲卯初二每線二刻依時列之至次下十二即周天圈分爲子

正初刻也。若儀體小者，上下各六線，則以四刻為一線。儀體大者，上下各二十四線，則以一刻為一線。更大者，上下各七十二線，則以五分之一線也。

周天圈以赤道線、極線分為四圈分，每圈分，分九十度，為周天象限。四象限共三百六十，為周天度數。

上盤中央安軸處為盤心，盤心過心橫線在牛虛半實之界，名為地平線。其過心直線與地平線作十字交羅者，名為天頂線。

上盤之圈，周亦以地平、天頂線分為四圈分。每圈分，分九十度，為周天象限。四象限共三百六十，為周天度數。

上盤半虛處左右相望作針孔貫以絲繩與地平線平行

不論多寡皆名爲日晷線

上盤地平線下橫布疏密度數是依天頂線作平行直線

上應周天度分者名爲直應度分

上盤軸心施一線下垂線末繫墜令旋轉加于上盤周天

度分者名爲垂線若以銅爲權下重末銳令其末旋轉

加周者名爲垂權與垂線同用

下盤之上方橫作一直線與極線平行若名爲日景線線

之兩端截去線之上方寸許不盡線半寸許又截去線

之下方半寸許令版之左右上角各爲方柱柱端與日

景線下行者名爲表

用法十二首

第一隨時隨地測日軌高幾何度分　測驗之最急

者爲隨時隨地求日軌高度分曆家必須登臺轉象

未能簡便今用此儀應手可得

以上盤地平線加于下盤南北極線次任用下盤一表以

承日令表端景加于日景線次視垂線所加上盤圈周度

分即日下日軌高下地平度分

假如以表承日表端景加于日景線而垂線去天頂線

地平線　四十五度即日軌高于地平四十五度也若

垂線漸近天頂線即日軌漸低漸近地平線即日軌漸

高各以垂線度分為日軌度分

第二隨節氣求日躔黃道距赤道幾何度分　黃赤

二道之交為天元春秋分二道相去最遠處二十三

度半強為冬夏至日天正春秋分日日躔二道之交

過此日躔黃道距赤道漸遠至冬夏至而極過此漸

近至春秋分復躔二道之交其日躔黃道每日約平

行一度若其距之遠近及遠近之差却各節各日多

寡不同大都近交差多近至差少曆家多用弧矢句

股法推算其間別有大論今用此儀可隨節測量以

術後用

日日約行一度視本日去春秋分幾何日即黄道圈、各檢取去赤道線幾何度爲兩界用直線隱兩界上循直線視所當周天圈度分即所求

假如清明日欲得黄赤道距度視本日距春分約十五日日約行一度得十五度即循兩黄道圈各左方檢取去赤道線各第十五度是本日日躔黄道距交度爲兩界次用一線成界尺隱取兩界循直線視所當周天圈度分得六度是本日日躔黄道距赤道度又如小滿日距春分約六十日即檢取黄道圈上去赤道線六十

度爲日躔黃道距交度次依法視周天圈得二十度少是本日黃赤道相距度

第三隨地隨日測午正初刻及日軌高幾何度分

凡測正午時用正方案爲初法用日晷爲後法今用此儀測得以爲後用亦係初法

約日將中時用第一法測日軌高幾何度分少須復依法累測之日昃而止次檢日軌最高度分爲本地本日午正初刻日軌高若立表隨所測作線即得子午線

假如順天府寒露日午前用第一法測得日軌高四十度次用刻漏或度日影每過半刻或一刻許復依法累

測得四十一度四十二度乃至四十四度又測得四十三度卽四十四度爲本日午正初刻日軌最高度依累測各作表線得四十四度所作線爲正子午線

第四隨地測南北極出入地幾何度分　南北極出入隨地不同按曆志言三百五十餘里差一度西國則二百五十里差一度當由尺度異也乃其實皆爲下差曆家測驗先須得此不然卽晝夜長短日月出入測候高下交食分數悉不可考悉不可論故元太史郭守敬分道測驗以爲曆準然周行四極輶軒所出而所得止二十七處意其爲術亦太艱難矣今用

此儀但是人跡所至郡會郡邑一測便得不勞餘力矣

依第三法測得本地午正初刻日軌高幾何度分次依第二法求本日日躔距赤道幾何度分次視日躔赤道南北筭之若日躔赤道南則以距度加高度得赤道至地平之高以赤道高減周天象限度即得赤道離天頂度亦即本極出地度對極入地度日躔赤道北則以距度減高度得赤道至地平之高如法筭之若春秋分日正躔赤道即無距度其日軌高即赤道至地平之高如法筭之地在赤道南北並同其有日軌距赤道天頂居中日中有倒景者即

倒測日軌高以高度并距度減去周天象度即得赤道離天頂度地在赤道南北並同

假如順天府恒見日躔在南即知天頂在赤道北當得北極出地南極入地今於天正春分日午正初刻依第三法測得日軌高五十度又依第二法得本日日躔黄赤道之交無距度即赤道高于地平五十度以減周天象限九十度得四十度即赤道離天頂度南北極離赤道與地平離天頂俱九十度即順天府天頂離北極五十度而北極出地南極入地各四十度若順天府術降日日躔赤道南是日午正初刻測得日軌高三十八度

次依第二法得日躔距赤道十二度以加日軌高三十八度亦得赤道高于地平五十度如上法筭得北極出地四十度若順天府立夏日日躔赤道北是日午正初刻測得日軌高六十六度次依第二法得日躔距赤道十六度以減日軌高六十六度亦得赤道高五十度如上法筭得北極出地四十度又如應天府清明日日躔赤道北是日午正初刻測得日軌高六十四度次得日躔距赤道六度以減日軌高得五十八度為赤道高以減周天象度得北極出地三十二度如地在赤道南者則躔南加高躔北減高算法並同其有天頂居日軌赤

道之中者天頂距赤道在二十三度半強以內日中有
倒景之地皆是也如高州府夏至日午正初刻日中有
倒景即倒測日軌高于北地平八十八度半弱以并距
度二十三度半強得一百一十二度減去周天象限九
十度即得赤道離天頂北極出地南極入地各二十二
度地在赤道南則以表北為倒景算法同

第五隨地隨節氣求晝夜刻各幾何　凡晝夜時刻
隨地各有長短皆以極出地多寡為準極出地度分
少則二至晝夜刻所差亦少度分多所差亦多如順
天府北極出地四十度則夏至晝長五十九刻〇七

分夜長三十六刻〇八分。高州府北極出地二十二度則夏至晝長五十四刻夜長四十二刻矣（每時八刻每日九十六刻）今曆注夏至晝長五十九刻夜四十一刻此是洪武間所定應天府晝夜刻分也正統已巳曆夏至晝六十一刻夜三十九刻此則青州府諸地北極出地三十七度之晝夜刻也（大統曆日百刻）岳文肅以為從古所無亦未是此法惟郭守敬得之但須隨地用儀表測驗今作此儀似足小補郭氏之闕

以上盤地平線加于下盤本地南北極出入地度數視地平線加本日節氣線上得地平線以上幾何刻即晝刻以

下所餘刻即夜刻

假如順天府北極出地四十度以上盤地平線加于下盤南極以上第四十度則地平以上是順天府所見渾天半體即見北極出地四十度南極入地四十度即見順天府天頂線在北極以上五十度即見赤道離天頂線亦四十度即見地平線針絡諸節氣線上所加得夏至為極長冬至為極短今欲知夏至日晝夜刻幾何則視地平線與夏至線相加處向上數得二十九刻十一分是從日出至午正初刻數加一倍得五十九刻〇七分為本日晝刻所餘三十六刻〇八分為本日夜刻也

又欲知冬至晝夜刻則視地平線與冬至線相加處向上數之所得與夏至晝夜數正相反則夏至晝刻即冬至夜刻夏至夜刻即冬至晝刻也又欲知立夏立秋晝夜刻各幾何依前法數得二十八爲半日刻加倍得五十六爲晝刻所餘四十刻爲夜刻也又欲知立春立冬晝夜刻依前法數得與立夏立秋晝夜正相反即晝夜刻數亦相反也又欲知春秋分晝夜刻幾何依前法數得二十四刻倍之得四十八爲晝刻所餘四十八爲夜刻晝夜平也

第六隨地隨節氣求日出入時刻　凡日出日入時

刻亦隨地不同。大統曆夏至。日出寅正四刻。日入戌初初刻。亦洪武間應天府所測日出入時刻。順天府夏至。日出寅正二刻。日入戌初二刻。昔用此儀。亦隨地可指掌得也

依前法上下盤相加。以地平線加某時刻分。即得日出入時刻

假如順天府北極出地四十度。依法相加。即盤中所見地平線以上皆日出後時刻。地平線以下皆日入後時刻。今欲知夏至日出時刻。視地平線與夏至線相加處為寅正二刻。即夏至日出時刻。是日日軌依夏至線上行

至午、復回至本處為戌初二即日入時刻又欲知穀雨
處暑所出入時刻依前法得卯初一刻少、日出得酉正
二刻太日入也又欲知春分秋分日出入時刻依前法
得卯正初刻日出酉正初刻日入為晝夜平

第七論三殊域晝夜寒暑之変　三殊域者一極北
謂北極之下一極南謂南極之下一南北之中謂赤
道之下凡漸南漸北漸近二極之下有一日全為晝
一日全為夜者有一月二月為晝夜者正當二極之
下即半年為晝半年為夜獨赤道之下終古晝夜常
平此晝夜之變也其寒暑則二極下皆極寒赤道下

極熱。又普天之下。皆一年而冬夏一周。獨赤道之下。一年而冬夏再周。此寒暑之變。今用此儀。悉可究陳也

依第五法。上下盤相加。視地平線以上時刻。即晝。以下即夜。赤道之下。日行天頂。皆夏。日行南北。皆冬。

假如地平線加于北極出地六十七度。盤中地平線以上全見夏至線上十二全時。全不見冬至線上十二全時。即彼處夏至日。晝長九十六刻。無夜。夏至日以後。節線漸入地平線下。漸有夜。至秋分而平。夜漸長。至冬至。夜長九十六刻。無晝。冬至日以後。節線漸出地平線上。

漸有晝至春分而平也。又如地平線加于北極出地七十度盤中地平線以上，全見小滿、芒種、夏至、小暑、大暑五節線上十二全時，全不見小雪、大雪、冬至、小寒、大寒五節線上十二全時，即彼處小滿以後至夏至全見日輪斜行地上三十日，夏至至大暑亦全見日輪斜行地上三十日，凡六十日，全為晝至大暑以後節線漸入地平線下。漸有夜至秋分而平，夜漸長，小雪以後至冬至日輪斜行地下三十日，冬至至大寒亦斜行地下三十日，凡六十日，全為夜至大寒以後，節線漸出地平線上。漸有晝至春分而平也。又凡日出入地十八度內皆為

朦朧時刻故此地雖大暑以後漸有夜小滿以前尚有
夜其實大暑至處暑穀雨至小滿此兩月中夜亦常明
其時夜極短皆爲黄昏朦朧時刻故也又如地平線加
北極出地九十度廠中北極在天頂線上以赤道爲地
平地平線以上全見春分至秋分日行赤道北半年中
十二全時全不見秋分至春分日行赤道南半年中十
二全時即此地當春分日便見日半輪周行地平之上
以後漸高至夏至周行于地平之上二十三度半强以
後漸下至秋分日亦見半日輪周行地平之上此半年
全爲一晝秋分以後漸下入地至冬至周行於地平之

下二十三度半強。以後漸高。至春分。復見半日輪周行地平之上。此半年全為一夜。其自春分以前一月為昧爽。秋分以後一月為黃昏也。若赤道之下。南北二極。平出地上。以極線為地平。赤道為天頂。盤中地平線以上。全見各節線。及時刻線之半。不論是何節氣。恆得日出後四十八刻。日入後四十八刻。終古晝夜常平也。其寒暑則皆天之下。恆由天頂近日而得暑。天頂遠日而得寒。今以天頂線加于二極線。日躔恆在下。最近亦六十六度半弱。故二極下極寒。以天頂線加于赤道線。日躔恆在上。最遠亦二十三度半強。故赤道下極熱也。又赤道之下，以赤道爲天頂，故春分，日行赤道，正居天頂，爲夏，日行漸北，迄夏至而極，爲冬，却回至秋分，行赤道，正居天頂，復爲夏，日行漸南，迄冬至而極，復爲冬，是亦緣天下寒暑，視日遠近，彼中日遠近，歲二周，故寒暑亦歲二周，不以一歲爲二歲者，日復于次而成歲，不在寒暑也

或聞一年爲一晝夜，不信也，愚聞之西國人，彼親所經歷，無足疑者，近檢元史，郭守敬四海測驗二十七所內云，北海，北極出地六十五度，夏至晝八十二刻，夜一十八刻，又檢唐書，載貞觀中，骨利幹國獻馬使

云其國在京師西北二萬餘里夜短晝長從天色瞑
時炙羊脖才熟而東方已曙即此二端亦足徵北土
有極長極短晝夜矣第元人所至止于北海未至六
十五度以北故夜尚有十八刻骨利幹所居亦未至
六十六度半弱故夜尚有一兩刻可煮羊髀若更北
漸短必至無夜又更北北極在天頂必至一年爲一
晝夜試就此儀論之其理不得不然若骨利幹國夜
短晝長是彼中夏至暨冬至必反而晝短夜長如其
刻數而史書不言則傳説未盡也世間耳目未經而
理之所是不得不信否者彼北極下人又肯信吾以

百刻爲晝夜哉即骨利幹使者歸說唐朝晝夜刻數

彼國人必有不信者所謂彼我異觀更相笑也

或問元人測得北海北極出地六十五度夏至晝八

十二刻夜一十八刻今用此儀測得六十五度夏至

晝獨八十四刻夜止一十二刻何也曰授時曆周天

三百六十五度四分度之一西曆三百六十度則北

海地分止六十四度授時日百刻西曆九十六刻今

此儀測得北海六十四度夏至晝得八十刻少弱夜

得十五刻太强兩測互筭正相合矣

第八隨地隨節氣求日出入之廣幾何　春分秋分

日日行赤道一線之上其出入處是赤道與地平線之交卯酉之天元卯酉春分以後日出入漸北至夏至而極復南秋分以後日出入漸南至冬至而極復北其南北之廣隨地不同獨赤道之下廣止二十三度半強其日赤道南北漸遠漸廣故隨地有各節氣日出入之廣其欲用此法何也凡管度必正方而正方面之法今時多用羅經羅經針鋒所止非子午正線羅經自有正針處身嘗經歷在大浪山去中國西南五萬里過此以西針鋒漸向西過此以東針鋒漸向東各隨道里具有分數至中國則泊于丙午之間矣

其所以然自有別論今欲得正子午線亦有轉用之法但針體微細難得眞確不如周禮土圭及欽天監簡儀正方案所得方面爲準若用此儀先知本地本月日出入去天元卯酉幾何度候日出量取即天元卯酉依卯酉作垂線得子午

依第五法上下盤相加視地平線下眞應度分値本月節氣線得幾何度即所求

假如順天府北極出地四十度欲知冬至夏至日出入之廣依前法視地平線上眞應度分加于夏至節氣線得三十一度即夏至日出入處離天元卯酉以北度分

也卽以南三十一度是冬至日出入離天元卯酉度分也總南北爲六十二度是冬夏二至日出入之廣又欲知穀雨處暑雨水霜降四日日出入之廣依前法得十五度卽知穀雨雨水兩日日出入在天元卯酉南十五度處暑霜降兩日日出入在天元卯酉北十五度也又如北極出地六十七度依法測冬至夏至日出入之廣得九十度也

第九隨地隨節氣用極出入度求午正初刻日軌高幾何度分

依第五法上下盤相加從地平線所加起算歷周天度分

數至本節線上得幾何度分即所求
假如順天府北極出地四十度欲知冬至夏至春分日各午正初刻日軌高幾何度分依前法以地平線加南極入地四十度上從四十一度起筭數至冬至節線得二十六度半即是日午正初刻日高度也至春分節線得五十度至夏至節線得七十三度半即各日午正初刻日高度也又如廣東肇慶府北極出地二十三度半照依法測得冬至日午正初刻日高四十三度夏至日午正初刻日高九十度即是日日中無影又如高州府北極出地二十二度依法測得夏至日午正日軌過天

頂而北。其行度反低于小暑芒種。則午正初刻從北地平線上起。筭數得八十八度半。爲日高度。卽是日日中有倒景在表南。而小暑芒種兩日。俱日中無景

第十。日晷　日晷候時凡二大支。數十百種。別有成書備論。今用此儀徑。可隨地隨時。取景得目下時刻。亦有用此候時。而旁藉他法者。自具他法中

依第一法。測得目下日軌高幾何度分。次依第五法。上下盤相加。次依日晷線所値日高度分。平行視本日節氣線所値刻線。卽目下時刻。若日晷線不値日高度分。卽別用一直線。依日高度分。與日晷線爲平行。取之。若不用日晷

線卽以日高度分之半弦爲度與天頂線平行以一界抵
地平一界抵日高度分依地平線平行取之
假如順天府冬至日測得午前日高二十度次以地平
線加于北極出地四十度依日晷線平行或日晷平行
線平行或用他度與地平平行從日高二十度平行至
冬至節線上值巳正初刻止卽所求又如應天府清明
後五月測得午後日高十八度次以地平線加于北極
出地三十二度依法平行至本日節線上值申正一刻
卽所求
第十一隨地隨節氣求日交天頂線在何時刻　天

頂線者。從天元卯酉上、至天中。當人之頂。為本地平分天体、南北之界限也。大約北極出地、地面春分以後、日出入于天元卯酉北、日中仍在天頂南。故春分以後、秋分以前。日軌行度、日兩交于天頂線。但東交漸遲、西交漸早、各至夏至而極耳。用此可逐日測得天元卯酉、以正方面、亦可隨地于向北墻上、造作日晷。令晝日晷線、止于日景所至。

依第五法、上下盤相加。視天頂線、加某時刻、即所求。

假如順天府、北極出地四十度。欲知清明白露兩日、日交天頂線、在何時刻。依法、視天頂線、與本節線、相交于卯正二刻酉初二刻卯是日早晚日交天頂時刻也。又欲知夏至日日交天頂時刻依法測得辰正初刻申正初刻也因是可知順天府面北墻上清明白露兩日卯正二刻以前酉初二刻以後日光照及也夏至日則辰正初刻以前申正初刻以後日光照及也又欲知廣東肇慶府北極出地二十三度半強夏至日日交天頂線時刻依法測得在午正初刻則是日日光盡日皆照北墻其向南墻上自至日中徹有日光也又依法測得滿剌伽國在赤道下北極南極皆與地平則春分以後秋分以前半年日照北墻秋分以後春分以前半年日照

南指也

第十二論地爲圜體

用地平線天頂線加于下盤周天度數展轉推論可證地圜之義

地本圜體其居天中不過一點一點者無分數可論也今儀中乃作半虛半實者緣地面遮閡人居地上目力所及止得天體之半故以半虛半實爲隱見之象憑之測驗非地體實能掩天體之半也論其實理則盤心軸眼可指爲地體今欲證地圜之義試如有人居滿剌伽國正當赤道之下此人當見南北二極俱與地平即以

上盤地平線加于下盤極線其天頂線上當赤道下抵軸心是此人屹立滿剌伽地面之象次令此人北行二百五十里當見北極出地一度南極入地一度即以地平線南卯北低令兩極出入地各一度其地平線北轉一度天頂線亦北轉一度是人北行二百五十里之象若行二千五百里即轉十度爲二千五百里即轉九十度隨其所至人恒如天頂線立恒以足抵軸心故地如軸心當爲圜體乃得每行二百五十里而更一度爲平差也其天頂線依軸心環轉一周即人環行地球一周之象若地是平體居于天半即如此儀將地平線實

黏下盤極線不令旋轉即湍剌伽國人行至北地盡處亦宜常見南極行至南地盡處亦宜常見北極今順天府既見北極出地四十度將地平線實黏下盤四十度上順天府人雖行至南地盡處亦宜常見北極出地四十度柰何南行二百五十里而少一度北行二百五十里而多一度耶若言地體本平因去極有遠近故見有差殊則天體之大難作是說即如其說亦應作長短差不宜作平差既爲平差必由地球本圓人循球而行故南北二極隨而漸次隱見今用此儀地平線展轉象之于義無爽也

第十三論各地分表景不同　兩儀玄覽圖刻所云

其一帶天下有幾般景圖中未究其說今畧用此儀

解之

用上盤地平線天頂線展轉加于下盤周天度數可推立表取景隨地不同若赤道之下南北極各與地平其地有三種景若南北極各出地初度以上至未及二十三度半强若其地有四種景正當二十三度半强者亦有三種景若二十三度半强以上至九十度者其地有二種景若在九十度左右者則有無窮景

凡立表取景必卓立地平線之上與地平為直角若天

頂線也日在東則表景西日在南則表景北今如法推
満剌伽國正當赤道之下立表取景即以地平線加于
極線以天頂線準表即春分以後秋分以前各節氣日
出入俱在天頂線北知此地日景俱在表南爲第一種
景秋分以後春分以前各節氣日出入俱在天頂線南
知此地日景俱在表北爲第二種景春分秋分日日出
入正當天頂線上知此地日出景在表西日入景在表
東日中無景爲第三種景也又如法推南北極各出地
初度以上至未及二十三度半強若假如廣州府北極
出地二十三度立表取景即以地平線加于本度以天

頂線準表即春分以前秋分以後各節氣日出入俱在天頂線南知此地日景俱在表北為第一種景芒種以後小暑以前日出入俱在天頂線北知此地日景俱在表南為第二種景春分以後芒種以前小暑以後秋分以前日出入交于天頂線依前第十一法推求時刻即此地早交以前晚交以後日景在表北早交以後晚交以前日景在表南為第三種景芒種小暑日日出入在天頂線北日中正當天頂線上知此地日中以前以後景皆在表南日正中則無景為第四種影也又如法推南北極各出地二十三度半強者假如肇慶府北極出

地二十三度半強立表取景即以地平線加于本度以天頂線準表即春分以前秋分以後亦同廣州府景在表北為第一種景春分以後夏至以前夏至以後秋分以前亦同廣州府論日交天頂線早晚景在表北早交後晚交前景在表南為第二種景夏至日日出入在天頂線北日中正當天頂線上知此地日中以前以後景在表南日正中則無景為第三種影也又如法推二十三度半以上至九十度者假如順天府北極出地四十度立表取景即以地平線加于本度以天頂線準表即春分以前秋分以後亦同廣州府景在表北為第一種

景春分以後秋分以前不同與州府論日交天頂綫早

晚景在表北早交後晚交前景在表南爲第二種景也

其在九十度左右日周行地面則表末之景當在日躔

對衝天上爲無窮景

刻同文算指序

數之原其與生人俱來乎始於一終於十十指象之屈而計諸不可勝用也五方萬國風習千變至于算數無弗同者十指之賅存無弗同耳我中夏自黃帝命隸首作算以佐容成至周大備周公用之列於學官以取士賓興賢能而官使之孔門弟子

身通六藝者謂之升堂入室使數學可廢則周孔之教蹖矣而或謂載籍燔於嬴氏三代之學多不傳則馬鄭諸儒先相授何物唐六典所列十經博士弟子五年而學成者又何書也由是言之算數之學特廢於近世數百年間爾廢之緣有二其一爲名理之儒土苴天下之實事其一爲妖妄

之術謬言數有神理能知來藏往靡所不
效卒於神者無一效而實者亾一存往昔
聖人所以制世利用之大法曾不能得之
士大夫間而術業政事盡遜於古初遠矣
余友李水部振之卓犖通人生平相與慨
歎此事行求當世算術之書大都古初之
文十一近代俗傳之言十八其儒先所述

作而不倍于古初者亦復十一而已俗傳者余嘗戲目為閑關之術多謬妄弗論即所謂古初之文與其弗倍於古初者亦僅僅具有其法而不能言其立法之意葢復遑想唐學十經必有原始通極微渺之義若止如今世所傳則浹月可盡何事乃須五秊也既又相與從西國利先生游論道

之隙時時及於理數其言道言理既皆返
本蹠實絶去一切虛玄幻妄之說而象數
之學亦皆遡源承流根附葉著上窮九天
旁該萬事在於西國膠庠之中亦數年而
學成者也吾輩既不及覩唐之十經觀利
公與同事諸先生所言曆法諸事即其數
學精妙比于漢唐之世十百倍之因而造

席請益惜余與振之出入相左振之兩度居燕譯得其算術如干卷旣脫稿余始間請而共讀之共講之大率與舊術同者舊所弗及也與舊術異者則舊所未之有也旋取舊術而共讀之共講之大率與西術合者靡弗與理合也與西術謬者靡弗與理謬也振之因取舊術斟酌去取用所譯

西術駢附梓之題曰同文算指斯可謂網羅藝業之美開廓著述之途雖失十經如棄敝屣矣算術者工人之斧斤尋尺曆律兩家旁及萬事者其所造宮室器用也此事不能了徹諸事未可易論頃者交食議起天官家精識者欲依洪武故事從西國諸先生備譯所傳曆法仍用京朝官屬筆

如吳太史而宗伯以振之請余不敏備員焉值余有狗馬之疾請急還南而振之方服除赴　闕儻一日者復如庚戌之事便當談此大業以啓方來則是書其斧斤尋尺哉若乃山林畎畝有小人之事余亦得挾此往也握算言縱橫矣

萬曆甲寅春月友弟吳淞徐光啓撰

同文算指序

古者教士三物而藝居一六藝而數居一數于藝猶土于五行無處不寓耳目所接已然之迹非數莫紀聞見所不及六合而外千萬世而前而後必然之驗非數莫推已然必然總歸自然乘除損益神智莫增矞詭莫掩顓蒙莫可誑也

惟是巧心濬發則悟出人先功力研熟則亦生巧其道使人心心歸實虛憍之氣潛消亦使人躍躍含靈通變之才漸啓小則米鹽淩雜大至畫野經天神禹賴矩測平成公旦從周髀窺驗誰謂九九小數致遠恐泥嘗試為之當亦賢于博奕矣乃自古學既邈實用莫窺安

定蘇湖猶存告餼其在於今士占一經
耻握從衡之祘才高七步不嫺律度之
宗無論河渠歷象顯忒其方尋思吏治
民生陰受其敝吁可慨已往游金臺遇
西儒利瑪竇先生精言天道旁及算指
其術不假操觚第資毛頴喜其便于日
用退食譯之久而成帙加減乘除總亦

不殊中土至於竒零分合特自玄暢多
昔賢未發之旨盈縮句股開方測圜舊
法最囏新譯彌捷夫西方遠人安所窺
龍馬龜疇之秘隸首商高之業而十九
符其用書數共其宗精之入委微高之
出意表良亦心同理同天地自然之數
同歟昔婆羅門有九執曆寫字為算開

元櫝謂繁瑣遂致失傳視此異同今亦
無從參考若乃
聖明在宥遐方文獻何嫌並蓄兼收以
昭九譯同文之盛矧其裨實學前民用
如斯者用以鼓吹休明光闡地應此夫
獻琛輯瑞儻亦前此希有者乎僕性無
他嗜自揆寡昧游心此道庶補幼學灑

掃應對之關爾復感存亡之永隔幸心
期之尚存薈輯所聞釐為三種前編舉
要則思已過半通編稍演其例以通俚
俗間取九章補綴而卒不出原書之範
圍別編則測圜諸術存之以俟同志今
廟堂議興曆學通算與明經並進傳之
其人儻不與九執同湮至于緣數尋理

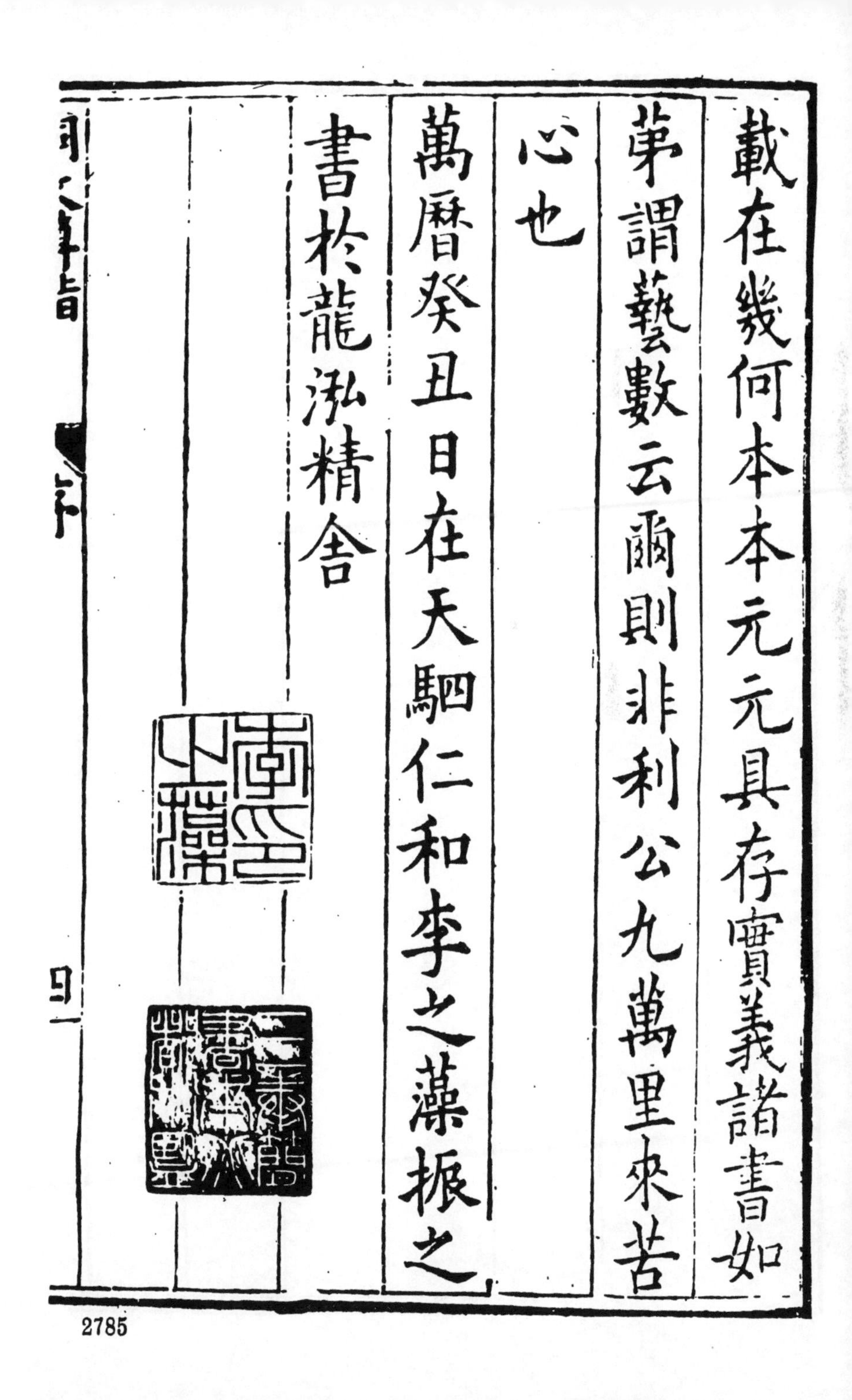

載在幾何本本元元具存實義諸書如

第謂藝數云爾則非利公九萬里來苦

心也

萬曆癸丑日在天駟仁和李之藻振之

書於龍泓精舍

同文算指前編總目

卷上

卷下

濬淵王嗣虞
新安汪汝淳
錢塘葉一元
同較梓

同文算指前編卷上

西海　利瑪竇　授

浙西　李之藻　演

定位第一

古法用竹徑一分長六寸二百七十一而成六觚為一握度長短者不失毫釐量多少者不失圭撮權輕重者不失黍絫紀於一協於十長於百大於千衍於萬算之原也後世乃為珠算而其法較便然率以定位為難差毫釐失千里矣茲以書代珠始於一究於九隨其所得而書識之滿一十則不書十而書一于左進位乃作○于本位一○曰一

十由十進百由百進千由千進萬皆倣此

假如四萬三千二百一十作何排列

丿	一	二	三	四
單數	十數	百數	千數	萬數

自左方爲起平行大數列左小數列右若從小數起積者每滿十則進位一十者書一二十者書二餘倣此若大數積多則於左方漸進加字如後圖萬億兆京是也若小數積餘則于右方漸退加字如兩下有錢錢下有分分下有釐又有毫有絲有忽之類是也

大衍式

四單數

凡度十丈曰引五丈曰端四丈曰疋十尺曰

三 十數
六 百數
五 千數
九 萬數
一 十萬數
六 百萬數
〇 千萬數
八 億數即萬萬數
三 十億數
四 千億數

丈十寸曰尺十分曰寸而計田則橫一丈縱六十丈爲畝即闊一步長二百四十步四分其畝爲一角角得方丈者十五十分其畝爲一分分得方丈者六得方尺者六百分以下釐毫析之而以百畝爲頃五頃四十畝爲丘凡量六粟爲圭十圭爲撮十撮爲抄十抄爲勺滿十而進之爲合爲升爲斗十爲石亦曰斛凡衡以兩爲君兩有十錢錢有十分自分以下什而析之曰釐曰毫曰絲曰忽曰微曰纖曰沙曰塵曰埃曰渺曰漠至細之倪惟所立名而十六兩

二千億數爲斤二百斤爲引今公私通用之則也古法
五萬億數之衡則十黍爲絫十絫爲銖八銖爲錙六銖
三十萬億數爲分二十四銖爲兩兩即四分也兩又四之
七百萬億數八乘一十六以象四時是命曰斤計銖三百
九千萬億數八十有四當朞之日又以十五斤爲稱二稱
六兆數四萬萬億爲鈞四鈞爲石度則古尺長短不一丈尺而
八十兆數外別以七尺爲施八尺爲仞亦爲尋倍尋爲
一百兆數常量則六十四黍爲圭又有四升之豆四豆
四千兆數之區四區之釜十釜之鍾十六斗之庾十六
五萬兆數斛之秉今皆不用　凡錢千文爲緡五緡爲

九十[illegible]兆數 錠凡鈔五貫爲錠錠皆錢千

二百萬兆數 里法三百六十步步法今用五尺

六萬兆數 歷法每度百分每分百秒西歷則積六十秒

四京數四萬萬兆亦曰億兆 爲分積六十分爲度秒以下俱以六十析之

右式三位而成百五位而成萬九位而成億十七位而成兆二十五位而成京自京至垓自垓至秭以極於正於載皆以萬萬遞加是謂中數昔者黃帝爲法數有十等及其用也乃有三焉十等者億兆京垓秭壤溝澗正載三等者謂上中下也其下數者十十變之若言十萬曰億十億曰兆十兆曰京也中數者萬萬變之若言萬萬曰億萬萬億

曰兆萬萬兆曰京也上數者數窮則變若言萬萬曰億億億曰兆兆兆曰京也從億至載終於大衍下數淺短計事不盡上數宏廓世不可用故其傳業惟以中數擧一中數而天地鬼神人物之紀思議之所不及者皆盡之矣況更有上數在乎由何剎那吾無取焉爾

加法第二

凡數惟加法最易加之不已至於無算故算首論加加也併也積也一也少曰併多曰積皆加也列散數於上各橫置以類相比如十從十百從百及兩從兩斗從斗之類先從小數併之而以所得數紀本位下遇十則進一位遇百則進二位

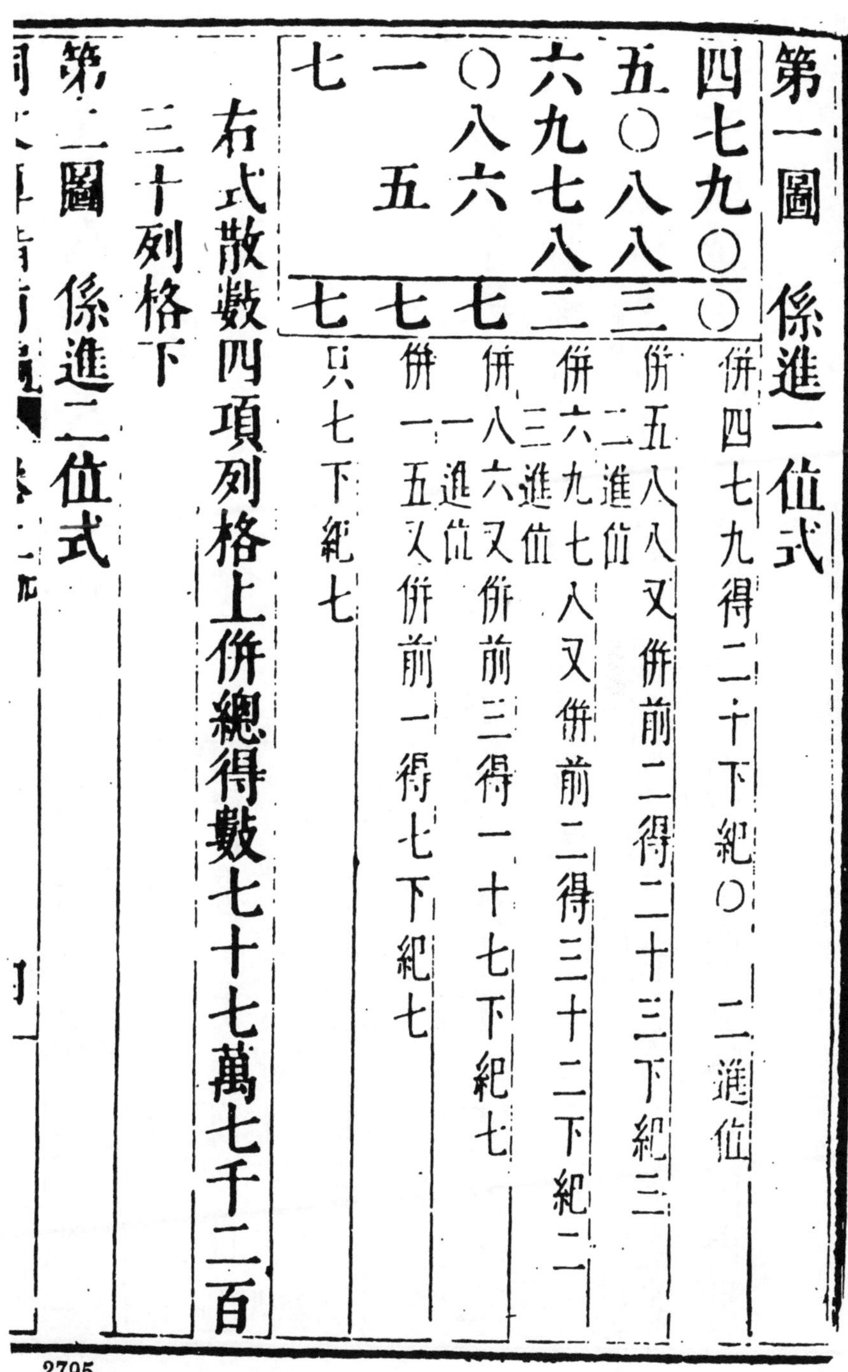

第一圖　係進一位式

七	一	〇	六	五	四
		八	九	〇	七
	五	六	七	八	九
			八	八	〇
七	七	七	二	三	〇

併四七九得二十下紀〇　二進位

併五八八又併前二得二十三下紀三

二進位

併六九七八又併前二得三十二下紀二

三進位

併八六又併前三得一十七下紀七

一進位

併一五又併前一得七下紀七

只七下紀七

右式散數四項列格上併總得數七十七萬七千二百

三十列格下

第二圖　係進二位式

初	次	再	終
八	〇	〇	六
九	〇	〇	五
九	〇	〇	四
八	〇	三	
九	三	二	
八	〇	一	
八	〇	一	
九	〇	三	
八	二	一	四
九	〇	〇	三
九	〇	二	
八	〇	三	
二	五	七	三 二

初併一百零二下紀二以一百進二位
次併五下紀五
再併一十六前一得一十七下紀七一進位
終併連前共得二十三下紀三二進位

右式散數一十二項併總得數二萬三千七百五十二

以上二圖盡加法矣另有試法具後

一法先自上數下得若干復自下數上得若干然後紀總

一法以減法試加隨意減一行得若干再加所減仍得若

下

又有將散數總數錯綜斆之者有九減七減二法先減散
數餘若干次減總數餘若干以其所餘兩數對列相較同
則無差異則有差

第一圖用九減

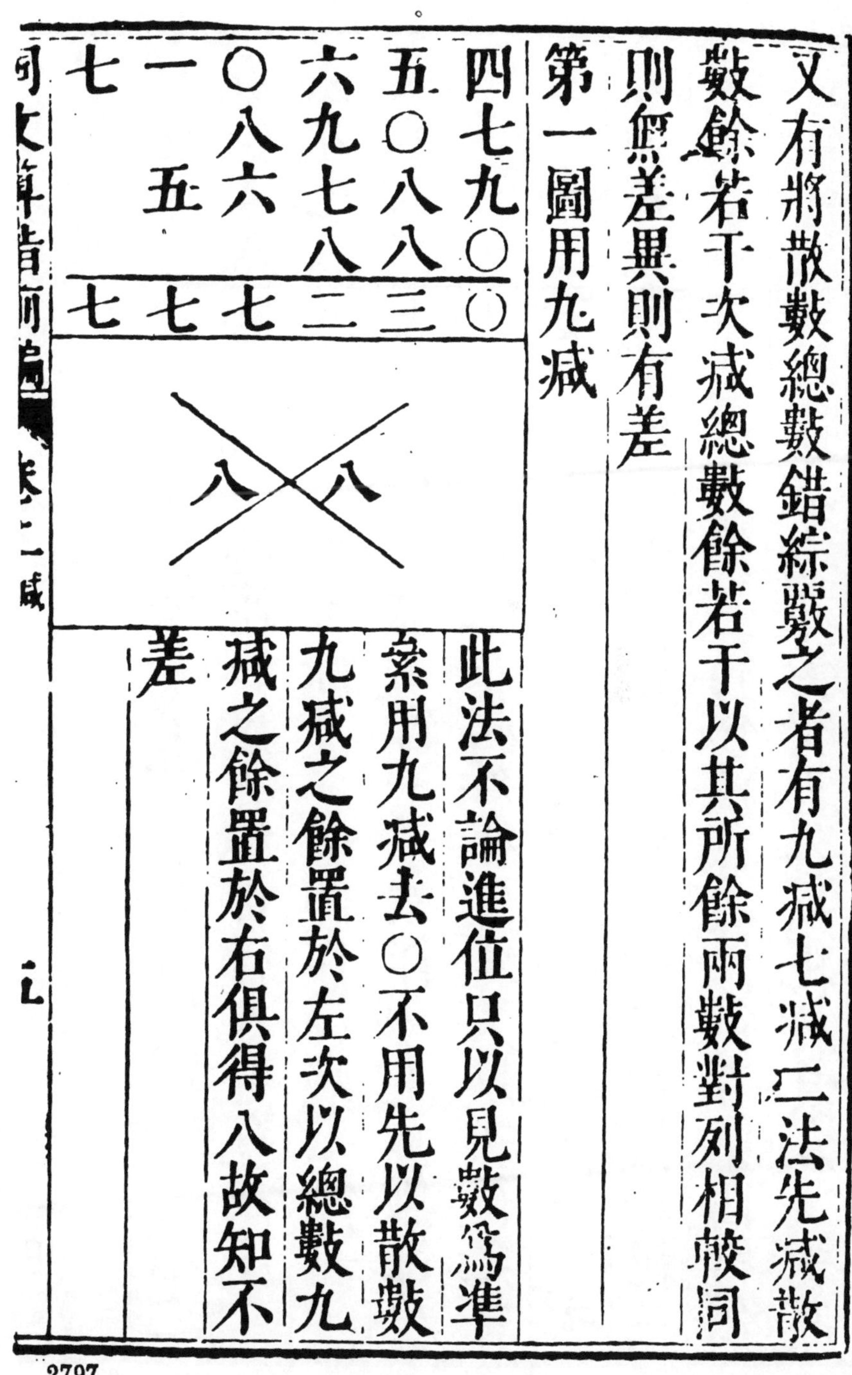

四七九〇 〇
五〇八八 三
六九七八 二
〇八六 七
一五 七
七 七

八 八

此法不論進位只以見數爲準
紊用九減去〇不用先以散數
九減之餘置於左次以總數九
減之餘置於右俱得八故知不
差

又用七減

四七九〇
五〇八八
六九七八
〇八六
一　五
七
〇三五五

〇三三七七七三

此法與九減者稍異乃以實數七七減之
從左起逮〇算若如首行首七竟減淨
次一〇減七餘三　次卽作三六減七餘一
次作[illegible]減七餘一　次作一四七減無餘乃
於次行之左格外紀〇　又以次行之首
九八七減餘五　次卽作五〇七減餘一　次
作十七七減餘三乃於次行之左格外紀三
其第三行依法減之餘得五第四行依
法減之亦餘得五各以紀於其左　次將

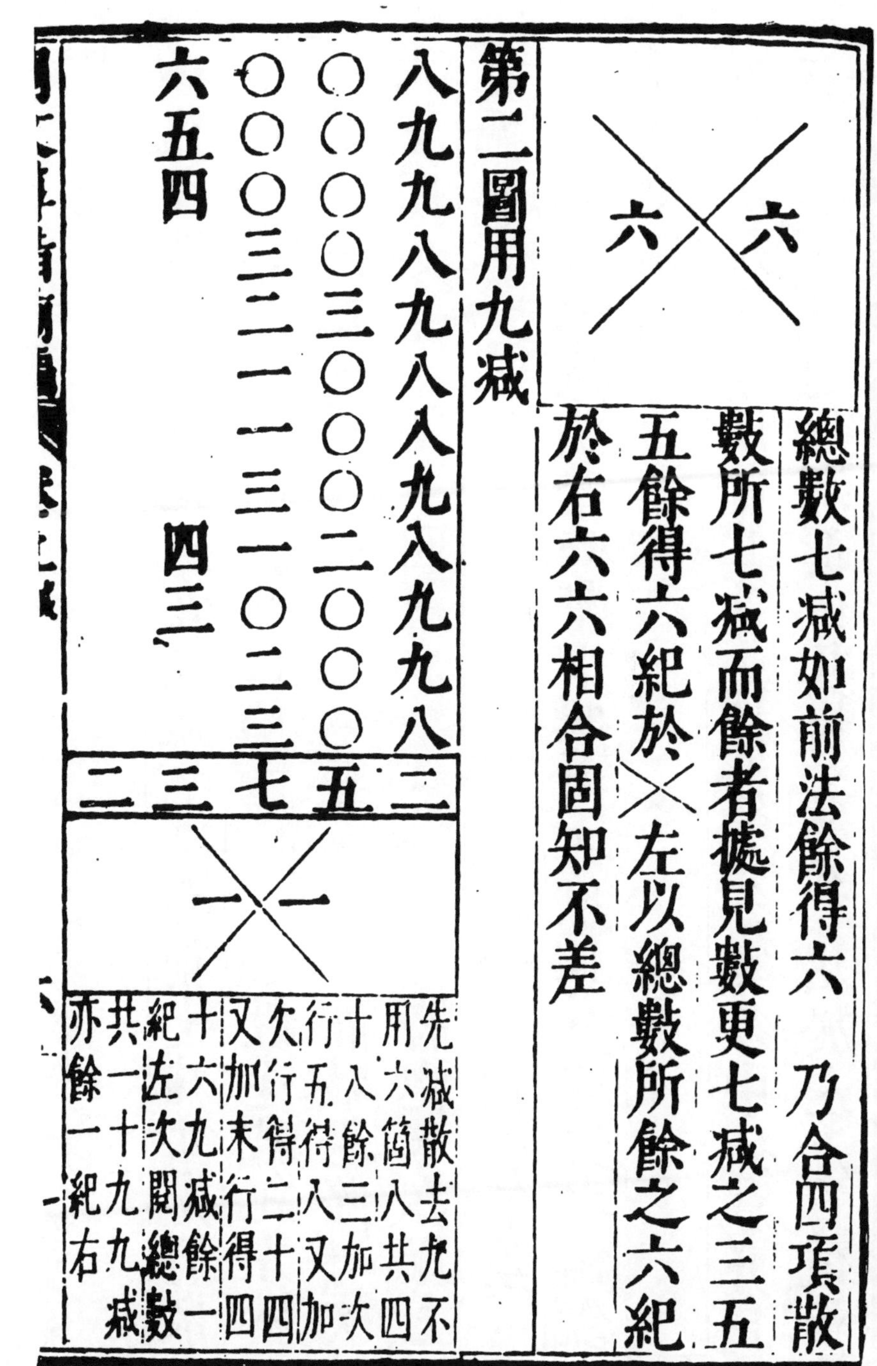

總數七減如前法餘得六　乃合四項散數所七減而餘者㩲見數更七減之三五五餘得六紀於╳左以總數所餘之六紀於右六六相合固知不差

第二圖用九減

八九九八九八八九八九九八
○○○○三○○○二○○○
○○○三二一一三一○二三
六五四　　四三二

二　五　七　三　二

先減散去九不用六箇八共四十八餘三加次行五得八又加欠行得二十四又加末行得四十六九減餘一紀左次閱總數共一十九九減亦餘一紀右

又用七減

八九九八九八八九八九九八
〇〇〇〇三〇〇〇二〇〇〇
〇〇〇三三一一三一〇二三
六五四　四三
二四五〇一三三一五六六〇

二	三	七	三	二

照前七減法先將散數逐減紀左紮而減之餘一次將總數亦以七

一　一

減餘一相合無差

右九減七減法繁碎難用然出巧思具至理錄之備翫

減法第三

減與加反用稽所餘其法先較數之多寡多中減寡亦自右方小數減起以漸進位其辨多寡之法於左方首位辨

之首位剩等乃視次位次復相等逐位退求則多寡分焉

四	三	二	一	○	○	三
九	八	七	六	八	九	二

此減二十數 減二十九數

八	七	○	五	四
六	八	九	四	四

此減四十五數 減四十四數

○	○	○	一	○	○	七
九	九	九	○	○	○	七

此數首尾既之相等然退至三位上一係一千一係九百九十九多寡自分

既審多寡乃以原數列上減數列下依法右起所餘逐紀於下如就多中減少者不須別立借法如後第一圖若少

內減多須立借法以通其變如後第二圖云

第一圖

二	七	一	五	八	原數
	四	○	二	三	減數
二	三	一	三	五	

此上下相減俱係以少減多不須更立借法

第二圖亦係以少減多但中有上數小下數反大者須立借法

入	二	七
八	九	二
九	三	五

二不能減九借作一十二減九得三進位還

因前借還一今作入減九又不足仍借作一十八減九得九進位還

四七六
○六三
三五七
六四一
二三九
○○九
○九○
○二七
五九五
四二一

因前位借過一今作四減八又不足借作一十四減八得六進位還

因前借過一今作○減七○無可減借作一十減七餘三進位還

因前借過一今作三減六借作一十三減六餘七進位還

因前借過一今作六減五餘一

二不能減三借作一十二減三餘九進位還

前借一今作○減一○無可減借作一十減一餘九進位還

前借一今作○減一十仍作○進位明加一

二併前加一共三然○不能減三借一十減三餘七進位還

前借一今作五減十仍借作一十五減十餘五進位還

前借一今作四減三餘一

右借法乃借大數兼小數以便總減者又法直於借數一十用減却加入本數尤爲便捷假如二不能減九當借作一十二內減九得三今却不作一十二只就所借一十之內先減九餘一次乃加二仍得三也先減後加比前較易

以上二關減法盡矣其删有差與否何以覈之

一法用加法驗之以減數合減餘數得原數如二加六合原九之類

又法以減餘數減其原數應與所減數合如原數七減二餘五今却減五今所爲不差

亦有用九減七減二法者俱以第一行原數爲一項第二行減數第三行餘數共爲一項而較零之同否同即不差

九減

四〇〇〇一三四
六七八二三
三九三二三一二

原數四一三四共一
十二減九餘三紀
左
減數六七八二三餘
數三九三二三一
一共三十九亦餘
三紀右
三三相合無差

三 三

七減

四〇〇〇一三四
六七八二三
三九三二三一

五 五

原數前作四十餘五
次作作五十餘一又
作一十餘三又作
三十一餘三又作
三十三餘五又作
五十四餘五紀左
減數首作六十七餘
四次作四十八餘
六又作六十二餘
六又作六十三無
零其餘數首作三
十九餘四次作四
十三餘一次作一
十二餘五次作五
十三餘四次作四
十一餘六次作六
十一餘五紀右
五五相合無差

乘法第四

既知加減當論因乘單位曰因位多曰乘通謂之乘凡乘之數玅於九九作九九圖

九九相乘圖

一	二	三	四	五	六
二	四	六	八	一〇	一二
三	六	九	一二	一五	一八
四	八	一二	一六	二〇	二四
五	一〇	一五	二〇	二五	三〇
六	一二	一八	二四	三〇	三六
七	一四	二一	二八	三五	四二
八	一六	二四	三二	四〇	四八
九	一八	二七	三六	四五	五四

首橫一行自上讀下右直一行自右讀左其相值處即是乘得數指掌可盡也

七	八	九
一四	一六	一八
二一	二四	二七
二八	三二	三六
三五	四〇	四五
四二	四八	五四
四九	五六	六三
五六	六四	七二
六三	七二	八一

附九九相乘歌

一一如一　一二如二　二二如四　一三如三

二三如六　三三如九　一四如四　二四如八

三四一十二　四四一十六　一五如五　二五得一十

三五一十五　四五得二十　五五二十五　一六如六

二六一十二　三六一十八　四六二十四　五六得三十

六六三十六　一七如七　二七一十四　三七二十一

四七二十八　五七三十五　六七四十二　七七四十九

一八如八　二八一十六　三八二十四　四八三十二

五八得四十　六八四十八　七八五十六　八八六十四

一九如九　二九一十八　三九二十七　四九三十六

五九四十五　六九五十四　七九六十三　八九七十二

九九八十一

又法就小乘得大乘不用九而用十假如二數並列因其數大難乘未知乘得若干以連註二數而取十數與較看所不足若干因連註不足數於本數右平衡相對其所不足數必其小於原數者也小者易乘乃以不足數上下相

乘註乘得數於下爲单數又以不足數與原數上下互減

註減餘數於其下爲進位數即得所求大乘數

一 九
二 八
三 七

乘得一二如二而以右一減左八右二減左九俱餘七是爲八九七十二

二 八
三 八
四 六

乘得二二如四左右上下互減俱餘六是爲八八六十四

右法專爲未熟大乘者設也若小數相乘不必用此蓋以小數減十則不足之數反多而乘出亦多但多出十數外者以十外之數寄於進位就於互除還之其數未嘗不合

三 七
四 六
二 四

乘得三四一十二下紀二以一十寄進位乃以右三減左六右四減左七俱得三合所寄進位一共得四是爲六七四十二

七 三
七 三
九

乘得七七四十九寄四於左三俱得七互減盡是爲三三如九

既知乘數乃列乘位凡乘亦從右小數乘起次第進位偏

求有以一位乘一位者有以一位乘二位數十三位數百及數

十位者有以二位乘一位或二位三位以至數十百位者

其數無窮其法一定

若以代求幾位者無拘上下隨意互乘

四八	八
九七	七九
三六	六八三
○○	○○
○○	○○

上圖位數相近隨意互乘如第一圖者先

以八乘上四次九次三次○○六四俱偏

各以其乘得數置本位下次乃以七乘四

乘九乘三乘○而以乘四所得置於七本

位下以乘九所得置於七進一位下以乘

六三　三六　三所得置於七進二位下其餘徧乘倣此

四　四　單乘諸位仍以加法通併詳具于後

一位乘　此以八之一位徧乘上六位者從小數起數多進位如常法

六	○	○	三	九	四
					八
四八	○	三	一	五	二

先以八乘四乘得三十二紀二進三

次以八乘九得七十二以二加前三共五紀五進七

次以八乘三得二十四以四加前七共一十一紀一進二又進一

次以八乘○無乘有前所進二及所進一共紀三

次以八乘○無乘紀○

次以八乘六得四十八紀八進四

二位乘　此以三十八乘三百九十四者是爲二位乘

		三	九	四
			三	八
	三	一	五	二
一	一	八	二	
一	四	九	七	二

先以八徧乘上三位如前法次亦以三徧乘上三位但以尾位所得置於三本位下而其進位及進乘所得皆以次遞進一位不可紊亂　如三乘四者得一二紀二於三下一進位　如三乘九者得二七加前一共二八紀八於三之次位二又進位　如三乘三者得九加前二得一一紀一於又次位一又進位　兩位所乘魚鱗相比畢則總併其數

以上二圖乘法之大略也既有若干須以除法還原列乘出總數為實如以第一行為法除之必得第二行數[illegible]

[illegible]九百七十二為實以三百七十[illegible]為法除之必得二十八

如以第二行為法除之必得第一行數如以[illegible]實以二十八為法除[illegible]百九十四數合即不差

又有九除七除法列原數所餘於左列乘數所餘於右左右相乘列乘出數於上乃以乘積總數依法除之餘數列下上下相比同即不差中間逐位乘出散數俱不用

九除

第一圖

	五	
四		八
	五	

以除法數首行餘四列左次行只八列右四八乘得三十二以九除餘五列上總數以九除亦餘五列下

第二圖

	五	
七		二
	五	

首行餘七列左次行餘二列右二七乘得一十四以九除餘五列上其積出總數亦餘五列下

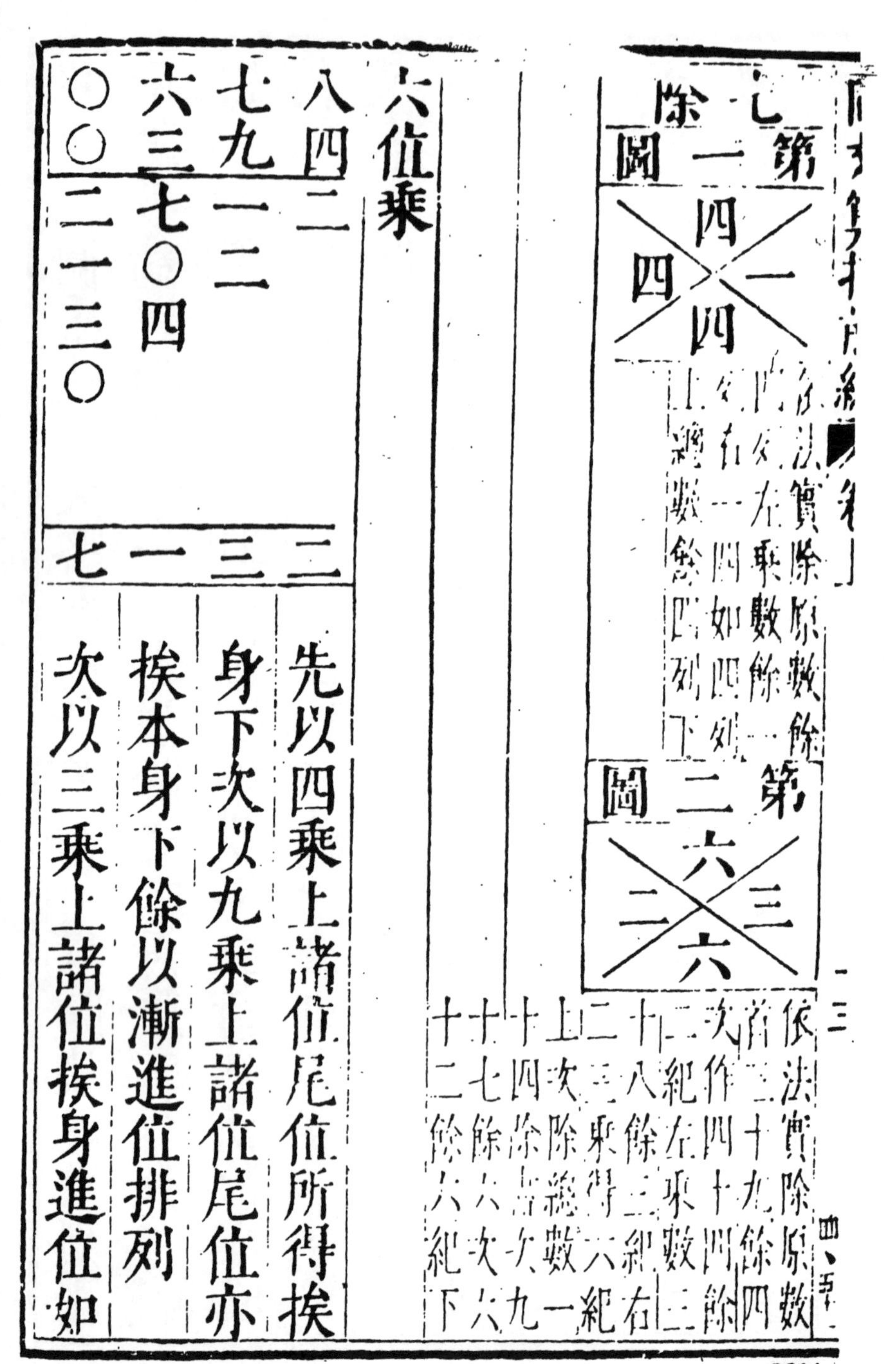

乙除

第一圖

四	四	一	四

依法實除原數餘
首次左乘數餘一
次右一四如四列
上總數餘四列下

第二圖

二	六	三	六

依法實除原數
首二十九餘四
次作四十四除
二紀左乘數三
十八餘三紀右
二三乘得六紀
上次除總數一
十四除皆次九
十七除六次六
十二除六紀下

六位乘

八四	七九	六三	○○
二	一二	七○四	二一三○
二	三	一	七

先以四乘上諸位尾位所得挨
身下次以九乘上諸位尾位亦
挨本身下餘以漸進位排列
次以三乘上諸位挨身進位如

七位乘

						四	三	〇
							六	〇
					一	七	二	〇
				三	八	七	〇	六
			一	三	九	〇	二	〇
		〇	〇	〇	〇	〇	〇	〇
	〇	〇	〇	〇	〇	〇	〇	〇
二	五	八	〇	四	〇	六	八	
三	五	八	二	一	〇	一	二	六

前 次以〇徧乘上位無乘各挨身照位作〇紀之或令其本位亦可 次以六徧乘上位尾位所得就挨六之本身其餘以漸而進云

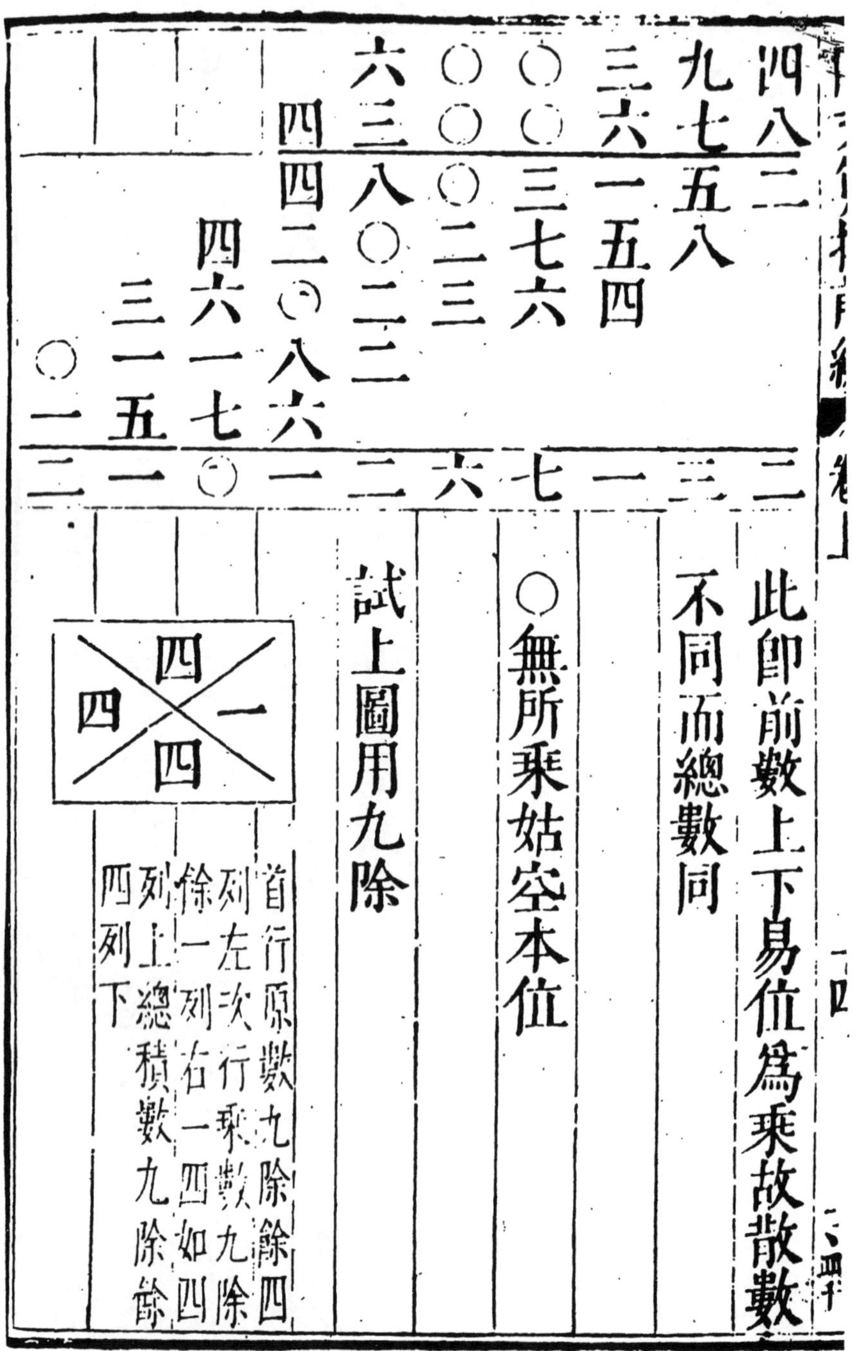

此即前數上下易位爲乘故散數不同而總數同

○無所乘姑空本位

試上圖用九除

首行原數九除餘四列左次行乘數九除餘一列右一四如四列上總積數九除餘四列下

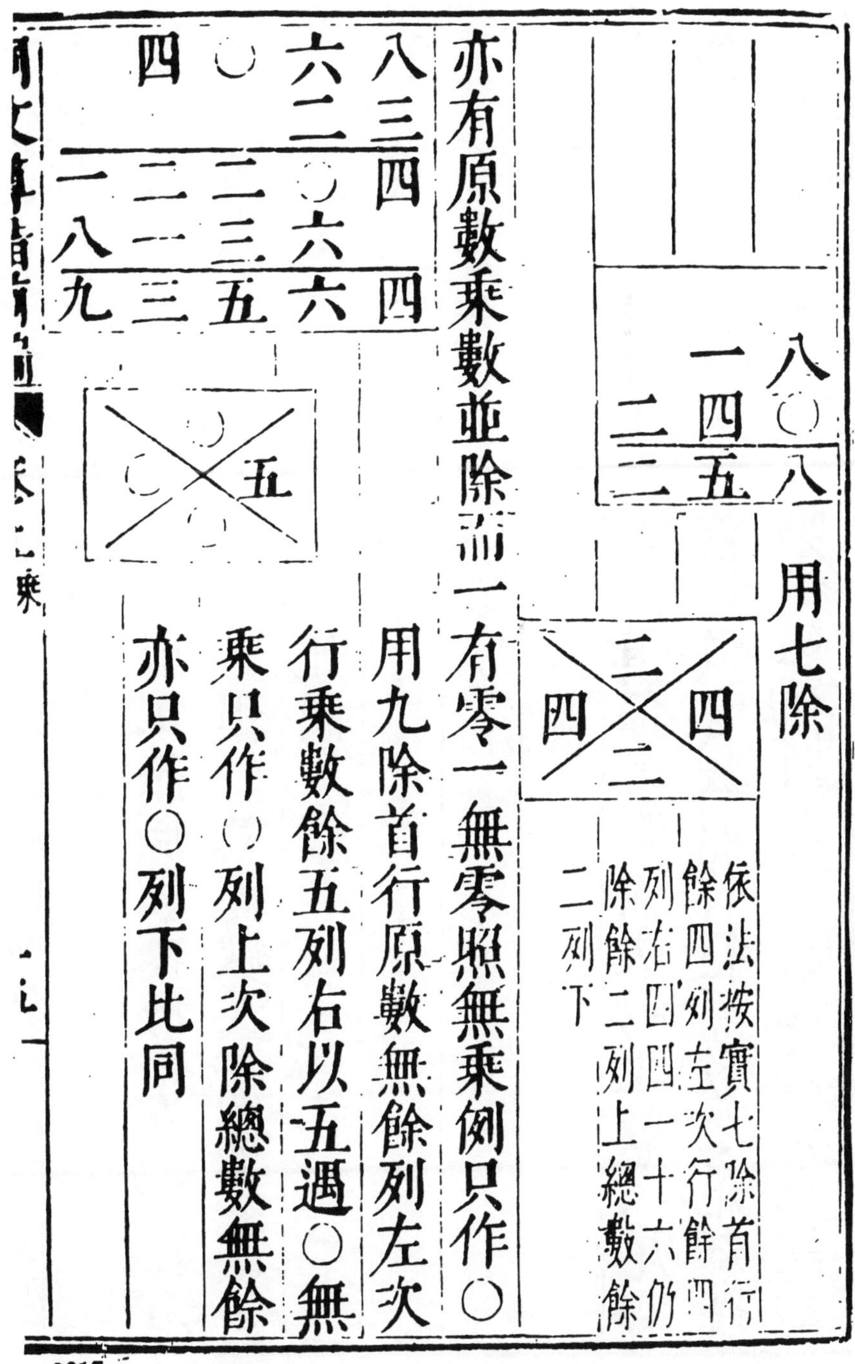

依法按實七除首行餘四列左次行餘四列右四四一十六仍除餘二列上總數餘二列下

亦有原數乘數並除而一有零一無零照無乘例只作〇

用九除首行原數無餘列左次行乘數餘五列右以五遇〇無乘只作〇列上次除總數無餘亦只作〇列下比同

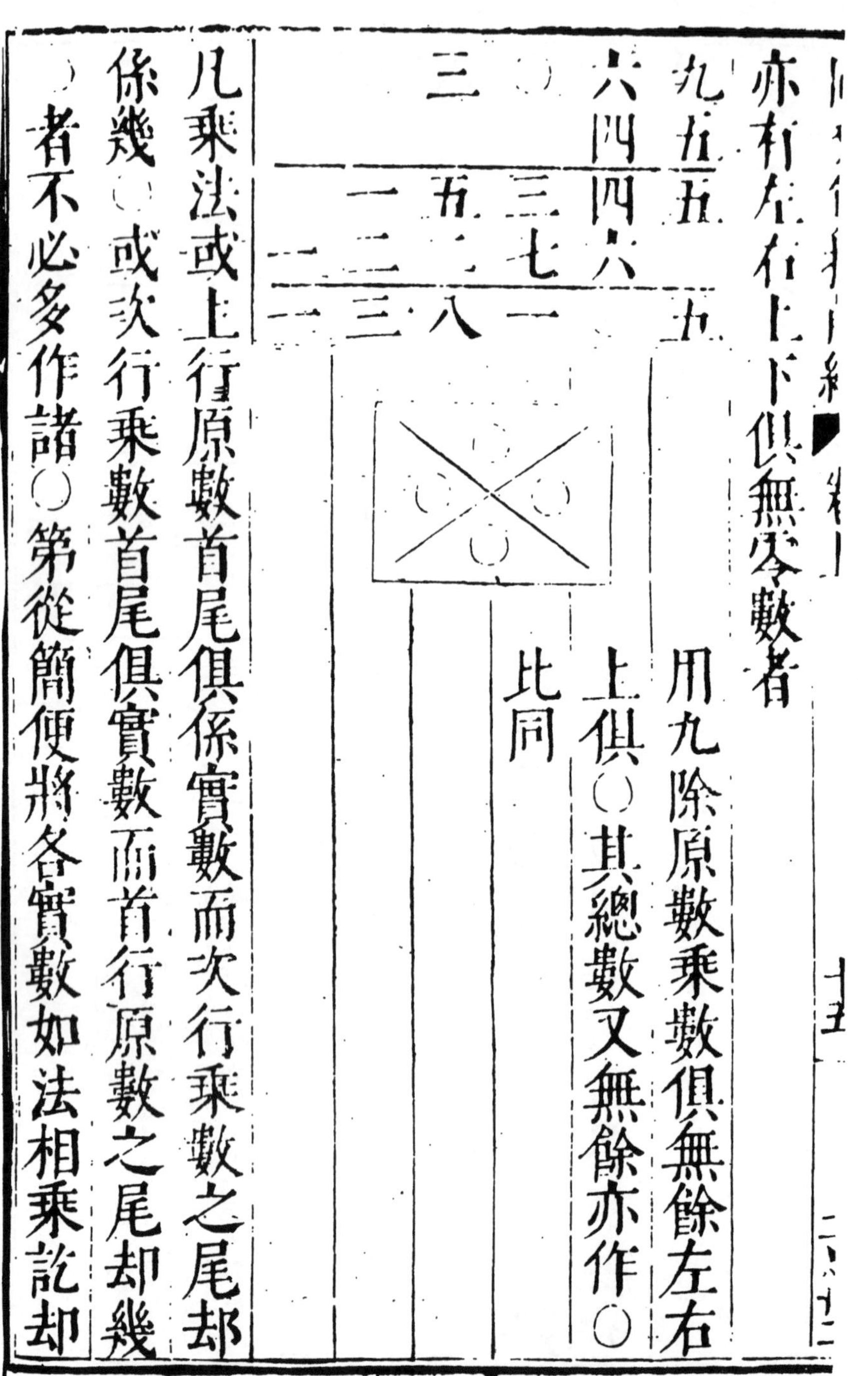

亦有左右上下俱無零數者

九五五　九
六四四　四六
○　三七一
三　五二八
一二三
一一

用九除原數乘數俱無餘左右上俱○其總數又無餘亦作○

比同

凡乘法或上行原數首尾俱係實數而次行乘數之尾却係幾○或次行乘數首尾俱實數而首行原數之尾却幾○者不必多作諸○第從簡便將各實數如法相乘訖却

照其尾餘幾〇遂加於後即見全數蓋凡以〇乘數者只是作〇緣其無可乘出但存其位而已

六〇〇〇
〇〇〇
〇
四
三四四
一三六二

此原數首尾皆實而乘數尾却多〇者〇無可乘且置不用只以四乘六挨身下數乘徧而止乃將三〇系之於尾但不可遺其〇位所差不小

若原數及乘數之尾俱各有○若干即須一一相乘以存其位嗣以實數所乘出者挨次進位不得僅如前圖照位加○而已

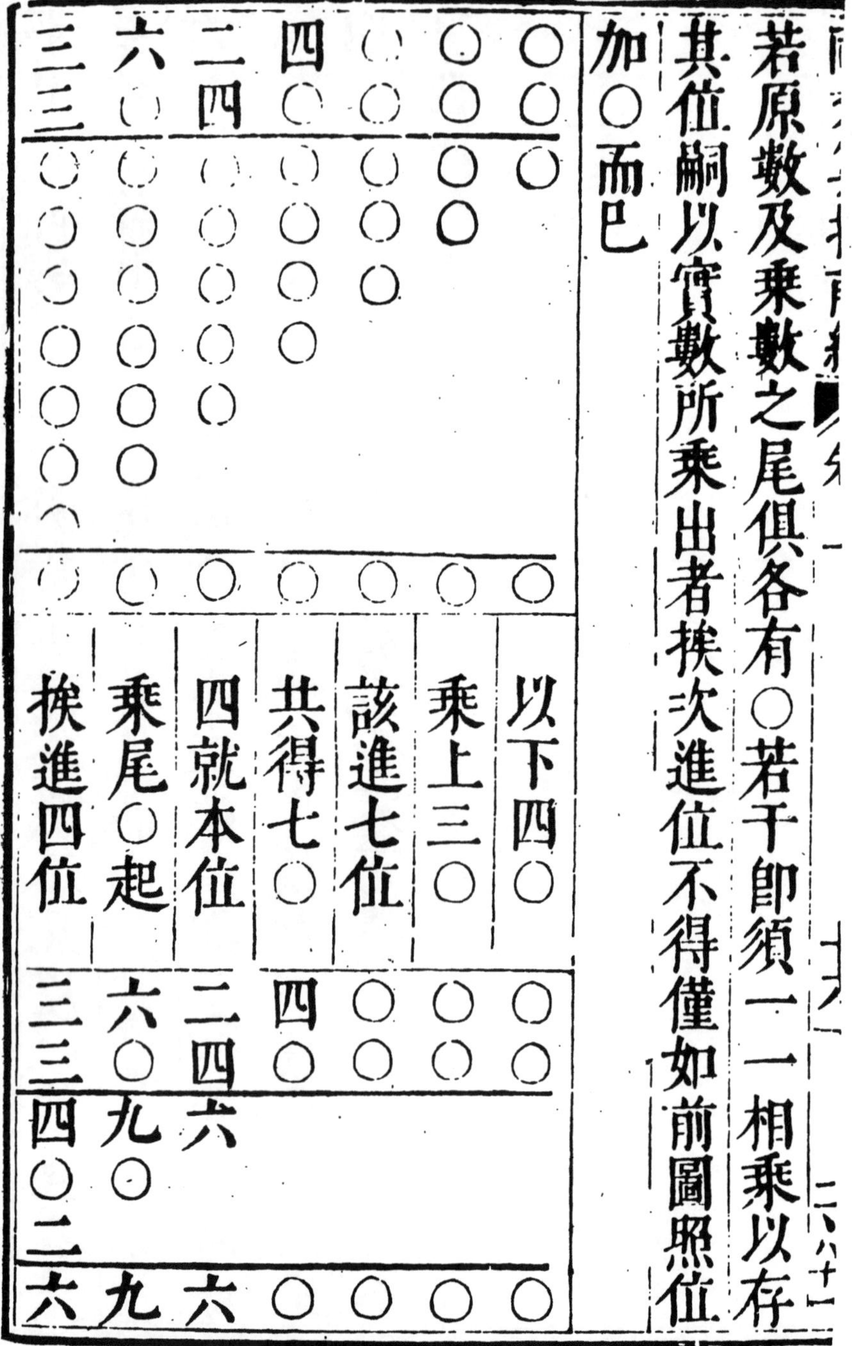
以下四○
乘上三○
該進七位
共得七○
四就本位
乘尾○起
挨進四位

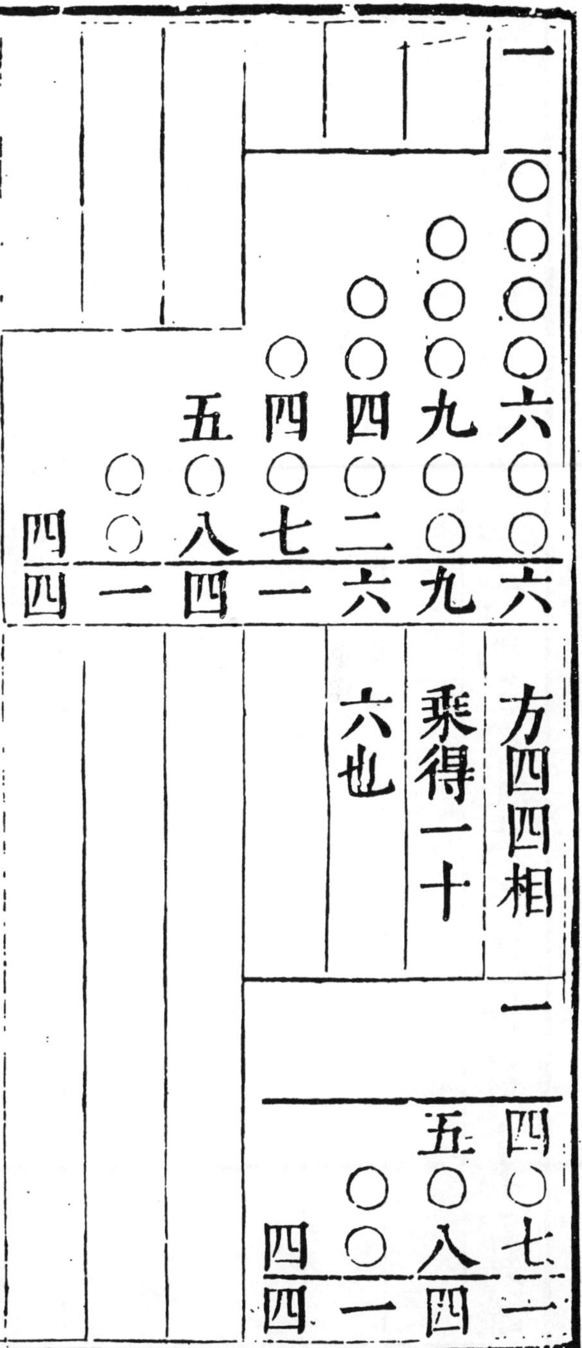

四	〇〇	五〇八	〇四〇七	〇〇四〇二	〇〇〇九〇〇	一〇〇〇〇六〇〇
四	一	四	一	六	九	六

方四四相乘得一十六也

四	〇〇	五〇八	一四〇七
四	一	四	一

右圖上下尾位皆〇須留其位故數尾四四未敢竟下挨身必〇〇徧乘其得七〇爲尾上有〇〇〇亦進三位乃下四四一十六若但就尾下數乘畢補〇如下圖然則尾

少三〇其失非小

若以一數爲首而尾帶多〇其數雖多總只是一以此相乘無復可乘但照首行原數挨身進位錄之乃視尾有幾〇照加於後即成全數

七	九	六	五	三	六
一	〇	〇	〇	〇	〇
六	〇	〇	〇	〇	〇

以一乘六一六如六六紀六六而已挨身下之其餘

入

三	五	六	九	七	八
準此					

除法第五

凡數以少剖多曰除亦名歸除歸者各分所入除者分分除裁其義一也法列原數於上層列除數於次層舊以原數為實除數爲法從左大數除起上下挨身列位然必以小數系大數

下若上層原數小下層除數大者須退一位係之詳具左

列位圖

不退位

陸	○	捌七	柒四

原數七八多於除數之四七故系四於七下系七於八下不退位

退位

○	捌七	柒四	叁

四比三反多故退位此退位只退一位

同首退位

○	○	捌七	陸四

四與四等然七不能除六故亦退一位

同首異尾退位

柒	肆二	○六	陸七

四七六皆相等但至上○下二則不能除亦退一位

肆

若首尾俱等者只隨系不退

貳
玖
柒七
肆四

柒四
肆

凡除法原數列上除數列下於原數尾右界格如半規然
而於格外註所得數其歸除率以下字除上字要見幾除
而盡如九除而盡者格外註九字八除而盡者格外註八
字餘倣此所除不盡之數就原數變之抹原數而其上
凡欲知除出之數得幾位者以除數之本位去原數之尼

位得若干字即是歸除所得位數

一位除 假如十萬八千〇四十八數以八除之

五
九
捌
肆
八
四陸八
柒

同前

格右為除得數第一除得九第二除得五未畢

先看八除七六得幾轉以乘法除之八九七十二

是九也註九於格右尚餘四變六作四寫四於上

削去首七亦削去次行除數之八

挨身另下八以八除四〇依乘法五八四十格右

并紀五其上層四〇俱削亦削八

六○五(九捌八肆八(○)八四陸八柒

第一除得九第二除得五第三除得○第四除得六八是爲每得九千五百○六恰盡

第一次除得九削去六七及八以六變四　第二次除得五削去○四及八盡　另挨身下八八雖不除四而當存其位乃於格右紀○而存四削八　另挨身下八以八除八四得六八四十八恰盡紀六於格右削去八四及下八畢

若除數至二位三位者除訖一位挨身布退一位如魚鱗

然其格右所註數每次所除不論幾位總之只得一數但其除數首位必須兼顧次位如以首位除之巳得其數卽取除餘變數爲實以所得其數呼次位乘之看是恰盡或有餘否方可紀於格右若有不足則將首位所除量減數以爲次位之地如九乘不足則減而用八如八乘不足則減而用七用六之類務取通融恰當其三位除四位除者亦如之

三位除此有一百八十三萬二千四百八十七之數而以四百六十九除之

三(三) 柒 捌

先以首四除一十八盡乘得四四一十六用四而餘二然次位是六以六乘二十三不足矣不得不減數從三只用三以除一十八除得三四一十二尙餘六四上八變六進位削一而格右紀三爲用數併削首位之四嗣以三因次位之六三六一[illegible]二變五進位四上六變

肆

五貳九

二五叄六

四六捌四

壹

四乃削三削六下又削次位六絅以三因九

三九二十七九上二變五進位六上五變二乃

削二削五亦削九是以三除之餘四十二萬五

千四百八十七數故當用三餘再除如後圖

右圖下層次位以三因六三六一十八其六

上三變五者三小八大照減法借進位一數

於一十之內除八餘得二再加三是變五也

若除法未熟不妨小註於下假上層六三下層用三因六

三六一十八即於三下且註八於六下且註一三除八

如前借法六除一乃還借除二爲六變四餘倣此

末盤 九

再除 (三

柒
捌
三
肆九
三一五貳九六
一六二五叁六四
四六捌四
壹

九四
六〇
四二
七

未盡
再除

另退一位挨下四六九先以四除四十
二看得幾箇四凡數極於九用九乘四
九二十六尚餘六四上二變六進位四
歸盡亦削下首位之四格右紀九
歸以次位六因九六九五十四餘一十
一六上五變一進位六變一亦削下位
六
歸以次位九因九九九八十一尚餘三
十三九上四變三進位一變三係借除
進位一削盡亦削九其不盡三千三百
八十七數再除如後圖

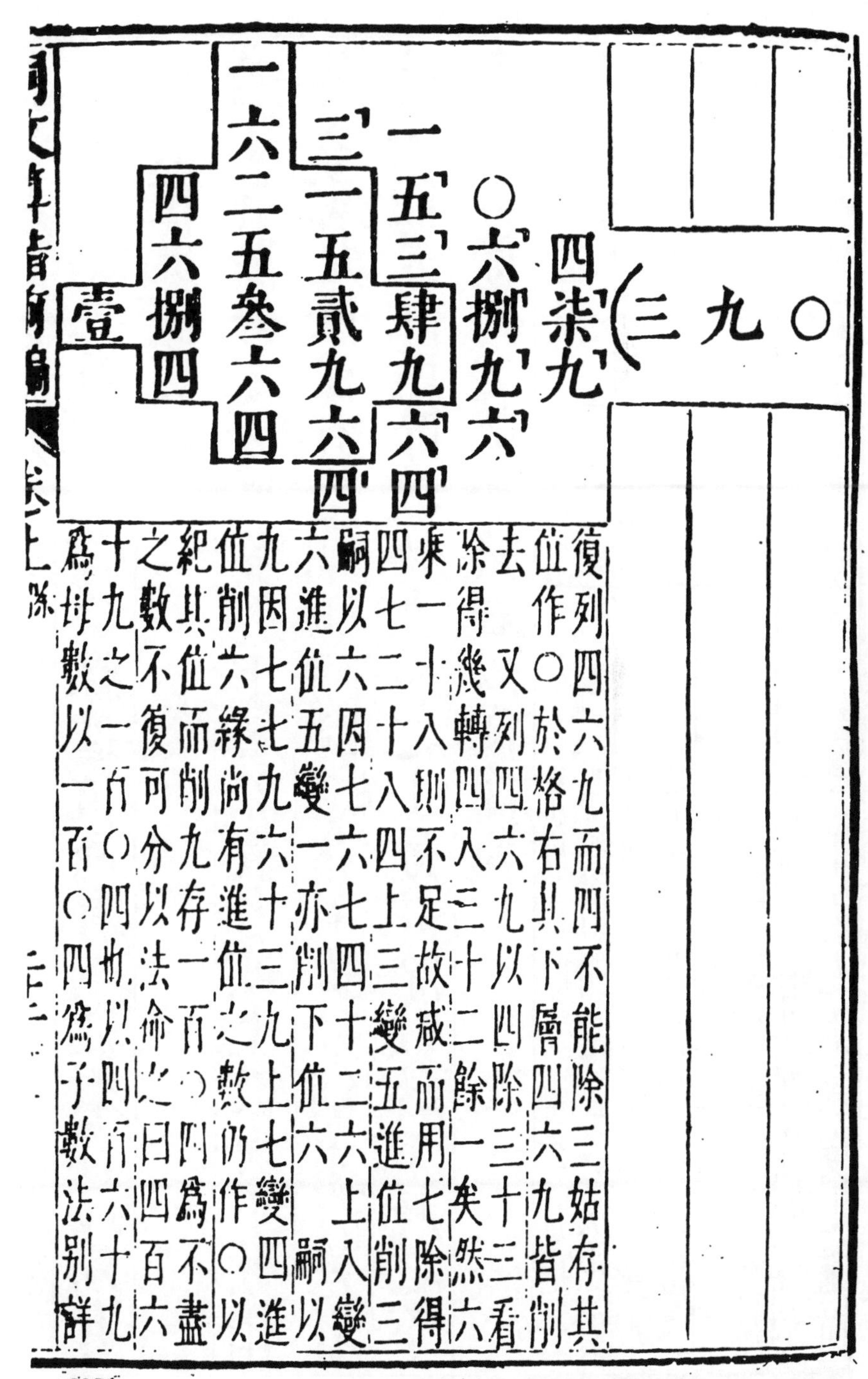

復列四六九而四不能除三姑存其位作〇於格右其下層四六九皆削去又列四六九以四除三十三看除得幾轉四入三十二餘一矣然六乘一十八則不足故減而用七除得四七二十八四上三變五進位削三嗣以六因七六七四十二六上入變六進位五變一亦削下位六嗣以九因七七九六十三九上七變四進位削六緣尚有進位之數仍作〇以紀其位而削九存一百〇四爲不盡之數不復可分以法命之曰四百六十九之一百〇四也以四百六十九爲母數以一百〇四爲子數法別詳

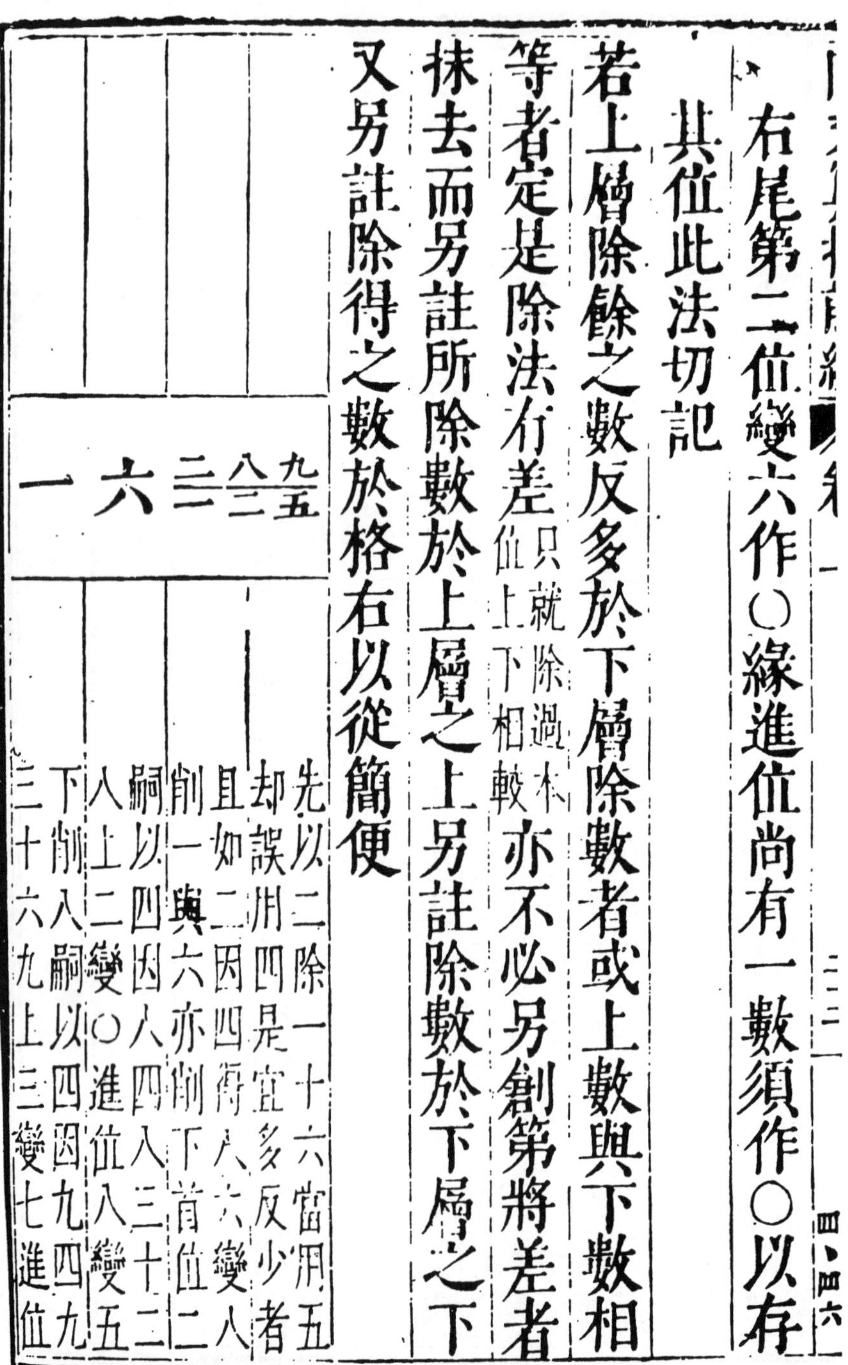

右尾第二位變六作〇緣進位尚有一數須作〇以存

其位此法切記

若上層除餘之數反多於下層除數者或上數與下數相

等者定是除法有差（只就除過本位上下相較）亦不必另創第將差者

抹去而另註所除數於上層之上另註除數於下層之下

又另註除得之數於格右以從簡便

一　六　二二　八二　九五

先以二除一十六當用五

却誤用四四是宜多反少者

且如二因四得八六變八

削一與六亦削下首位二

嗣以四因八四八三十二

八上二變〇進位八變五

下削八嗣以四因九四九

三十六九上三變七進位

首誤用四抹去
改註五

六

（四五）

五玖九

二七五肆九八

一六八九七壹九八二

一二四〇八叁七叁九九八二

一五七貳六〇貳八八二

一二陸四五八陸二二

壹壹

右誤除乃宜多反少者亦

〇變六係借除進位五變四下位削九諦視之則餘數反多於分數具謬可知悉抹之而另註原數於上另註除數於下而用五以除之二五除首位一十五入得四十進位六變二五九四十五九上三變入進位二變七又進位二變一再列二入九用六除二六一十二二上七變五進位削一六入四十入入上入變〇進位五變一六九五十四九上一變七進位〇變四進位削一　再列三入九用一除二上四變二入上七變九進位二變一九上四變五進位九變入又列二入九用六除二六一十二二上入變六進位

有宜少反多者具後

六有奇

一

次誤用七抹 用六不差 七六

首誤用六抹 用五不差 六五

五玖九

二七五肆九八

一六八九七壹九八二

一二二四〇八叁九九八二

削一八上五變七進位六

變一六九五五十四九上九

變五進位七變二外餘一

百二十五數以法命之

此不當用六却誤以六除

二六一十二二上六變四

進削一次位六八四十八

却不足抹削另起另刻二

八九於下一六於上而以

五分之二五除一十五八

得四十進位六變二餘如

前式不差 再刻不當用

七而誤用七二七一十四

二十七變二進削一七八

五十六即不足削三另刻

一七於上又刻用六二一六

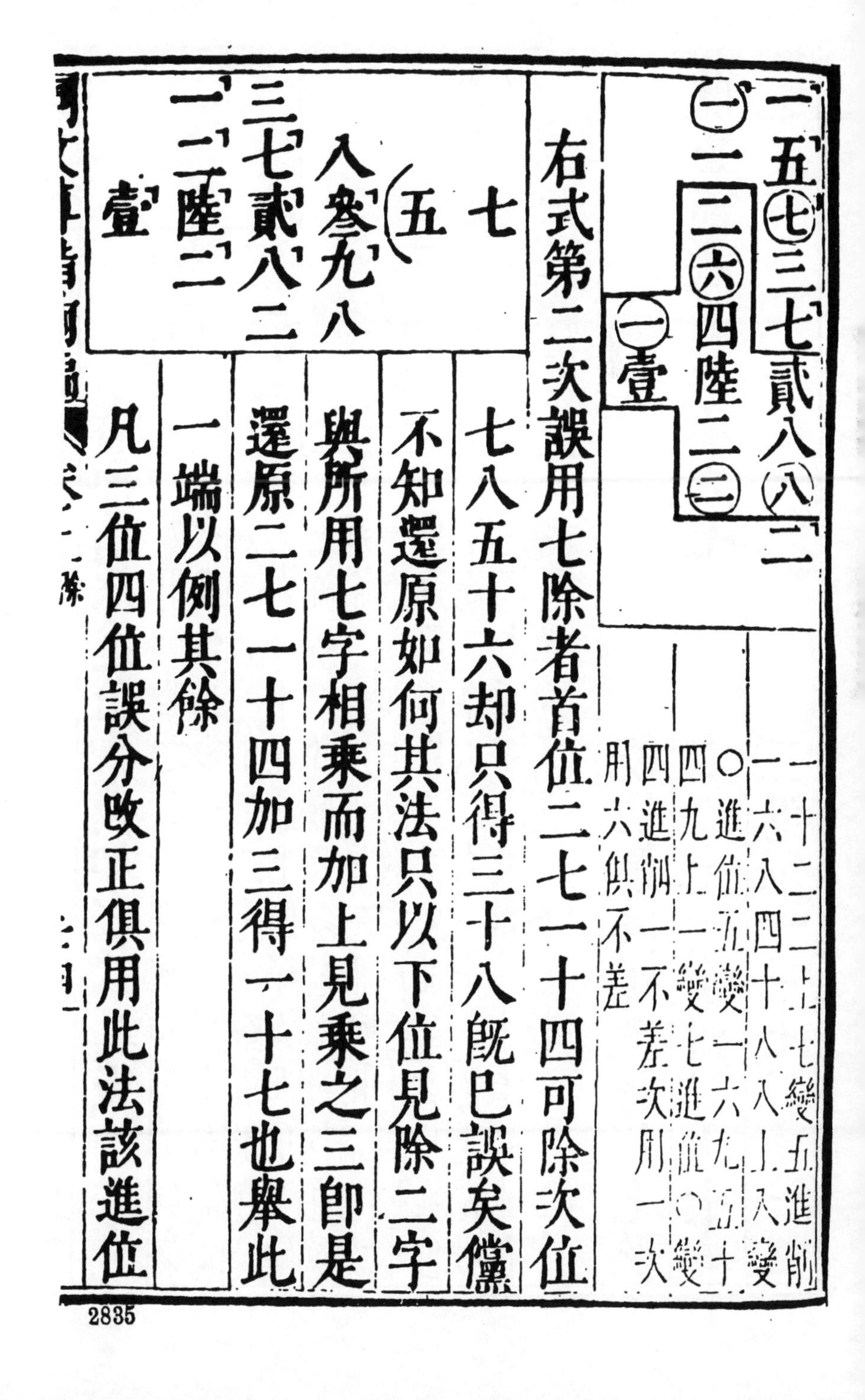

一五㊆三七貳八㊇二

㊀二二㊅四陸二㊁

㊀壹

右式第二次誤用七除者首位二七一十四可除次位

七

五

入叄九八

三七貳八二

一二陸二

壹

一十二二上七變五進前

一六八四十八八上八變

○進位五變一六九五十

四九上一變七進位○變

四進前一不差次用一次

用六與不差

七八五十六却只得三十八既巳誤矣儻

不知還原如何其法只以下位見除二字

與所用七字相乘而加上見乘之三即是

還原二七一十四加三得一十七也舉此

一端以例其餘

凡三位四位誤分改正俱用此法該進位

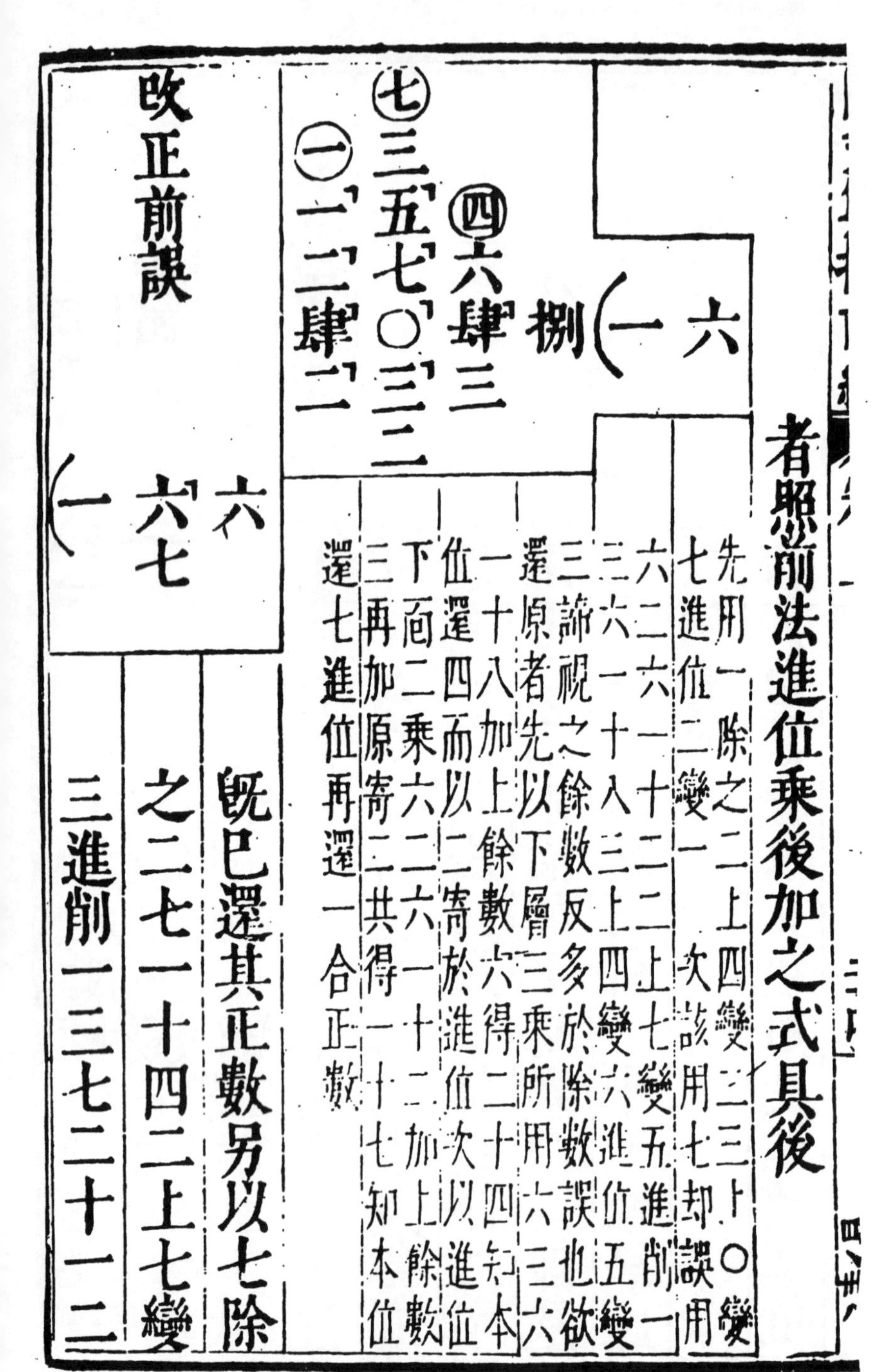

者照前法進位乘後加之式具後

先用一除之二上四變三三上〇變
七進位二變一　次該用七却誤用
六二六一十二上七變五進削一
三六一十八三上四變六進位五變
三諦視之餘數反多於除數誤也欲
還原者先以下層三乘所用六三六
一十八加上餘數六得二十四知本
位還四而以二寄於進位次以進位
下面二乘六二六一十二加上餘數
三再加原寄二共得一十七知本位
還七進位再還一合正數

六
(一
捌
④六肆三
⑦三五七〇三二
①一二肆二一

改正前誤

六
六七
(一

既已還其正數另以七除
之二七一十四二上七變
三進削一三七二十一二

捌三

一三㊃六肆三二

一三㊆三五七〇三二

㊀一二肆二

上四變三進位三變一

另列二三川六除之二六

一十二三上三變一進削

一三六一十八削盡

若原數既已除盡或未盡有零而欲試其誤否亦用九除

七除二法

用九除者只攄見積將下層除數除餘列左次格右用數除餘列右以左右互乘九除餘數列上又以總數除餘列下如有未盡零數者於左右乘後并入總除列上與原數除餘者相比

除畢 六

無零 七 (一

捌三

一三肆三二

一三七()三二

一二肆二

除畢 三

有零 九 (一

七

五 五

七

用數一七六餘五列右

除數二三共五列左乘

得五五二十五九除餘

七列上原數四四八以

九除亦餘七列下無差

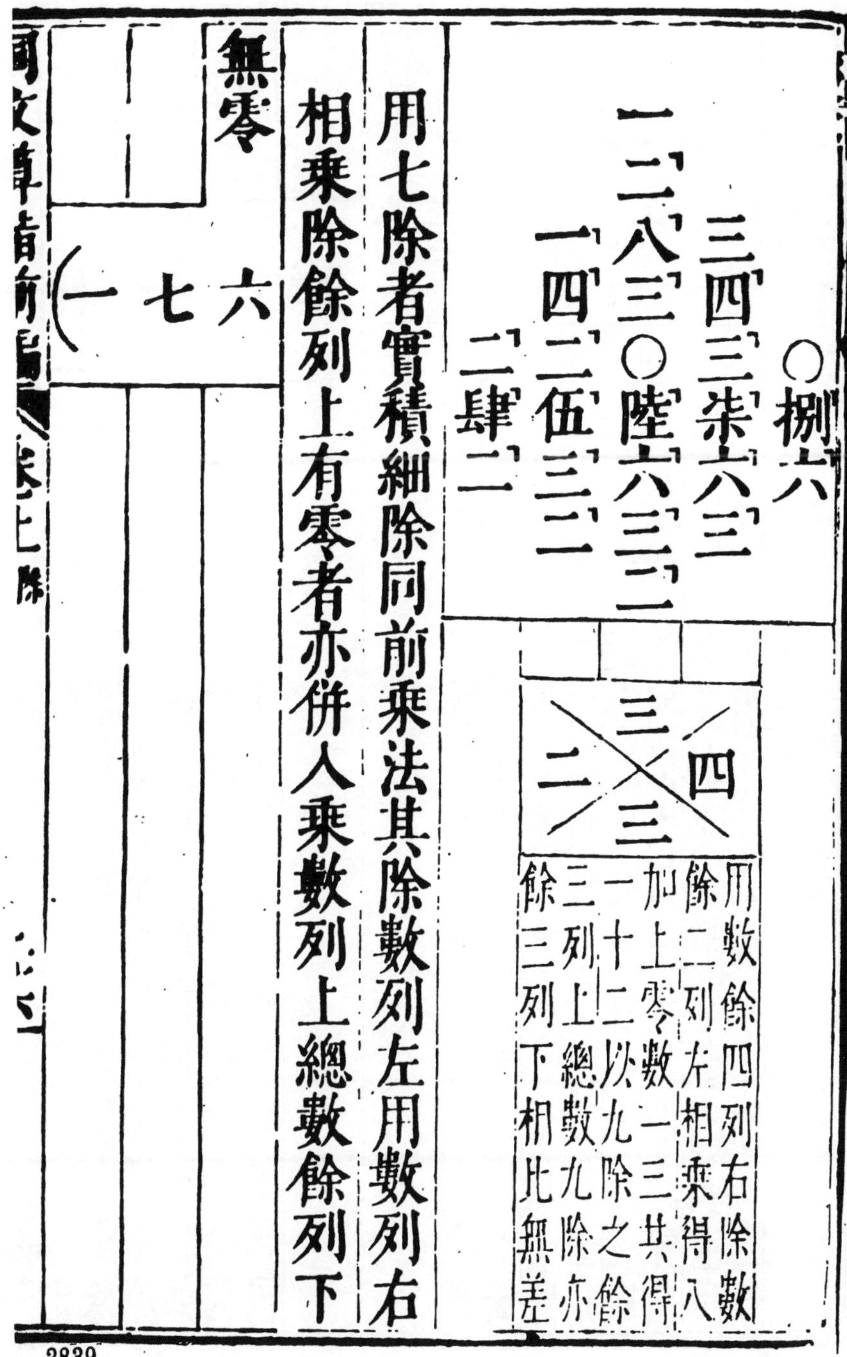

用數餘四列右除數餘二列左相乘得八加上零數一三共得一十二以九除之餘三列上總數九除亦餘三列下相比無差

用七除者實積細除同前乘法其除數列左用數列右相乘除餘列上有零者亦併入乘數列上總數餘列下

無零

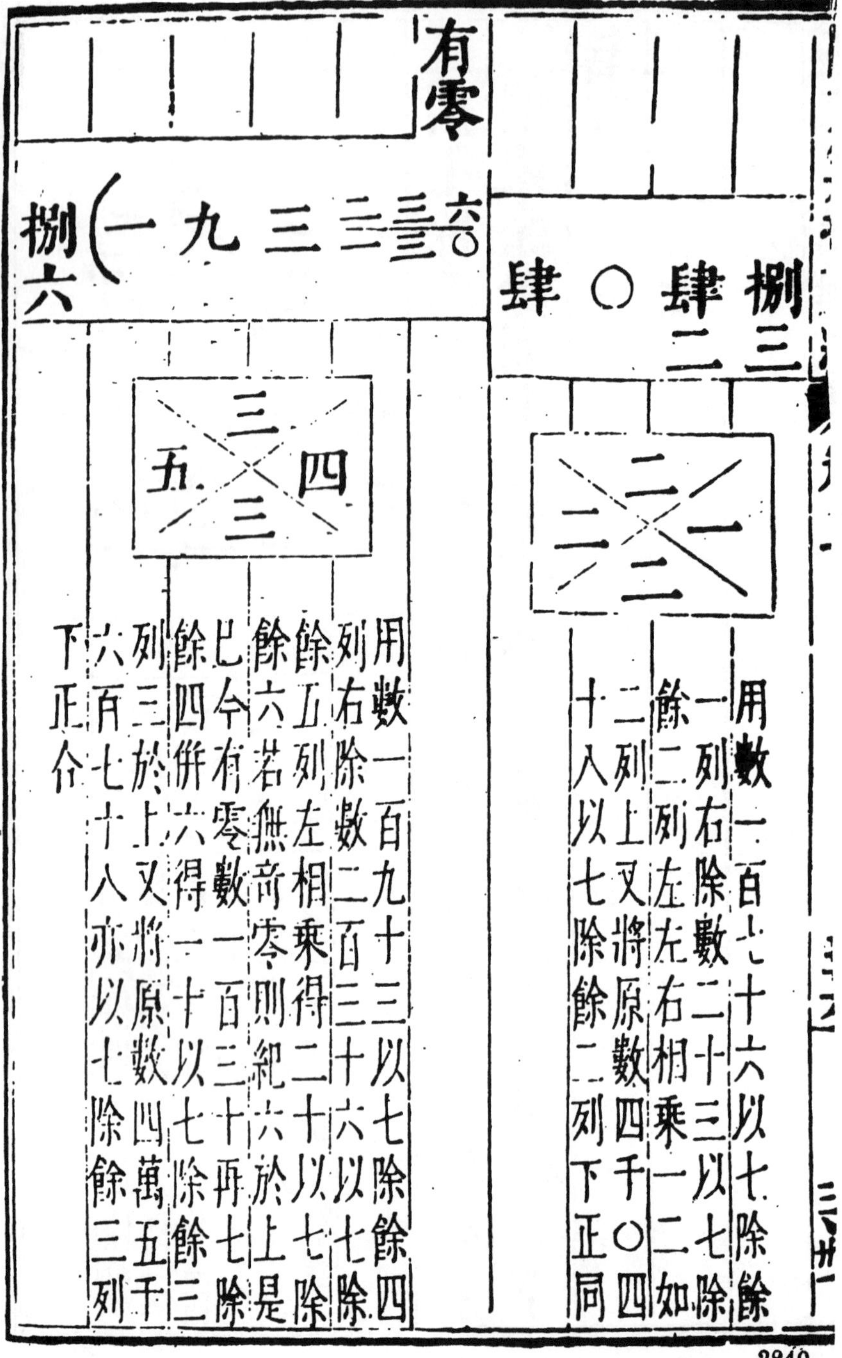
捌三 肆二 〇 肆

二 二 一 二

用數一百七十六以七除餘一列右除數二十三以七除餘二列左左右相乘一二如二列上又將原數四千〇四十八以七除餘二列下正同

有零

六〇 三三 三二 三 九 一 捌六

三 四 五 三

用數一百九十三以七除餘四列右除數二百三十六以七除餘五列左相乘得二十以七除餘六若無奇零則紀六於上是已今有零數一百三十再七除餘四併六得一十以七除餘三列三於上又將原數四萬五千六百七十八亦以七除餘三列下正合

柒三	陸二	伍	肆

又法將除數用數相乘以合原數如奇零不盡者乘後併入假如前式原數四萬五千六百七十八者以除數之二百三十六乘用數之一百九十三共四萬五千五百四十八併入零數之一百三十合原數

若歸除至半欲訂其誤照前以除數之減餘列左以用數減餘列右相乘又取本位以上除賸數只至已抹本位而止其未除到者不

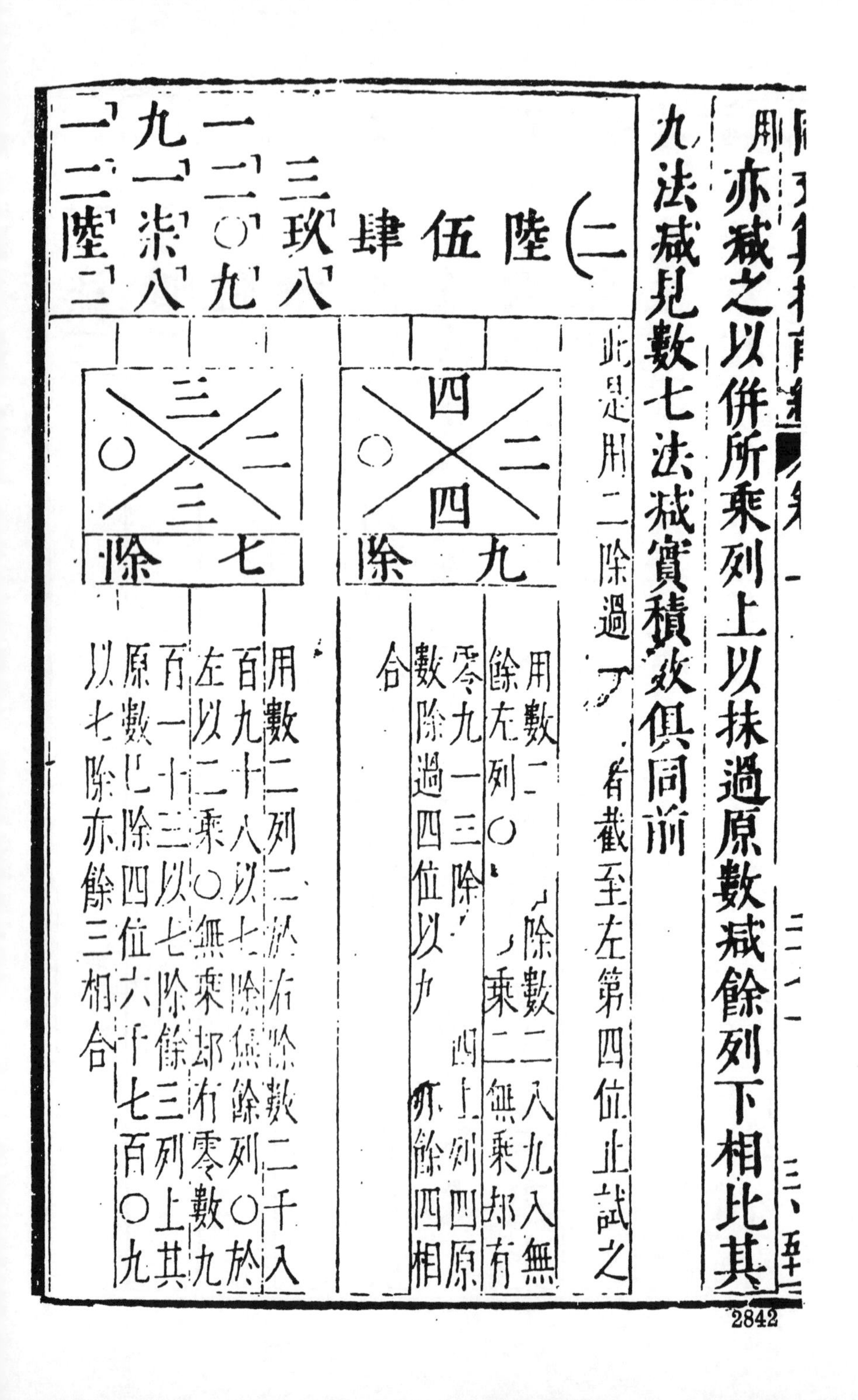

用亦減之以併所乘列上以抹過原數減餘列下相比其

九法減見數七法減實積效俱同前

此是用二除過一位者截至左第四位止試之

（二　陸　伍　肆

三玖八

一二〇九

九一柒八

一二陸二

用數二除數二一八九入無餘左列〇乘二無乘却有零九一三除四上列四原數除過四位以九亦餘四四相合

用數二二列二二於右除數二二千入百九十八以七除無餘列〇於左以二乘〇無乘却有零數九百一十三以七除餘三列上其原數已除四位六千七百〇九以七除亦餘三相合

凡除數隨上原數遞迤右退至於除數尾位撞遇原數尾位而止此外雖有未除零數總係餘分但可以法命之爲幾分之幾以其除數多零數少故也多者爲母少者爲子

若除數尾帶多〇而原數首尾係數中段係〇者但看尾隔幾位用數該幾位只須撞尾而

三八〇〇〇〇〇〇
三九八七

七六三

此以三千八百萬而除一百三十九億四千六百萬零七千八百九十三數其衆甚多而諦視尾位相值只該

止就截去餘
○只備實數
除乾淨以餘
○加之以法
命之式具下

叁	玖	捌	柒	○	○	陸	肆	玖	叁
○	○	○	○	○	○	八	三		

陸八
五六肆八三
二七五玖八三
二一四叁三
壹

以三位除盡乃
姑截去餘○只
以三八而除一
三九四六每各
得三百六十七
其數已窮其餘
皆奇零不盡之
數乃於三八之
尾照位填○爲
母以零數爲子

壹

命之云

若除數首位數中位〇次又有數次又有〇者不可便以

中〇爲止務須盡其實數而止惟尾後之〇如前法

三〇〇八〇〇〇〇〇

一〇九三〇七六九三

六

四

用四除之　三四一十二　三

上三變一　進削一　次〇〇

皆無可除者故置不論　徑除

第四位之八　四八三十二

八上六變四進位四變一　更

列三〇〇八用六除之　三六

叁〇 玖〇 陸〇 柒〇 〇〇 〇八 陸〇 肆〇 玖三 叁

二〇八
九四陸八〇
〇一肆〇〇
一玖〇三
一叁三
壹

一十八 三上九變一進削一
置〇〇不分 六八四十八
八上〇變二 進位四變九
又進一變〇尚餘一〇九二爲
不盡零數乃以除數餘〇綴除
數之尾爲母以原數〇七六九
三附零數一〇九二之尾爲子
是爲三億八十萬之一億九百
二十萬七千六百九十三

壹

凡除數首位只一其餘俱〇者不必另尋用數即以原數爲用至撞除數尾位而止此外皆係奇零不盡之數

二

四七八〇九$\frac{一〇〇〇〇}{二〇三四}$

以除數尾尋至原數尾該得五位除盡亦只自原數首位起照取五位爲用數其餘皆係小數不能除矣故作零數

肆	叁	〇	貳	玖	〇	捌	柒	肆
〇	〇	〇	〇	一				
肆	叁	〇	貳	玖	〇	捌	柒	肆
				一	一	一	一	一

首列一除四得四　又列一除七
得七　一除八得八　一除〇還
〇　一除九得九

若原數餘〇雖多而實數歸除已盡則其數外之〇無復

可除雖不撞到尾位亦只據未抹○位逐加用數之後如左圖

假如有數一億八千六百三十萬而以三百四十五除之每各得五十四萬

○	○	○	○	四	五

首用五除　三五一十五　三上八變

三進削一　五四得二十　進位三

○
○
○
○
○五
二八癸五四
二三陸四三
一三捌三
壹

變一　五五二十五　五上三變八
進位六變三　又列用四除　三四一
十二　三上三變一　進削一　四四
一十六　四上八變二　進削一　五
四得二十　五上削○　進削二畢
既已除完其餘不復可除照○位加於
格外用數之右
右加減乘除四法共一卷算學綱
領習熟自精變化之妙詳載別卷

奇零約法第六

凡數除之不盡者以法命之曰幾分之幾除數爲母法列上奇數爲子實列下

假如列實四十六以七爲法除之尚餘四是謂七之四餘倣此

列位式

七
四
此七之四

五
三
此五之三

四八
二五
此四十八之二十五

若奇零有二項辨其孰多孰寡以子母二數互叅母數相同則但據子數

七三	此少
七四	此多

若子數相等母數不等者其母數小子數反大母數大子數反小

二一	此子數得半
三一	此子數不及半餘倣此

若子母數俱不等別其多寡者並列以彼此母子互乘得數各註其子數下

有差遠者

有稍差者

二 三 ╳ 八 六
一六 一八

二八一十六
三六一十八

三 一 二 四 ╳ 一 二 〇 四 二 四 〇 四

一乘四十一仍四十一
二乘二十得四十

有相同者

四 三 四八 ╳ 一 二 四八

三乘一十六得四十八
四乘一十二得四十八

若子母積數太多繁難
既奇即當約多就寡如

二	一六	一〇〇	二〇〇
一	八	五〇	一〇〇

上式係減半法

二之一與一十六之八
同則一十六之八即二
之一

四之三與八之六同則八之六卽四之三

一二○	四八	八	四
九○	三六	六	三

假如欲知何以皆爲四分之三但將子母兩數立通數乘之且如八之六四之三有六數可以通乘六八四十八六六三十六母係六八子係六六便知八之六四之三卽是八之六此係有見成乘法可用者

其積數已多而旣難折半又無通數可乘則須另立紐數歸除其法以小減大減盡而止以最後減盡數爲用以除子母二數其所除得數卽是約數

假如四十八之三十二卽三之二

於四八內減三二餘一六卽以一六再減三二二次盡乃以一十六爲紐數以除四八得三是母約數以除三二得二是子約數

四八
三二

假如六百七十六之四百六十八卽一十三之九

六七六
四六八

子減母餘二百八以二百八減子數用二轉餘五十二以五十二減二百八恰盡卽以五十二爲紐數以除六百七十六得一十三是母約數以除四百六十八得九是子約數以

凡小減大者卽係除法數相近名減若大小相遠減幾倍者名除

其以寡減多終不能盡者不復可約只就見數爲則

九七　以七四減九五餘二一　以二一減四七餘一一　以一一減

五四　一一餘一一不盡

三〇　以〇二減六三餘三　以三減二〇餘二　以二減

六二　三餘一不盡　以上不盡無紐

奇零併母子法第七

凡兩子母數不等須先併母較之以兩母相乘得共母數

次以兩母互乘兩子得各子數

三二　兩母互乘得　二　次以四乘二得八

四三　　　　　　　一　以三乘三得九

又有三四母子不同併較多寡者亦以各母次第徧乘歸

併作一共母得實乃以各母之數爲法除之即以各子乘之得

各子數

二	三	四	五
一	二	三	二

先併母數二乘三得六又

以六乘四得二十四又以

二十四乘五得一百二十

爲共母

一二〇

乃以首母二除得六十以首子

一乘仍六十爲其子數

一二〇
六〇

以次位母三除得四十以子數

二乘得八十爲其子數

一二〇
八〇

以三位母四除得三千以子數

三乘得九十爲其子數

以四位母五除得二十四子一

乘仍二十四爲其子數

若母數相乘遇有紐數可用（一數兩分是爲紐數即前法）即用紐數除

之以其所得相乘以省約法

一二〇／九〇　一二〇／二四

二／一　三／二　四／三　五／一

六／三　四／二

第一母與第二母乘得六爲當與第三母四相乘却勿遽乘緣有二爲紐數可用且以紐數乘之二三爲六註三於六下二二爲四註二於四下而互乘之二乘六三乘四俱得一十二數是第一第二第三母相乘只得一十二也甚簡便至第四母無紐數仍以十二與五相乘得六十

右用一紐數而前之乘得一百二十者約爲六十所省多矣次乃如法以各母除以各子乘

乃以首母二除得三十子一乘亦三十

以次母三除得二十子二乘得四十

以第三母四除得一十五子三乘得四十五

以第四母五除得一十二子一乘仍一十二

六 六 六 六
一二 四 五 丙

凡兩數母子俱殊但有紐數可用皆可以此推之

六五　可用三　六二　二三爲六故註二於六下

一二七　爲紐數　四　四三一　十二故註四於二下

乃即以二十四爲共母數而母除子乘如前法

以第一母六除此二十四得四以其子數

四　五乘得二十為二十四之二十

二　以第二母一十二除此二十四得二以其

子數七乘得一十四為二十四之一十四

四	二	四	二
○	二	四	一

奇零累析約法第八

奇數有析之又析者如母七子四是為七之四又析其四作五以為母而五中餘三是為五分四之三子中出子相聯而成則名七之四又五分四之三也

五三　此五數乃進位四數所化蓋以左子作右母

七四

又有母二子一是爲二之一又以子一析爲六而六中餘一（母六子一）又以子一析爲四而四中餘三（母四子三）又卽以子三爲母而三中餘二連析四次總名二之一又六分一之一又四分一之三三之二

三二一	四三一	六二	二三二
此三即進位之三	此四即進位一四所化	此六即進位一六所化	

右法須取捷歸併以便查算俱以母乘母子乘子依位列之如七之四又五分四之三者乃三十五之一十二

五三	母數五七得三十五	五二
七四	子數三四得一十二	三二

如前二之一又六分一之一又四分一之三三之二者

乃是一百四十四之六

三三一　母數三乘四得一十二又一十二乘六　四六

四三一　得七十二又七十二乘二得一百四十　四

六二一　四為共母數子數二乘三得六又一六　一

二三一　只六又一六只六為共子數

右一百四十四之六依約法乃即二十四之一

四六　以六除一百四十四得二十四恰　四一

四　盡故六為紐數二十四為母約數　二

二　以六除六得一盡故一為子約數

假如連析三次者五之三又三之二又四分二之三併之

乃六十之一十八

四三　母數四乘三得一十二又一十二乘

三二　五得六十為共母數　子數三乘二

五三　得六又六乘三得一十八為共子數

○八
六一

右六十之一十八約之即一十之三

用子數一十八除母數六十餘六

○八
六一

即以六除一十八恰盡是六為紐數以

六除六十得一十故一十為母約數以

六除一十八得三故三為子約數

○三
一

右案析乃曆家所常用者粟米方田諸家鮮用然亦可以

術譬假如右式五之三又三之二又四分二之三者今有金一兩析之爲五（每析二錢）五之三乃六錢也又析爲三之二則四錢矣又析爲四分之三則三錢矣總是一十分之三

化法第九

凡整數後帶奇零難於歸除須將整數盡依母數化之其法以母數乘整數以乘得數併入子數却以母數除之

假如有整六數零五分一之三者列六於左列五之三於右

五
三

六

每數皆剖爲五分五乘六得三十併入子數三是爲五之三十三列下

五
三三

假如有整七數零五分一之四者列七於左列五之四於

右

七 五/四　每數皆剖爲五分五七三十五倂

入子數四是爲五之三十九　五九/三

於是乃化零數爲整數其法以母除子

七六　此爲一剖七之五十六以母數　八

五　除子數用八除盡知是整八數

九七　此爲一剖九之四十七以母除子用　九二

四　五餘二知是整五數又零九之二　五

奇零加法第十

數有奇零或兩零數或三四零數以至百千零數加倂爲

一法具後

三三二
一一
三三四
一一

積之

三三六
一一

二四併
得六八

又積上兩數

三三二
二二

二四六併
得一十二

又

〇二四
二二
〇六
二二

積之

〇〇
二一

四併六八為一十乃加一整數

又

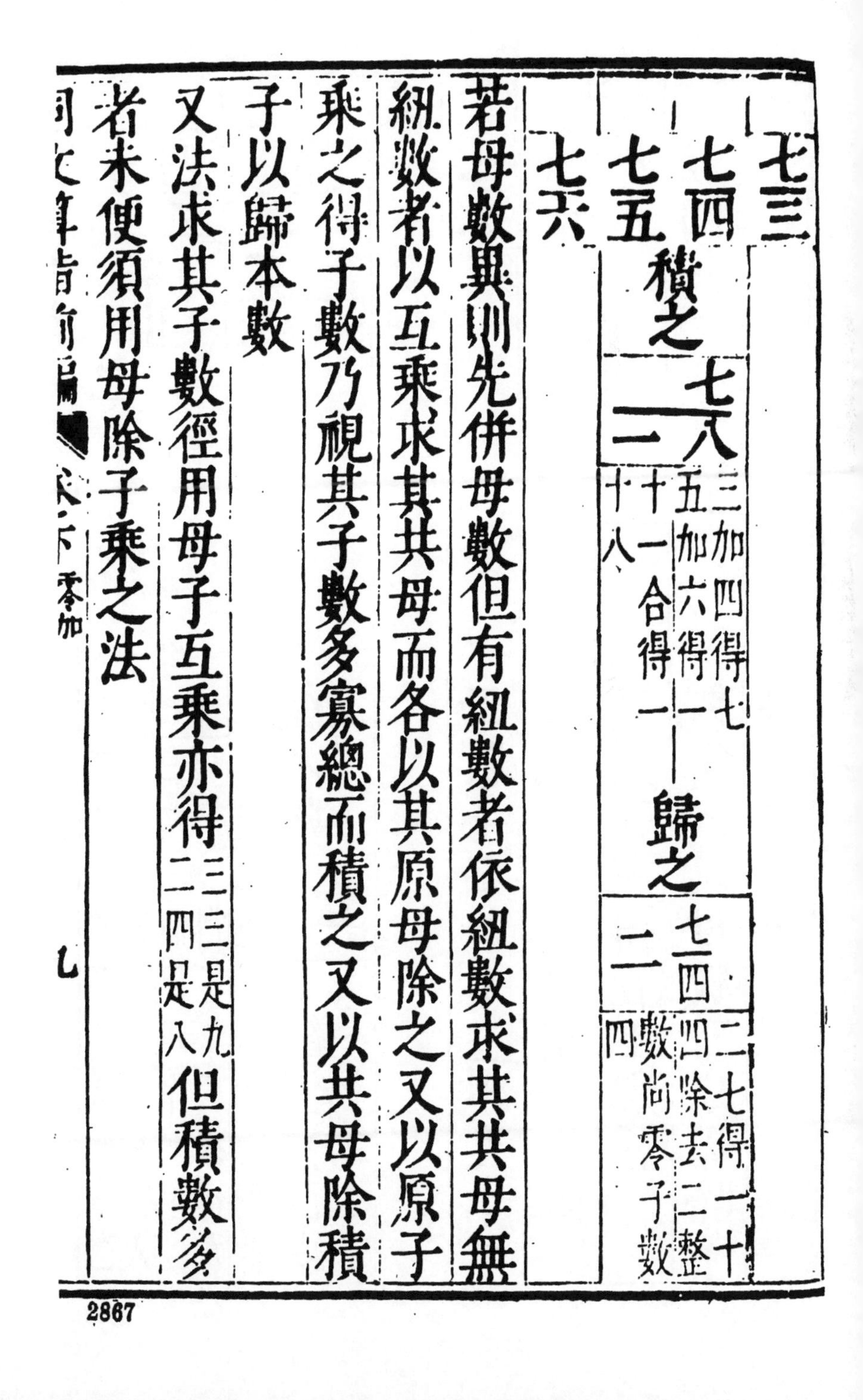

七三

七四

七五

七六

積之

七一八

三加四得七五加六得一十一合得一十八

歸之

二七四

二七得一十四除去二整數尚零子數四

若母數異則先併母數但有紐數者依紐數求其共母無紐數者以互乘求其共母而各以其原母除之又以原子乘之得子數乃視其子數多寡總而積之又以共母除積子以歸本數

又法求其子數徑用母子互乘亦得三三是九二四是八但積數多者未便須用母除子乘之法

三 三 一

四 三 乘出 一 二

母乘母得一十二為共母

積之 二 七 二 一

八合九總數

歸本數 二 五 壹

原母三除一十二得四子二乘得八

原母四除一十二得三子三乘得九

二 八

二 九

一十七內除一十二為一

整外餘五為一十二之五

又

七 六

二 二 二 一

五 四

乘出

五 ○ ○ 五

母數七乘一十三得九十一

又以一十一乘得一千零一

又以五乘得五千零五

既得其共母數乃以母除子

乘求其各子

五〇〇五
四二九〇

五〇〇五
四六二〇

五〇〇五
四五五〇

五〇〇五
四〇〇四

以原母七除五千零五得七百一十五以原子六乘得四千二百九十

以原母一十三除五千零五得三百八十五以原子一十二乘得四千六百二十

以原母一十一除得四百五十五以原子一十乘得四千五百五十

以原母五除得一千零一以原子四乘得四千零四

積得

五〇〇五
一七四六四

歸得參

五〇〇四
二四四九

若既有整數又有零數則先加積整數次乃加積零數其零數同母者只併子數其零數異母者依前法且併母數

而位少者子母互乘位多者各以原母除原子乘

八　五三　積出　八　五

右一整一零

四　三　八　積出　三　二　一

四八自併得一十二外加三之二

右二整一零

七三　八　七六　四　積出　七八　二　一

四八自併得一十二其兩子數又併得八

此兩整兩零

以上係同母數者

三三　八　四三　積出　二七　二　一

八四併得一十二奇零兩母乘得一十二母子互乘併得一十歸整

二五　二　三

除一母餘五是爲一十三整數

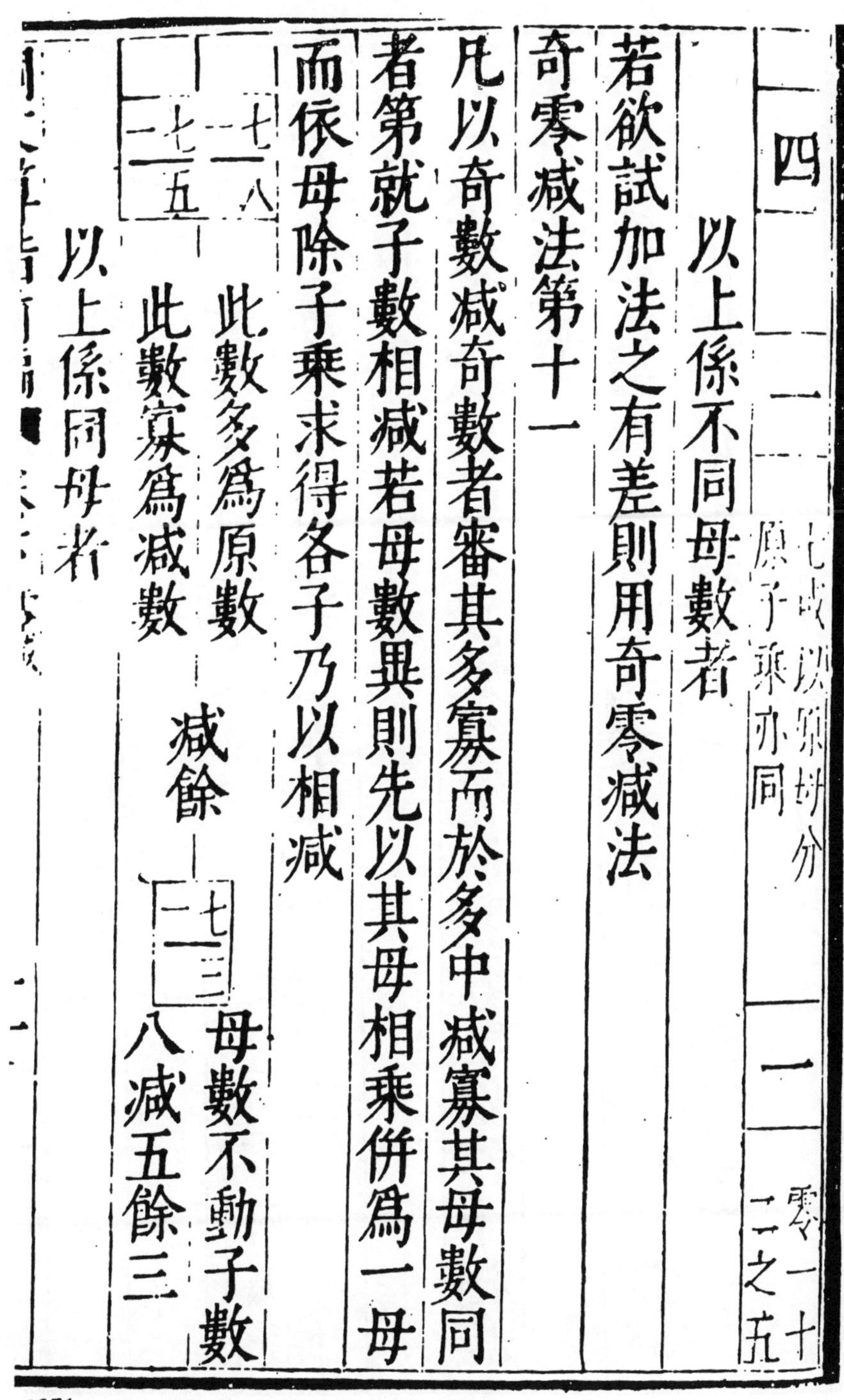

四
一
七或以原母分原子乘亦同
一
零一十
二之五

以上係不同母數者

若欲試加法之有差則用奇零減法

奇零減法第十一

凡以奇數減奇數者審其多寡而於多中減寡其母數同者第就子數相減若母數異則先以其母相乘併為一母而依母除子乘求得各子乃以相減

一十二 七八 此數多為原數

一十二 七五 此數寡為減數

減餘 一十二 七三 母數不動子數 八減五餘三

以上係同母者

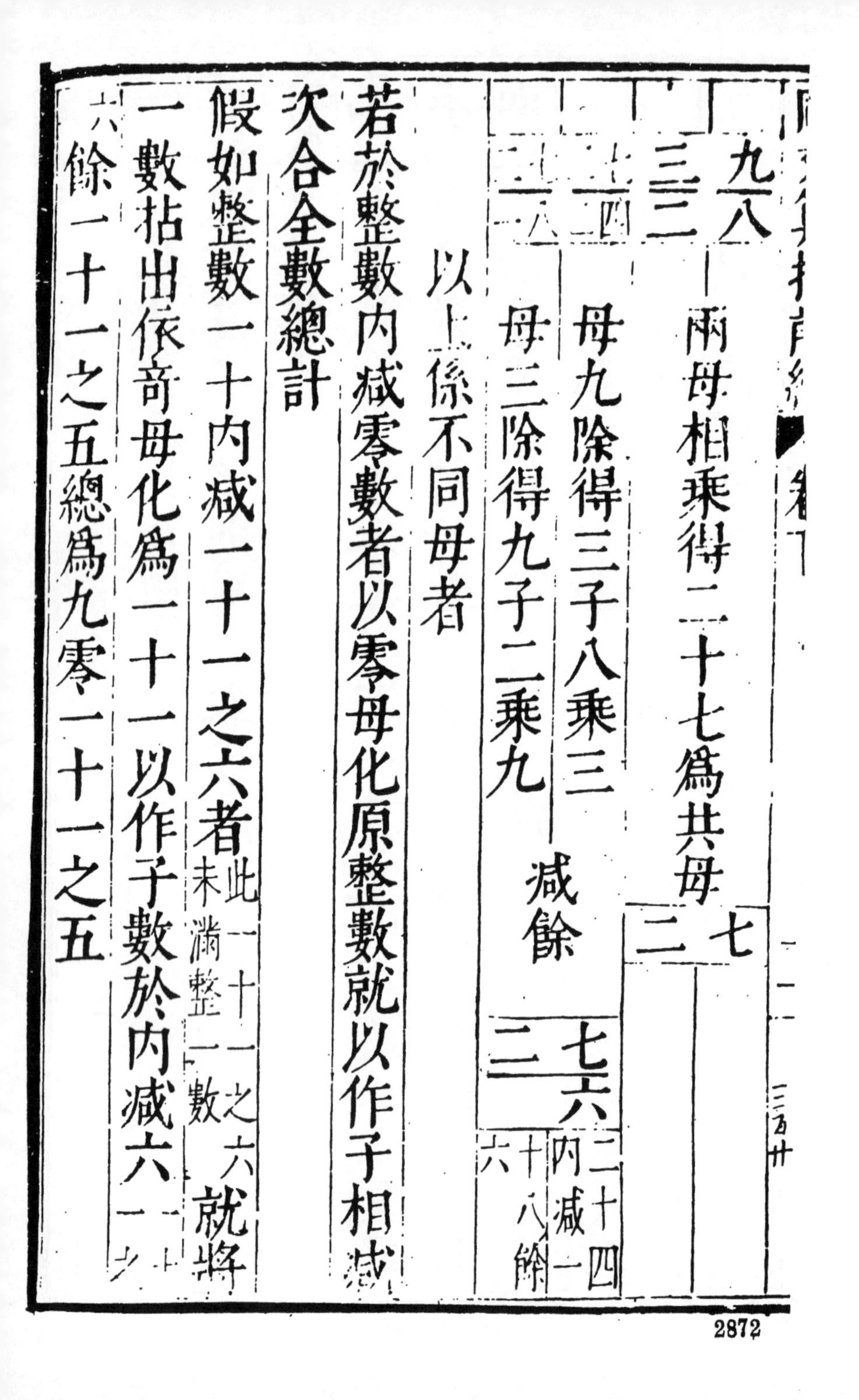

九八　兩母相乘得七十二爲共母　七二

三　母九除得三子八乘三

二四　母三除得九子二乘九　減餘　七二

二八　　　　　　　　　　　　　　　　　六

二十四内減一十八餘六

以上係不同母者

若於整數内減零數者以零母化原整數就以作子相減

次合全數總計

假如整數一十内減一十一之六者此一十一之六未滿整一數就將

一數拈出依奇母化爲一十一以作子數於内減六

餘一十一之五總爲九零一十一之五

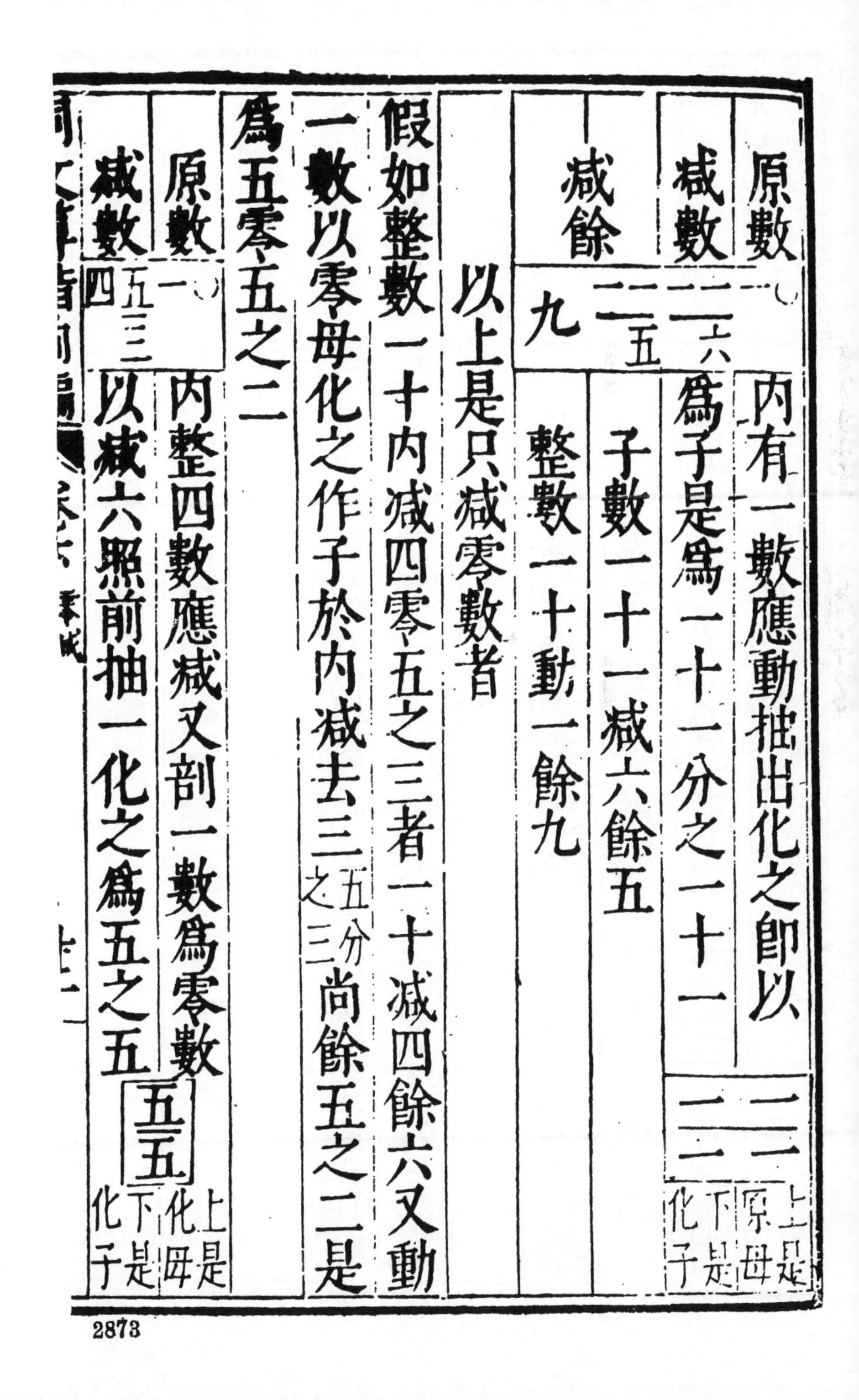

原數	減數	減餘
一〇	一一 六	九 一一 五

內有一數應動抽出化之卽以

一一
一一

上是原母 下是化子

爲子是爲一十一分之一十一

子數一十一減六餘五

整數一十動一餘九

以上是只減零數者

假如整數一十內減四零五之三者一十減四餘六又動一數以零母化之作子於內減去三五分之三尚餘五之二是爲五零五之二

原數	減數
一〇	四 五 三

內整四數應減又剖一數爲零數

以減六照前抽一化之爲五之五

五
五

上是化母 下是化子

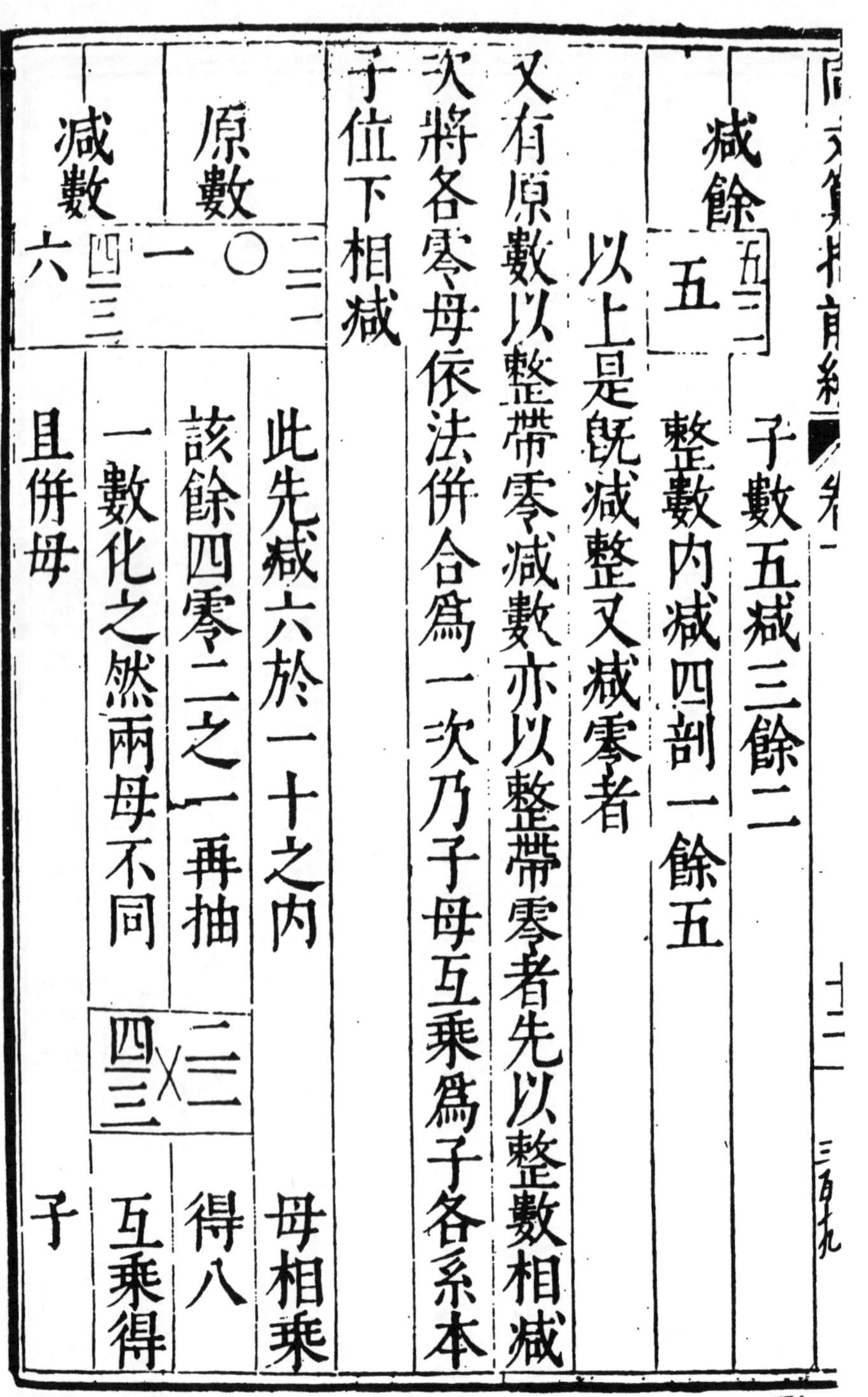

子數五減三餘二

減餘 五/三 五

整數內減四剖一餘五

以上是既減整又減零者

又有原數以整帶零減數亦以整帶零者先以整數相減

次將各零母依法併合爲一次乃子母互乘爲子各系本

子位下相減

原數	一○ 二/三
減數	六 四/三

此先減六於一十之內

該餘四零二之一再抽

一數化之然兩母不同

且併母

二/三	四/三

母相乘

得八

互乘得

子

八四 當於四中減六因四寡六多借一整數以母化之爲

八六 八仍併入子數四則八之四爲八之一十二

化出零 原數 八二二 減數 八六

子數一十二減六餘六

減餘 八六 三 整一十減六又借一析作零故餘三

又有以零數減整數帶零數者

原數 九 三三 二一 整數不動先用乘法 三六 三二 一二 當於一十一中減

減數 二四 一二 併母再用母除子乘 三三 二二 一百三十二然多

或母子互乘得子 三六 二二 不減少乃於整九

內借一數以母化爲三百六十三併入一十一則三

百六十三之一十一爲三百六十三之三百七十四

化出　原數六七（三四）　減數六二　減餘八（三三）

零數三百七十四減一百三十二餘三百六十一二之二百四十二約之為二之二

整數九抽一餘八

以上是零整雜減者若原數減數不止二位相併

有三四零數以上者照前逐併母數互乘減之

若欲試減法之當否則用加法

本數九七（六一）　減數四三　減餘三

試法　原餘三（六一）　所減四三

兩母乘得一百四十四為共母子母互乘各得子

乘出原數四四（四四二）

一乘四得四

乘出減數

四　一四
一〇八

三乘三十六得一百零八

併得

四　一四
二　一二

用約法仍是九分之七

衍前章以減法試加法

併得

四　一四
二　一二

試法

本數

四　一四
二　一二

內減

四　一四
八　一〇

餘

四　一四
四

若於內但減一百四十四之四必餘一百四十四之一百〇八

假如不同母加積者試之兩母相除得母數將所互乘之數互減之其減餘者除以本母得子數

甲 四三

乙 二二五

積得 八四 六五

試之 八四 六五

以甲母除之得乙母數以乙母除之得甲母數子數減二十餘三十六又以一十二除之得三減三十六餘二十又以四除之得五互除還原

四三 二二五

奇零乘法第十二

凡兩零相乘者皆以母乘母子乘子

三二 四三 乘得 二一 六二

凡零數與整數相乘者置整數與零子數並列其上立一數爲母與零母並列照前母乘母子乘子

整數 八

零數 五四

列位 一八 五四

置八於子位另立一爲母

乘得 五二 三二

母數一五得五子數四八三十二

歸整 五二 六

以五歸三十得六整數外餘五之二

凡整數帶零數與整數相乘或與零數相乘者先以整數與所帶零數之母相乘得若干倂入零子列子位（化法）乃以整數照前法列於子位其上立一爲母而母子相對乘之

整兼零 三 六五

整數 八

三六一十八倂五得二十三

八上立一爲母

列位 六二三 一八

乘得 六一八四

歸整 三〇 六四

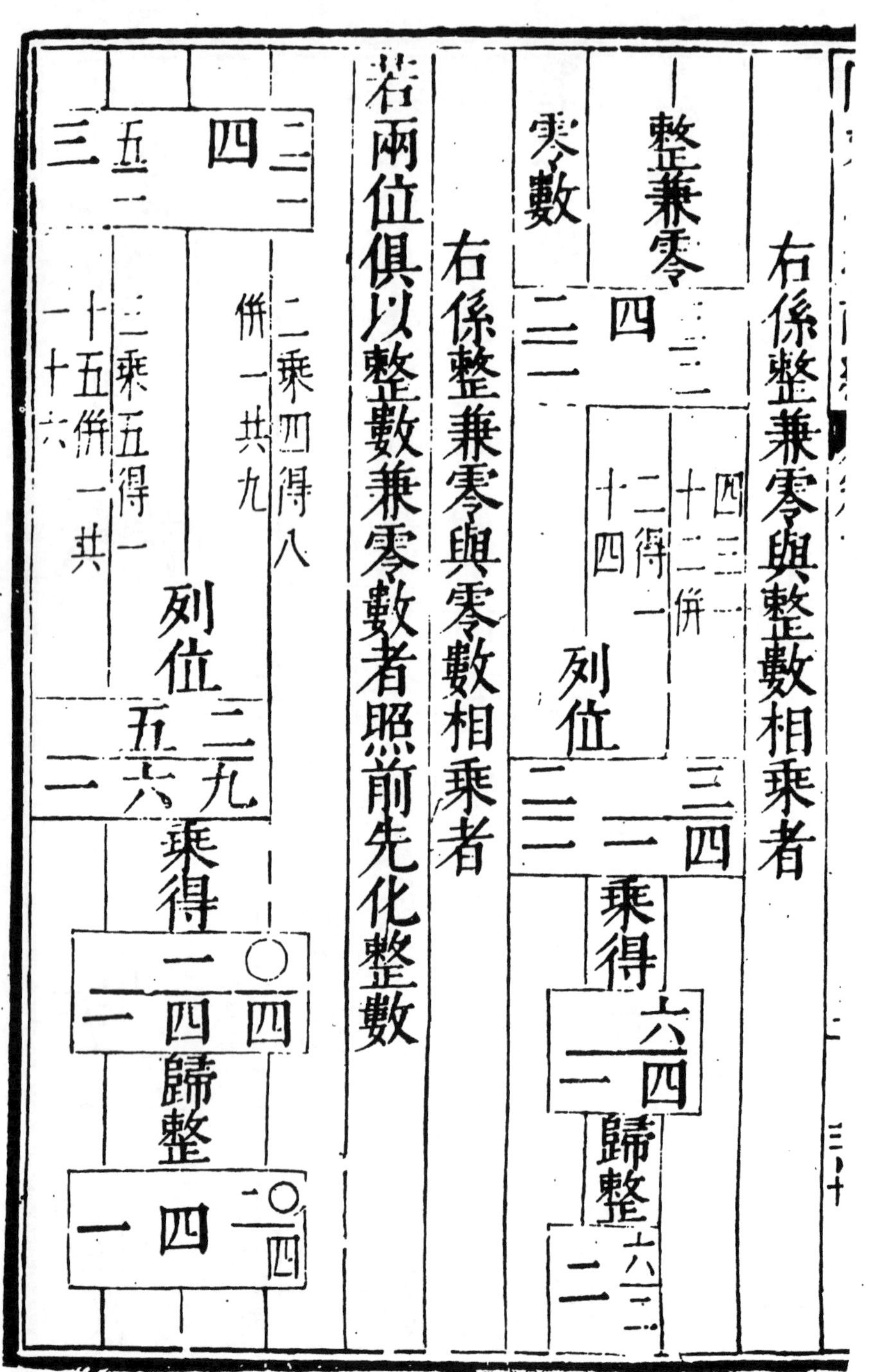

右係整兼零與整數相乘者

右係整兼零與零數相乘者

若兩位俱以整數兼零數者照前先化整數

或問乘法乘少為多今或乘多為少何也曰立法如此乃
是借虛馭實與除法相參為用非整乘也
若欲試乘法之有差則用奇零除法
假如前兩零數相乘者

三/二　四/三　乘得　一二/六　二

試之　原數 一二/六

除數倒位　二/三　三/四

二乘一十二得二十四　三乘六得十八

三乘一十二得三十六　四乘六得二十四

還原　二四/一八　三六/二四

約之即四之三

約之即三之二

奇零除法第十三

凡奇零數又以奇零數歸除除者列原數於右列除數於左却將除數倒列子母原數母上子下除數子上母下兩平對乘其乘出數卽歸得數

假如以奇零除奇零者

除數	原數
六二	二二
倒位	
二六	二三

乘 二六

卽以乘法當除法二二如二一六如六爲得二分之六約之卽一之三也

右法假如一年十二箇月今曰一之二則六箇月也

六之一則二箇月也以二剖六各得三箇月

假如以零數除整數者以整數作子上立一爲母

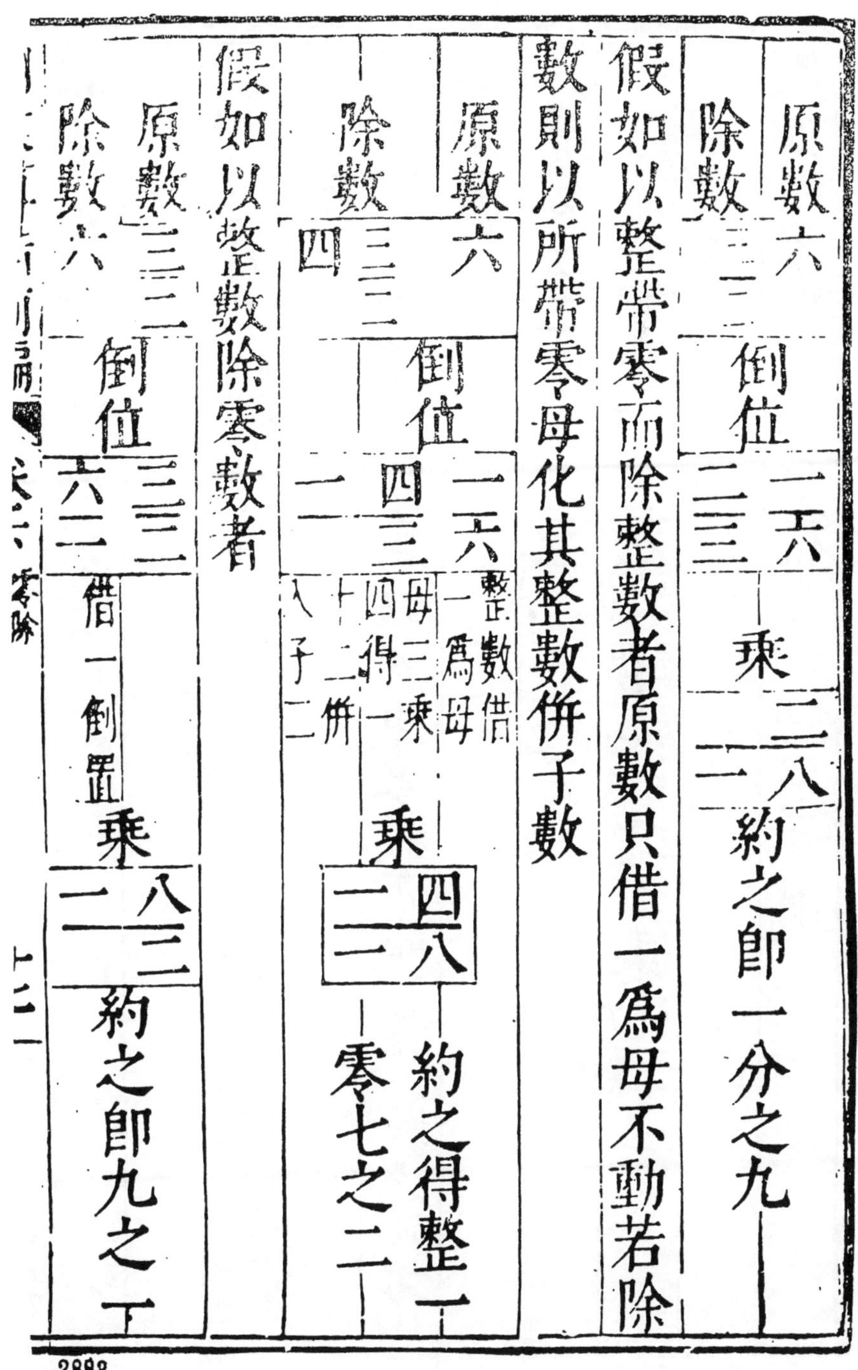

原數六
除數三二
倒位
一六
二三
乘
一八
二
約之即一分之九

假如以整帶零而除整數者原數只借一為母不動若除數則以所帶零母化其整數併子數

原數六
除數三二四
倒位
一六
四三二
整數借一為母
母三乘四得一十二併入子二
乘
四八
二二
約之得整一零七之二

假如以整數除零數者

原數三二
除數六
倒位
三二
六一
借一倒置
乘
八三
二一
約之即九之一

假如以整數除整帶零者

原數　六　二三

除數　三

倒位

二三　一三

乘　六三一

約之得整二零六之一

假如以整帶零而除零數者原零數不動其除數之整化用如前

原數　三二

除數　六　二一

倒位

三二　三十三　一

以母二化整六為一十二併子一得一十三

乘　九四　三一

假如以零數而除整帶零者化用如前

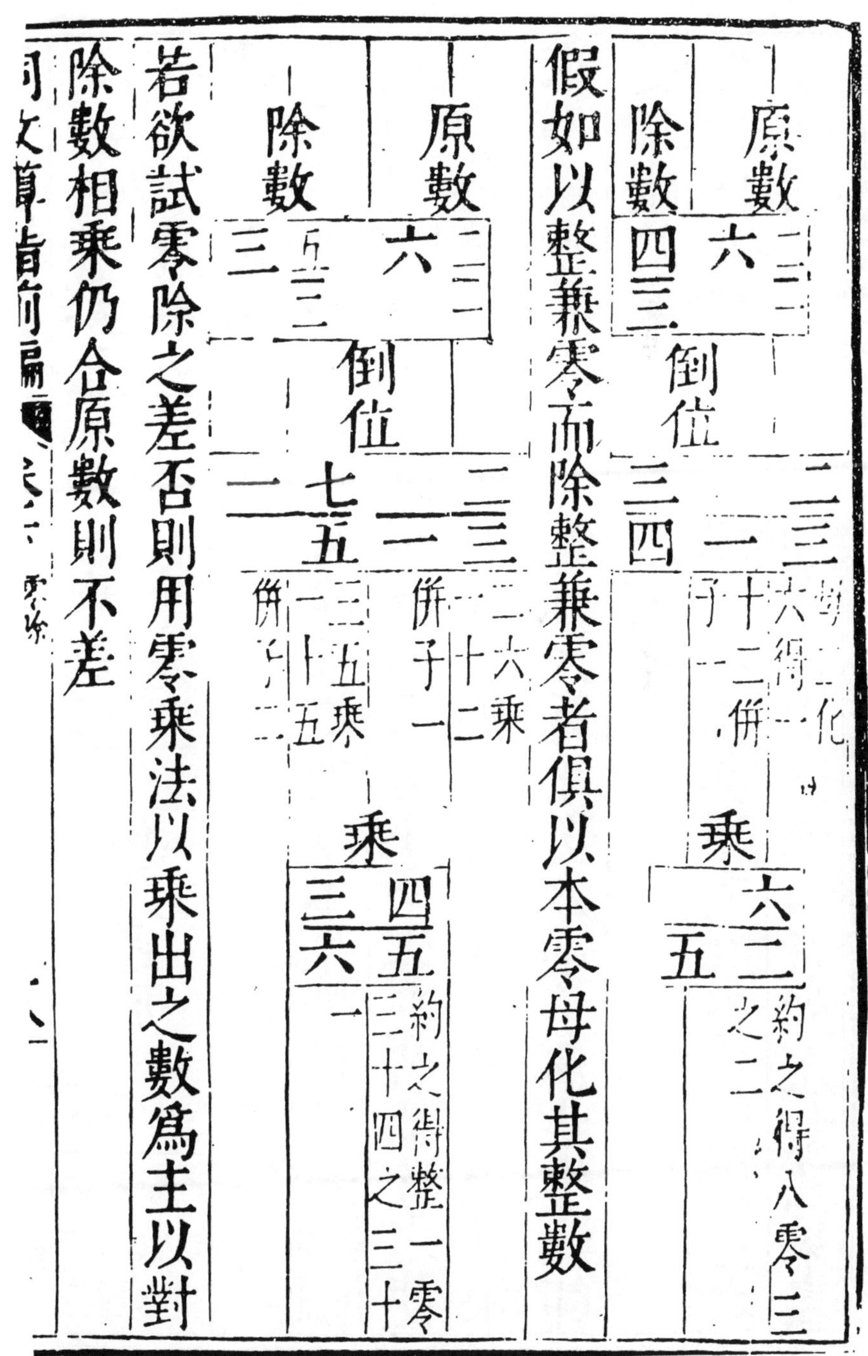

原數 六 二三

除數 四三

倒位

三四 二三

以三化六得十八併二

乘

六十 五

約之得八零三之二

假如以整兼零而除整兼零者俱以本零母化其整數

原數 六 二三

除數 三 五三

倒位

二十 三 併子

三 五乘

乘

四五 三六

約之得整一零三十四之三十

若欲試零除之差否則用零乘法以乘出之數爲主以對

除數相乘仍合原數則不差

假如	試之	相乘還原
原數 二三	乘數 二三六	二二六
除數 六二	除數 六二	一十二之六卽原數二之一

重奇除盡法第十四

歸除不盡曰奇零然有原數之內本來先帶奇零者如原數係一十又四分之三之類是大奇零數內又有小奇零也若欲除之使盡當先歸之使一列小奇零於右列大奇零於左兩母相乘爲總母又以小奇母乘大奇子併入小子爲共子數卽是除盡之數若數繁者約之

假如四人剖一十五零三之二其不盡者整三數零三之二也三之二爲小奇列右四之三爲大奇列左如法乘之

即得四母除盡之數

小奇數三二

兩母乘三四一十二爲共
以小母乘大子得九再併除盡

大奇數四三

二共一十一爲共子是每
分得一十二之一十一

二一
一一

兩人各得之數

若小奇零之內復有小奇零剖而又剖零而又零至三五
四者先以大者二位相併得母數及子數矣乃遞互併完
假如七除不盡而餘四數是爲七之四矣而又以此四中
之一剖爲五停內得二又以此二中之一剖爲四停內得
三又剖此三中之一爲三停內得二此乃大奇數內又帶
三小奇數愈析愈繁最易淆亂者法具後

第四奇數三三一

第三奇數 四／三

第二奇數 五／二

大奇數 七／四

先併 五／二 七／四

五七乘得三十五爲共母數五四乘得二十併入二共二十二爲子數

再與第三奇數相併 四／三 三五／二二

四乘三十五得一百四十爲共母數四乘二十二得八十八併三共九十一爲子數

再與第四奇數相併 三／二 一四○／九一 二

三乘一百四十得四百二十爲共母數三乘九十一得二百七十三併入二共二百七十五爲子數是爲四百二十之二百七十五

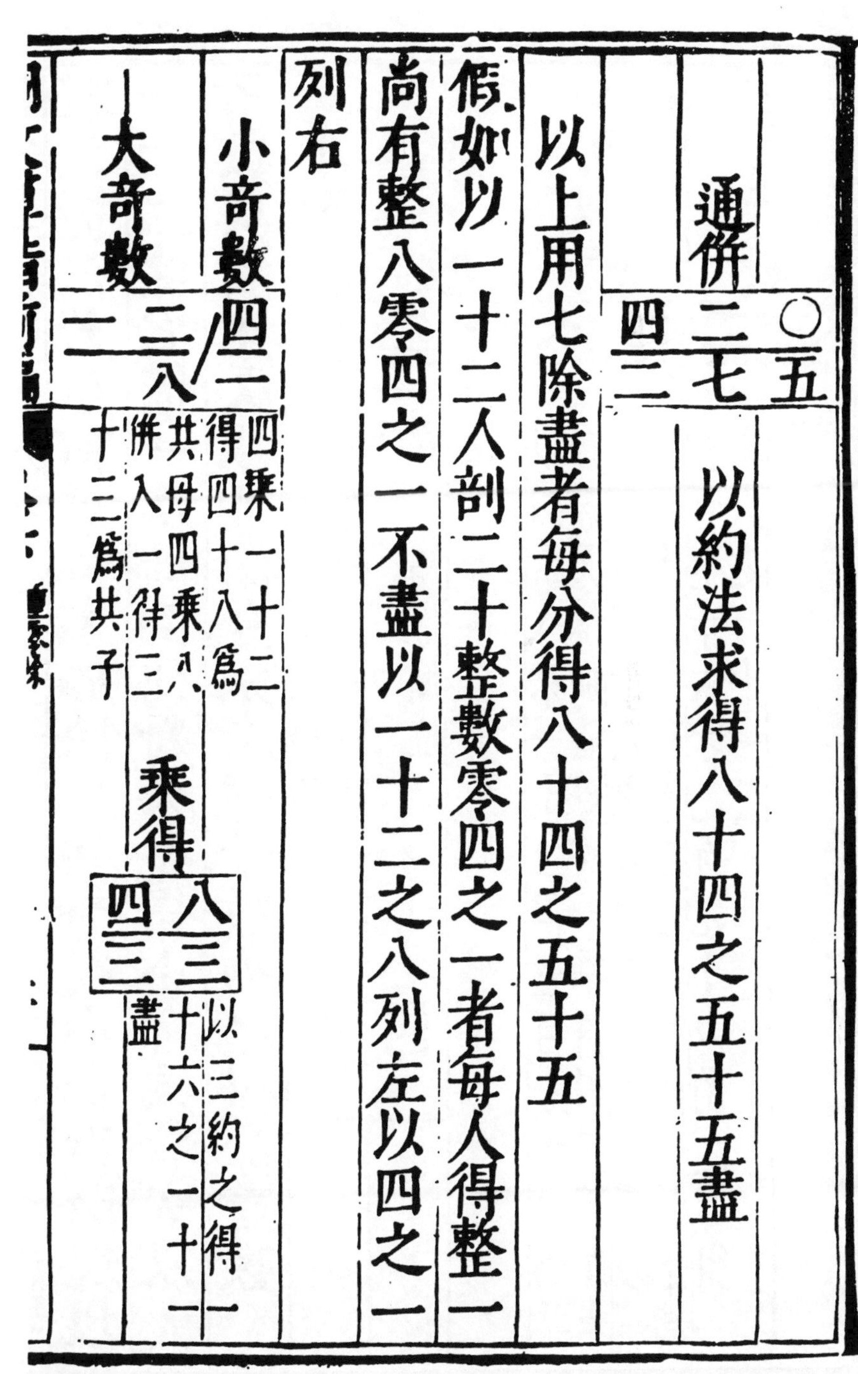

通併
〇五
二七
四三
以約法求得八十四之五十五盡

以上用七除盡者每分得八十四之五十五

假如以一十二人剖二十整數零四之一者每人得整一

尚有整八零四之一不盡以一十二之八列左以四之一

列右

小奇數 四一
四乘一十二得四十八為共母四四乘八八

大奇數 二一 八
併入一得三十三為共子

乘得
八三
四三
以三約之得一十六之一十一盡

右係捷法若依前草奇零加除二法者從小奇數除起以一十二除之借一為母倒列對乘先得小奇乘數次以大奇數與對乘又以加法互乘求總子數約之得除盡數

小奇數　四　一
四乘一十二得四十八為母一一如一為子

應除數　二　三　一
三一為母倒位

八　四　一

乘得數　八　一　四
以四十八乘一十二得五百七十六為共母數又依加法母除子乘併得三百九十六或以四十八乘八得三百八十四以一乘一十二仍一十二相併亦同前數是為

大奇數　二　三　八　二
五百七十六之三百九十六約之亦得一十六之一十一云

六六　以少減多得三十六為紐數以除母數得

除盡七九　一十六以除子數得一十一亦與前法合

五三　或問此係除法何以併子數却用加法曰

約得六一　小奇數乘出即與大奇數敵故當加積算

二一　之若但以小母乘大子併小子其差多矣

通問第十五

前算法一十四章總歸加減乘除四術臨時制用存乎

其人今設一十四問由淺入深由易入難精之邐廣歷

術麤之米鹽凌雜皆可類見

問減二十三餘四十七原是幾數又問減二十一之四餘

八零三之二原是幾數答曰既用加法以二十三加四十七原是七十數也以一十一之四加八零三之二原是九零三十三之二也

問八十七內減幾何該餘二十六又問一十三之八內減幾何該餘七之二答曰即用減法就八十七內且減二十六餘六十一得餘數就一十三之八內且除七之二餘九十一之三十得餘數

問加三十八得八十三原是若干又問加四零九之八得二十零二之一原是若干曰亦用減法於八十三內減三十八尚餘四十五其原數也於二十零二之一內減

四零九之八尚餘一十五零二十八之二十一其原數也

問一百與三百四十九差幾何又問六零二之一與二十零四之三差幾何曰此即減法於三百四十九內減一百是爲二百四十九於二十零四之三內減六零二之一是爲一十四零四之一

問何數除之以九而各得三十四又問何數除之以四零三之一而各得三之二曰此用乘法九乘三十四得三百零六其實數也三之二乘四零三之一得整二零九之八其實數也

問有三十於此其五之三是何數又問有四零七之五於此其二之一是何數曰亦用乘法以五之三乘三十得一十八是其五之三也依法以子數三乘三十得九十以母數五除之得一十八合問以二之一乘四零七之五得二零一十四之五是其二之一也依法化四零七之五析爲七之二百八十五以與二之一對乘得一十四之二百八十五約之爲二零一十四之五

問除四十八各得一十其除數若干又問除七之三各得三之二其除數若干曰此於除法求之只以一十除四十八該得四零五之四是其除數以四零五之四爲除數者依法化整及分[illegible]依對乘之子數五乘四十八得二百四十以母數一十除之得[illegible]一十合問只以三之二而除

七之三氣得一十四之九是其除數以一十四之九爲除數若以九對七以三對一十四乘得六十三之四十二約之三之二也

問一十七與何數相乘而得一百又問三零二之一與何數相乘而得四之一曰此用除法以一十七而除一百當各得五零一十七之一十五以得數乘除數還原一百矣以整三零二之一而除四之一當各得一十四之一以得數乘除數還原四之一矣一十四之一乘三零二之一得二十八之七約之四之一

問兩數相乘得四十八是何數又問兩零數相乘得二之一又或得六零四之三者各是何數曰熟於除法則隨

變用之其除四十八者隨意立一數如以六數除則各得其八乘之則六八四十八也如以一十除則各得其四零五之四乘之乃五之二百四十還原四十八也母五乘整四併子得二十四以一十乘得二百四十數以母五歸整是四十八其除二之一者亦隨立一數如以三之二為除則各得四之三以四之三乘三之二得一十二之六約之則二之一矣其六零四之三者亦隨立一數如用三零二之一為除則各得一零一十四之一十三乘之則六零二十八之二十一約之六零四之三也如用二零四之三為除則各得四十四之一百零八乘之則一百七十六之一千一百八十

八約之亦六零四之三也
問兩數除之得二十八又問兩零數除之得六之五其數
幾何曰此用乘法亦隨意立一數乘之如二十八數以
六數乘之得一百六十八卽以六除之仍歸二十八矣
如六之五者以二之一乘之得一十二之五卽以二之
一爲除仍歸六之五矣
問何數以七爲乘而所乘出之數歸之以八而得三又問
何數以五之二爲乘而所乘出之數除以四之三而得
四之一曰此兼乘除二法翻用之先以除數乘除得之
數而以所云乘數除之其所除得數卽所求數也假如

三與八相乘得二十四乃以七除之各得三零七之三其所求矣假如四之三與四之一相乘得一十六之三乃以五之二除之各得三十二之一十二[illegible]六

問六在五十四之內約是幾分之幾又問五之三在一十之九內約是幾分之幾曰此用約分零除法以小除大其所除得數卽是也以六除五十四各得九則六於五十四乃九之一也（假如以五十四除六皆係零除法各位一數為母倒位對乘得五十四分之六卽以六數而除五十四於此而得零除倒位之義）以一十之九而除五之三者倒位互乘得四十五之三十約之則五之三於一十之九乃三之二也

問六數是何數中九之一又問五之三是何數中三之二
曰同前仍用零除之法但以九之一除六數依法倒位乘得五十四是六乃五十四中九分之一也但以五之三除此三之二依法倒位乘得一十之九是五之三乃一十分之九中三之二也

問化法假如一化爲八今七數共化幾分又問以一化四見有四分之三設以一化一十二此四之三者得一十二中之幾又問以一化七見有七之三設以一化八則此七之三者是八中之幾曰此用乘法以前後數相乘得之問化八者以七乘八得五十六是所求其化數矣

問以化四較化一〇二一者以前子四中之三與後母一十倒位相乘得數以前母除歸本數九四箇即後母之子數也

問以化七較化八者亦然以前子七中之三與後母八倒位相乘得數以前母除歸本數即後母之子數也

譬如大斛七斗抵小斛八斗今大斛三斗以小斛斗量之得三斗零七分斗之三又如中國一日以百刻西洋以九十六刻今問西洋之三十一刻當中國之三十幾刻即以西洋九十六為母三十一為子以中國之母倒下作子與之對乘得三千一百

是爲九十六之三千一百卽以九十六而除之得三十二刻零九十六之二十八再尋約數四約之乃是二十四分刻之七也

同文算指前編下卷

同文筭指通編序

自龜馬呈祥圖書闡秘羲軒聖人則而象之而容成隸首推演其法數學於是馬肇世所傳上中下三等法即未必盡出黃帝要之自然相生開天立教非聖人不能作也然古者列于六藝上有教下有習孔門七十二賢兼通其事而學

書稱云藝成而下何至如今不通一事舉數學且失傳哉蓋自秦火爲虐古先象數圖書煨燼殆盡竊意裨海之外垓埏之遠必有秦炬所不及異書異術可以同文互證而數年來乃得西國數學種種成書皆生平未見一大奇也往予晤西泰利公京邸與譚名理累日頗稱

金蘭獨至幾何圜弦諸論便不能解公
歎曰自吾抵上國所見聰明了達惟李
振之徐子先二先生耳未幾余有事巡
方卒卒未再叩而公已即世求之方冊
徐太史爲譯幾何李水部爲推算指而
余乃獲因利公未泯之緒以尋古數學
于不墜或曰世術乘除非數歟曰此寠

數也用之離合變化而其法窮積渺忽遞至正載而又窮因顯測微因可見測不可見而又窮假令數術止是三尺之子頃刻可以擅能何以通之聖門遂稱賢哲而昔人攻治其業至五年而始成哉此其指可識矣夫天地名物無非此數律度量衡準繩規矩數所紀也故曰

極其數遂定天下之象然數有體有用
恢之乎不可窮約之于無何有皆體也
參伍錯綜萬變莫測則其用也算指所
言大抵皆用之之法標準于損益乘除
極變于開方句股援新而傳諸舊合異
而歸諸同棼緒難領則立多端以析之
義意難明復設假例以通之而數之蘊

於是始顯變始盡其用心良已勤膺世
良亦切矣易曰制而用之謂之法又曰
利用出入民咸用之謂之神法而不適
於用與用而不利於用皆不足以盡神
是編所傳匪籌匪觚惟馮三寸不聿盡
乎天地名物律度量衡準繩規矩離合
變化因所見測所不見之用而無或差

忒此所謂神也振之夙稟靈心兼容武庫而復孜孜問學意有所向輒屏營一氣極慮研精以求至當是故獨至之解每不可及用志不分之效也茲朌闕入長安爲禮官上書訪海內專門之業儻造膝而求所謂同文之指幸出之枕中公諸史館異日爲蘭臺石室之藏彰我

闡明同文之盛即謂十經九執雖亡不
亡可也謹敘簡端弁質之太史公
鄦闇居士楊廷鈞撰

同文算指通編總目

卷之一

卷之二

卷之三

澶淵王嗣虞

新安汪汝淳

錢塘葉一元同較梓

同文算指通編總目畢

同文算指通編卷一

西海　利瑪竇　授

浙西　李之藻　演

三率準測法第一

數有顯隱必賴顯以徵隱故列前三率求後一率先定三率之位大都取其相準如貨準貨錢準錢之類凡第三率必與第二率相乘而以第一率除之因得第四率為所求舊名異乘同除

假如錢四貫得貨十二斤今問錢二十貫當得貨幾斤則以二十為三率以十二為二率與相乘以四貫為一率

第一率　四貫　　二率三率乘得二百四十數以一率
第二率　十二斤　之四除之每分得六十數爲所求蓋
第三率　二十貫　第一率與第三率相準也而第二率
第四率　六十斤　又與未知之第四率相準相準故以
相推妙在相準

設如米六十石足支五月今問有米一百三十二石足支幾月此以六十石爲一率五月爲二率今有一百三十二石爲三率以與二率相乘以第一率六十除之

第一率　六十石
第二率　五月　以五乘一百三十二得六百六十數乃以六十除之得一十一

第三率　一百三十二石

月

第四率　一十一箇月

右試法二率三率相乘如前却以第四率除之仍得第一率則所推不誤

又法移第三率為第一率第四率為第二率却以第一為第三如前二三乘之以一除之所得第四率必合第二率

第一率　二十貫　一百三十二石

第二率　六十斛　四乘六十得二百四十以　十一月　十一乘六十得六百六十以一百三

第三率　四貫　二十除之得十二　六十石　十二除得五

第四率　十二斛　五月

又有化多為寡之法先尋紐數凡一數可以除盡兩數者為紐數其兩數亦取相準者為用因以相對乃取紐數所得置本位下乘除如前若無紐數者則否

一率〔四｜一 此以四為紐數而一率對二率 一 此亦以四為紐數而一率對三

二率〔十二｜三 一四如四三四十二故以一代 十二 率一四如四五四二十故以一

三率 二十 二十 四以三代十二仍依法乘得六 五 代四以五代二十依法乘之得

四率 六十 六十 十 六十 六十如前

又式

一率 三十六｜三 此以十二為紐數者三之為三 四 此以九為紐數而換一率三率

二率 四十八｜四 十六故以三亦之四之為四十 四十八 者四九三十六故代之以四也

二率　六十三　六十三八故以四因之依前乘除仍得七七九六十三故代之以七也仍

四率　八十四　八十四八十四　八十四前乘除亦得八十四

又三率準測之法以一率除二率得數乃以乘第三率所得第四率不異前法

一率　六十　先以一率除二率得六以乘第三率推得第四率

二率　三百六十

三率　一百三十二

四率　七百九十二

又法先以第一率除第三率得數以乘第二率乘出數爲第四率亦如前

一率　六十　以一率除第三率得二零六十之十二約之乃五分之一爲用數以乘第

二率　三百六十　二率仍得七百九十二如前　以上二法皆用先除

三率　一百三十二　後乘但除之不盡必用零乘之法故

四率　七百九十二　不若從前先乘後除爲捷

右準測法之變凡三而要緊在於定位孰爲第一率孰爲

第二三率應前者前應後者後又或前者反後後者反前

答具凡例如左

問用銀四十四兩買絹五十二疋今買二百六十疋該銀

幾何此所問者二百六十疋則以二百六十疋爲第三率以

原買絹五十二疋爲第一率相當而以四十四爲第二率以

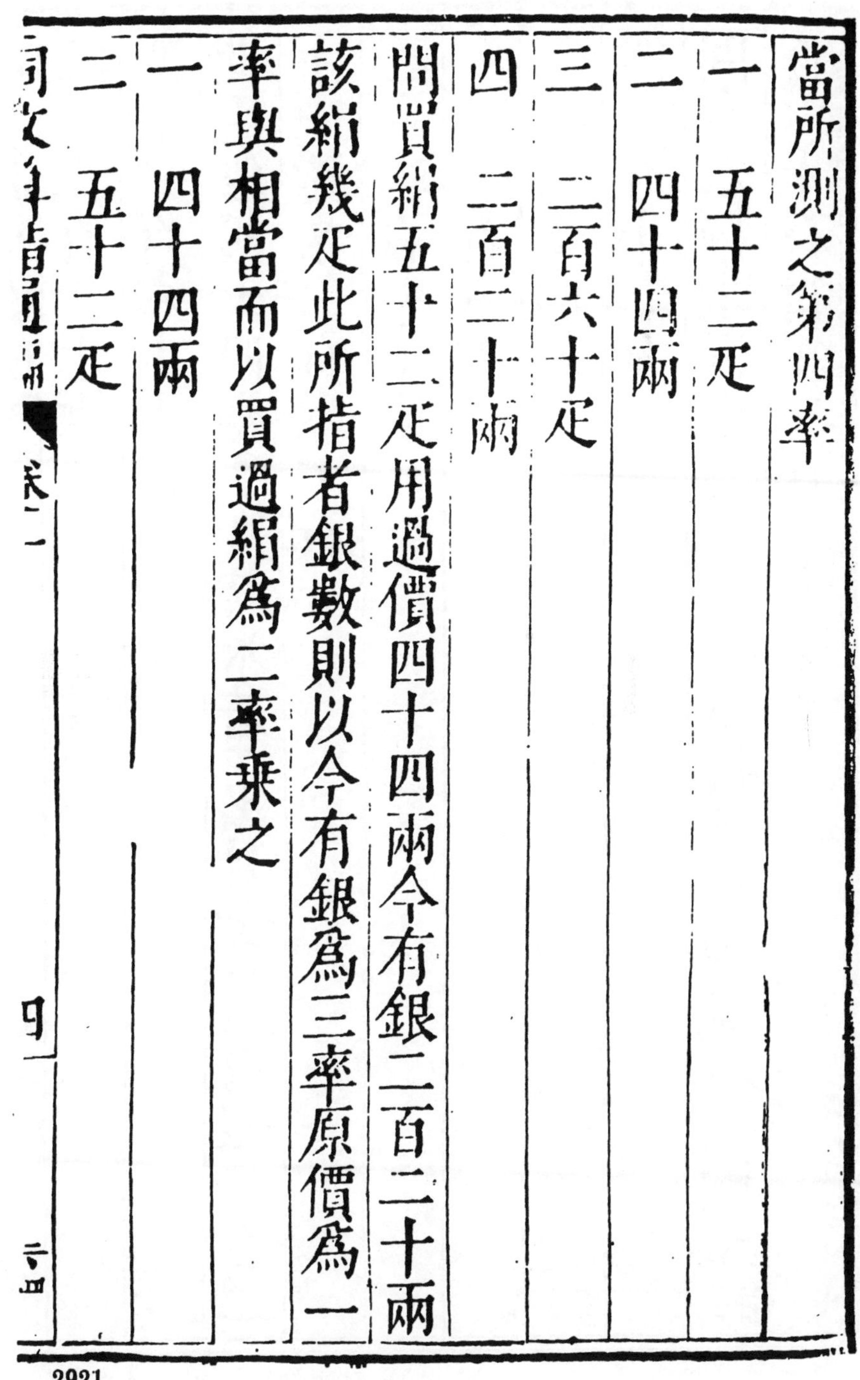
當所測之第四率

一　五十二疋

二　四十四兩

三　二百六十疋

四　二百二十兩

問買絹五十二疋用過價四十四兩今有銀二百二十兩

該絹幾疋此所指者銀數則以今有銀爲三率原價爲一

率與相當而以買過絹爲二率乘之

一　四十四兩

二　五十二疋

三　二百二十兩

四　二百六十疋

問用銀四十四兩不知糴米若干曾見有人以銀二百二
十兩糴米二百六十石

一　二百二十兩

二　二百六十石

四十四兩

四　五十二石

問有人糶米五十二石不知得銀幾何曾見有人糶米二
百六十石得銀二百二十兩

一　二百六十石

二　二百二十兩

三　五十二石

四　四十四兩

右四問總是一法所問不同以辨三率之位

問有人七日行二百一十里今行一千六百里須幾日

一　二百一十里

二　七日

三　一千六百里

四　五十三日又二百一十分日之七十

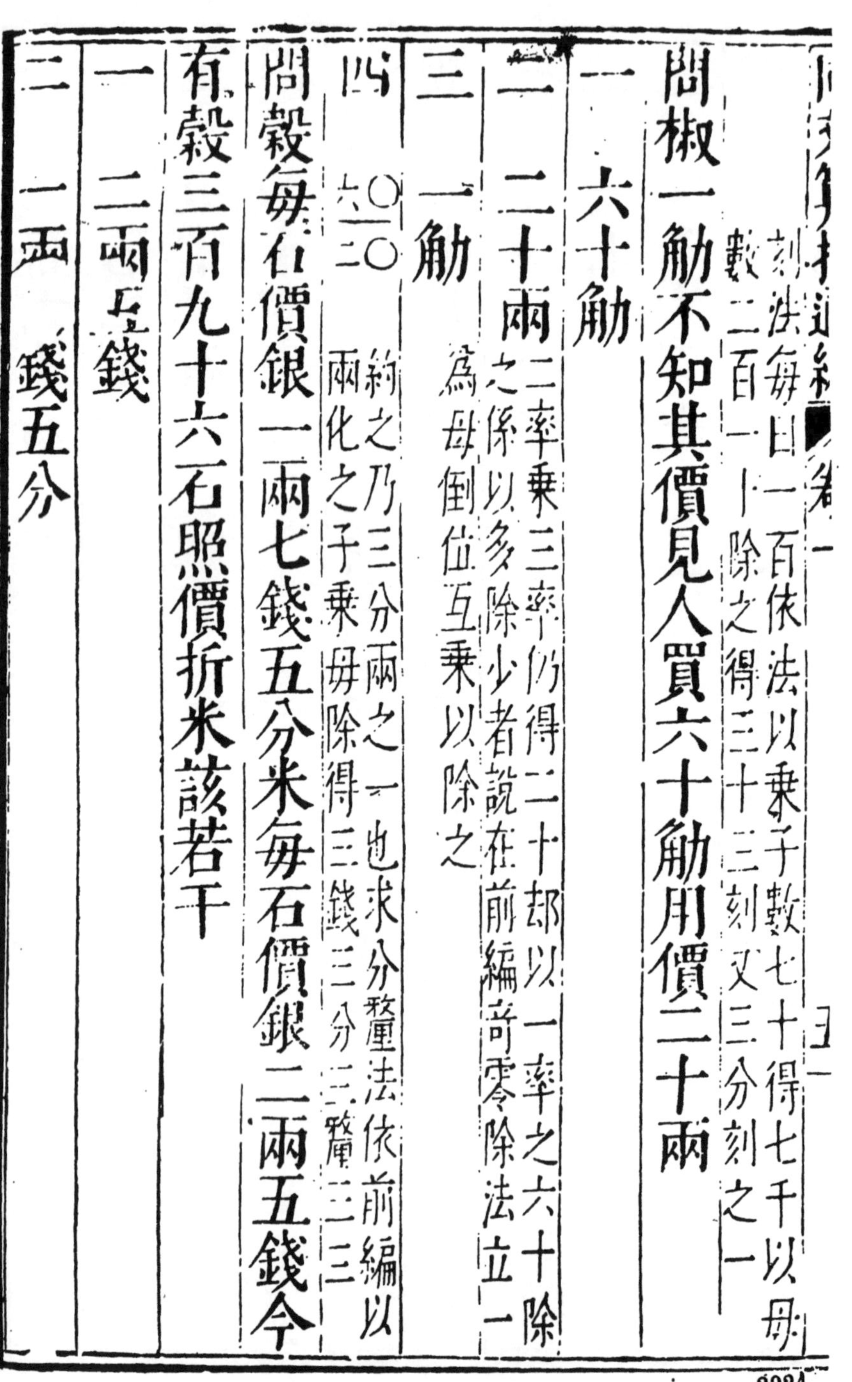

刻法每日一百依法以乘子數七十得七千以母數二百一十除之得三十三刻又三分刻之一

問椒一觔不知其價見人買六十觔用價二十兩

一　六十觔

二　二十兩　二率乘三率仍得二十却以一率之六十除之除以多除少者說在前編奇零除法立一

三　一觔　為母倒位互乘以除之

四　六〇／二〇　約之乃三分兩之一也求分釐法依前編以兩化之子乘母除得三錢三分三釐三三

問穀每石價銀一兩七錢五分米每石價銀二兩五錢今有穀三百九十六石照價折米該若干

一　二兩五錢

二　一兩七錢五分

三　三百九十六石

四　二百七十七石二斗

若問米二百七十七石二斗照價該隹穀若干者卽以

一兩七錢五分爲第一率二兩五錢爲第二率以二百

七十七石二斗爲第三率

問有八成金五十兩價銀二百兩今有九成金四十兩該

銀若干此因有成色有兩數有價數法當取成色折足色

後用準測推之五八四十爲第一率二百兩爲第二率四

九三十六爲第三率

一　四十兩

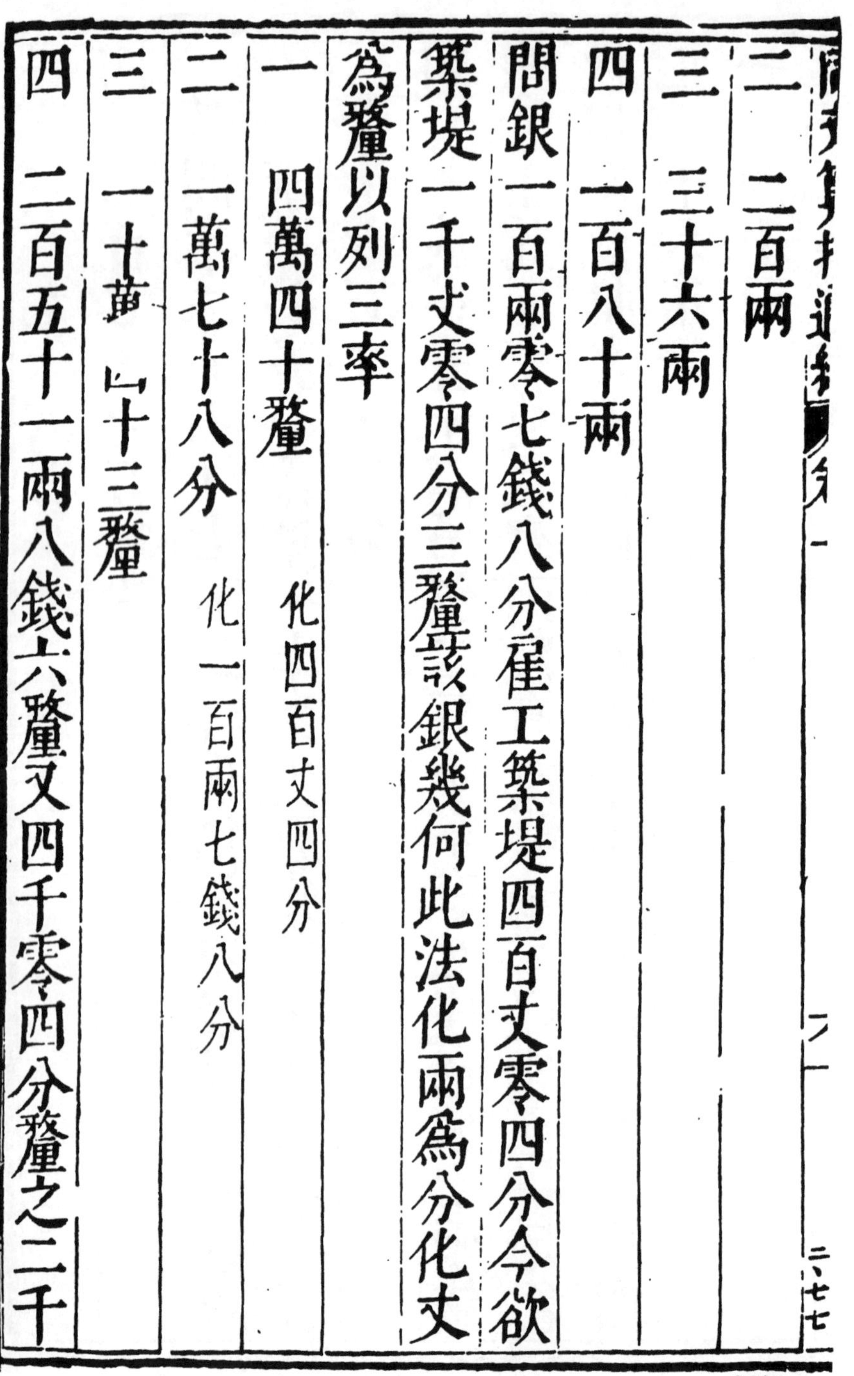

二　二百兩

三　三十六兩

四　一百八十兩

問銀一百兩零七錢八分雇工築堤四百丈零四分今欲築堤一千丈零四分三釐該銀幾何此法化兩爲分化丈爲釐以列三率

一　四萬四十釐　化四百丈四分

二　一萬七十八分　化一百兩七錢八分

三　一十萬 四十三釐

四　二百五十一兩八錢六釐又四千零四分釐之二千

一百三十一約之乃二千二之一千六十五以毫歸整
乃五毫三絲一忽九微六纖

問住居七箇月零十五日已支銀二百兩七錢八分又七分分之二若住六年該貲若干此化年月爲日化兩爲分

以列三率

一　三百二十五日

二　二萬七十八分又七分分之二

三　二千一百九十日

四　一十九萬五千四百二十八分又一千五百七十五分分之一千二十
即一千九百五十四兩二錢八分六釐四毫七絲六忽八微七纖不盡

問有蠟十觔零五分觔之二又七兩零二分兩之一共價

銀二兩六錢今有銀九錢買蠟幾何曰此謂三不同類之率因蠟有斤有兩又有零分銀亦有兩有錢故云取一最細數爲君以大數化之取原價二兩六錢爲二十六錢取原蠟十觔零五分觔之二又七兩零二分兩之一爲一百七十三兩零十分兩之九即一千七百三十九錢也每斤十六兩先以十斤乘得一百六十十數次以五五之二乘得五之三十二乃共得一百六十六兩零五之二也次加七兩得一百七十三兩其所零二之一併前所零五之二用併母法互乘積之爲十分兩之九總之如上數

一　二十六錢　二率乘三率依前編零乘之法歸整得一

二　一百七十三兩一十分兩之九　千五百六十五又一十之一乃以第一率

三　九錢　用零除之法則一十乘二十六得二百六

四　六十兩又二百六十之五十一（十為四率約六十照斤法得三斤十二兩一錢九分又六十五之四在前兩問十四）

問欲買䌷毦八分丈之七價若干曰曾買三分丈之一原價四分兩之三算之

一　三一

二　四三　二三相乘得三十二之二十一以一除之依零除借母倒位乘得三十二之六十三歸整為一兩又三十二之三十一也即一兩九錢六分八釐七毫五絲

三　八七

二三一
三三三

四　一兩

問煉礦求銀初火煉得三之二再火得七之五又入火得

五之四凡三次共得足銀一十六兩原礦若干此併子併母求之以三子相乘（二五得一十又四乘得四十）為首率以三母相乘（三七二十一又以五乘得一百零五）為次率一十六為三率

一　四十

二　一百零五

三　一十六兩

四　四十二兩

問築墻上廣一尺下廣四尺高一丈二尺今上廣如故下廣僅二尺一寸可高若干法以較求之取原上廣較原下廣所差為一率以原高數為二率今築下廣較原下廣差

從三率

一　三十寸　上廣不及下廣數

二　一百二十寸　高

三　一尺九寸　今下廣減原下廣

四　七十六寸

右法若以築高七尺六寸問上廣若干者以築高數乘原上下廣較而以原高數除之

問築牆上廣二尺下廣六尺高一丈今已築至上廣三尺六寸其高若干亦以上下廣較為一率原高為二率今所築中廣以較下廣差數為三率

一 四十寸 原上下廣較

二 二百寸 原高

三 二十四寸

四 一百二十寸

右法若問築至高一丈二尺問上廣若以築至數乘原上下廣較而以原高數除之

問築隄上廣十尺下廣三十尺高四丈今欲築至上廣九尺該高幾何以今上廣較原上廣餘一尺為主置數與三率置原高四丈為二率以原上廣不及下廣二十尺為首率

一　二十尺原上下廣較　又法以原上下廣較減原

二　四十尺原高數　尚爲實以今上廣與原上

三　一尺今上廣較原上廣數　廣較得數爲法除之亦同

四　二尺

右法若問再加二尺上廣幾何者以再加數與原上下

廣較相乘而以原高數除之

問驛使先發三十七里別以一騎追之馳一百四十五里

尚不及二十三里須追幾里可及此以先發及追去未及

之里推之知馳一百四十五里只追上一十四里以追上

數爲第一率疾馳數爲二率不及數爲三率

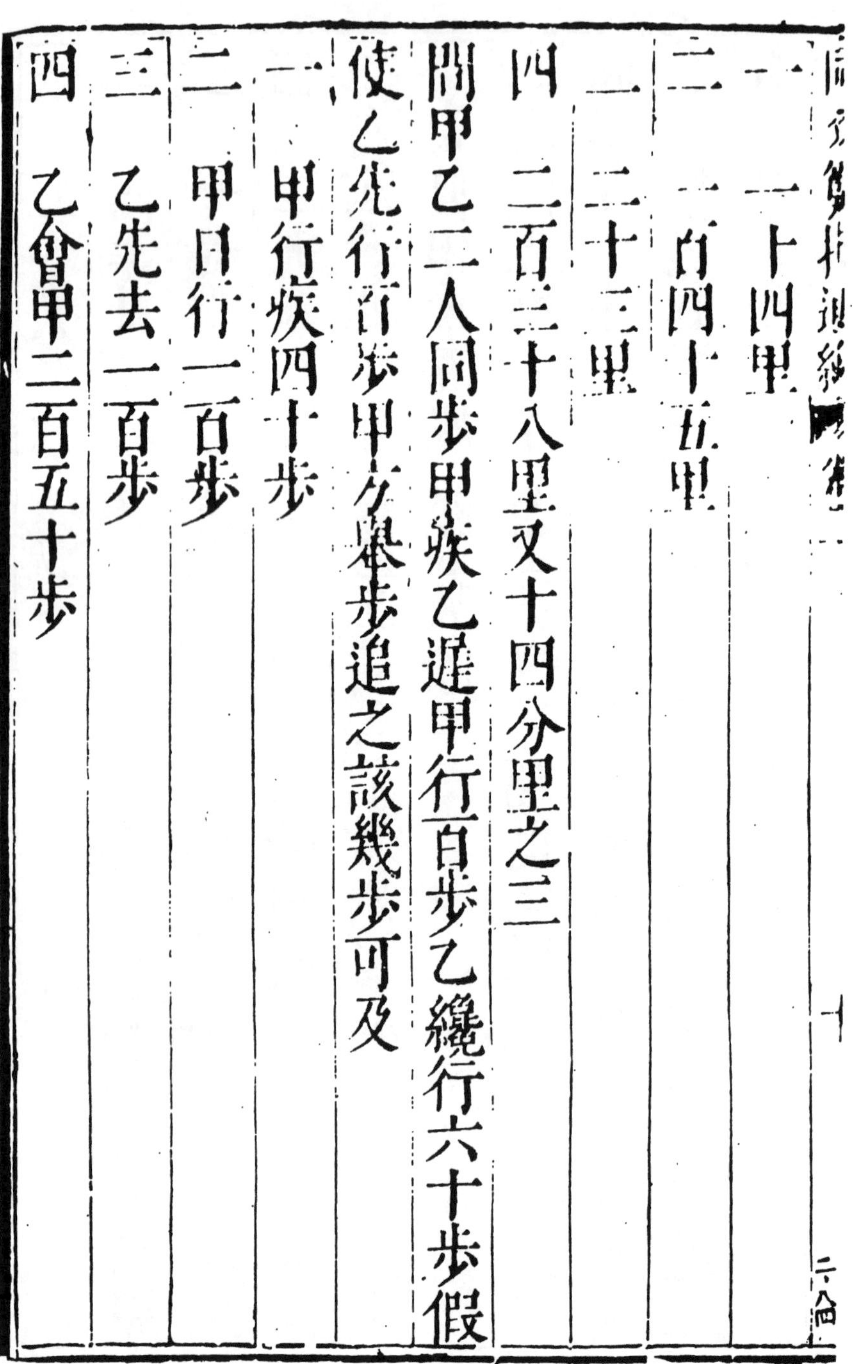

一　一十四里

二　一百四十五里

三　二十三里

四　二百三十八里又十四分里之三

問甲乙二人同步甲疾乙遲甲行百步乙纔行六十步假使乙先行百步甲方舉步追之該幾步可及

一　甲行疾四十步

二　甲日行一百步

三　乙先去一百步

四　乙曾甲二百五十步

問商人糴米三千五百石每石價銀六錢五分外用脚價銀五分就糴處以米准脚價則原數內該脚夫若干商存若干此以每石糴價為首率總米為次率脚價為三率依法乘除先得脚價米為四率以減總米餘為存商之數

一　六錢五分

二　三千五百石

三　五分　脚價

四　二百六十九石二斗三升〇七勺又六十五分勺之四十五約之為一十三之九以減總米餘三千二百三十石〇七斗六升九合二勺又六十五分勺之二十約之

石十之四爲存商之數

右係初糴未運送者故以原糴價算若已搬運到倉
則併糴價在倉併石共值七錢矣以七分爲首率依
衰分法求之只該脚米二百五十石

問絲紬二百五十觔換綿八十八觔若紬百觔十觔一觔
一兩各該綿幾何此求觔兩法紬數爲首率綿爲次率列
紬百觔等爲三率有零分者以觔法十六化之再除

一　二百五十觔

二　八十八觔

三　一百觔　一十觔　一觔　一兩

四　三十五觔五之一　三觔八兩　五兩六錢　三錢五分五釐

以上十五問見三率布置之序餘可觸類而通

變測法第二

前準測法皆以二率乘三率而以一率除之蓋以三率視四率猶以一率視二率多寡相等可例推也又有變測之法假如第一率多于第三率而其第二率反少于第四率或一率少于三率而二率反多于四率者此當審其不相準之數而變法測之則以第一率乘第二率以第三率除之進名同乘異除

問布長九丈濶三尺作衣一襲今有布但濶二尺亦欲作

衣一襲增布若干此以三尺爲一率以九丈爲二率乘之以二尺爲三率除之

一　三尺

二　九丈

三　二尺

四　一十三丈五尺　若欲復前準測之法則移三率爲一率移一率爲二率却以二率爲三率而仍以二三相乘以一率除

問原借九成金五十四兩今以八成金抵還照成色該還若干

一　九成

二　五十四兩

三　八成　若欲復前準測法則以八成爲首率九成爲二率而以原借五十四

四　六十兩七錢五分　爲三率

問母銀四千兩生息三年今母銀七千四百八十兩數多于前只須幾年即可當前三年之息此以四千爲一率三年爲二率乘之今母爲三率除之

一　四千兩

二　三年

三　七千四百八十兩

四　一年二百二十日六時四刻又三百七十四分刻之八十六　若復前準測法則以今母爲一率原母爲二率三年爲三率

問往年麥半石價錢六百文作麥餅每餅重十兩值十文今麥價四百文或貴至八百文而價仍每餅十文則其餅該增減若干

一　錢六百

二　餅十兩

三　錢四百　錢八百　移二率爲一率移一率爲二率而以二率爲第三率乘之即前準測法

四　餅十五兩　餅七兩五錢

問一百四十方步爲一畝今闊八步長三十步今闊只六步或闊至十二步各該長幾何

一　八步

二　三十步
三　六步　十二步
四　四十步　二十步

問方倉貯米三百八十四石原高八尺濶一丈二尺深一丈今另建一倉照前米數亦高一丈但減深八尺或增深一丈六尺各該濶幾何

一　一丈
二　一丈二尺
三　八尺　一丈六尺
四　一丈五尺　七尺五寸

問築一臺每日用夫三十工四年而成今每日用夫五十工或減至二十工各該幾時完工或不待四年于二年一百四十六日而成又或遲至四年零二百九十二日而成每日各應用夫若干此四難俱用一法而化年爲日以一率乘二率以三率除按年作三百六十五日

一	三十工	三十工	一千四百六十日	一千四百六十日
二	四年	四年	三十工	三十工
三	五十工	二十工	八百七十六日即二年一百四十六日	一千七百五十二日即四年二百九十二日
四	八百七十六日	六年	五十工	二十五工

問以兵八千五百共守一隘其糧僅支十一月昔時饋運

至日尚須二十五箇月計當撤兵幾何留兵幾何而後可
供二十五月之食

一　十一月

二　八千五百人

三　二十五月

四　三千七百四十人當留　四千七百六十人當撤

以除得數爲留
數餘爲撤數

問象牙一枝因無大秤用小秤稱之不及其錘重一斤十
兩外加一錘重一斤四兩八錢稱得六十七斤依小秤算
該幾斤法併原加錘數爲首率以稱得數爲次率原錘數

爲法

一　四十六兩八錢

二　六十七斤

三　一十六兩

四　一百二十斤又五之三以加六求之即九兩六錢

問原秤稱物重八斤二兩失去原錘欲另鑄錘配用不知錘重若干借別錘以較原稱之物只六斤則原錘若干此須化斤爲兩以加六通後稱數九十六兩爲首率以所借錘二十七兩爲次率原稱數一百三十兩爲三率得所求原錘數以斤法除之

一　九十六兩

二　三十七兩

三　一百三十兩

四　二十七兩三錢又二十三分錢之三以斤法除得一斤十一兩二錢二分七毫不盡

問空車日行七十里若重載即日行五十里今載粮到倉五日三返路遠若干法以五日爲首率以空車重車日行數相乘爲次率併空車重車日行數以三返乘之爲三率

一　五日

二　五百二十里

三　三百六十

四　四十八里又三十六之二十二

重準測法第三

凡數兩相較者皆兩兩相準故以已然爲一二率見在爲三率以測四率若已然者先有雜數見在者又有雜數此當以類次第歸併而疊用三率之法推之準而又準測而又測爲重準測法

問每人每月織絹六疋若八人四年該幾疋此以一人爲第一率以六疋爲第二率以八人爲第三率八六乘得四十八爲第四率又以四十八爲所問第二率化四年作四十八箇月爲第三率依法乘得第四率

一

一人　先以人數測絹數

一月　卽八人之一月次以月數測絹數

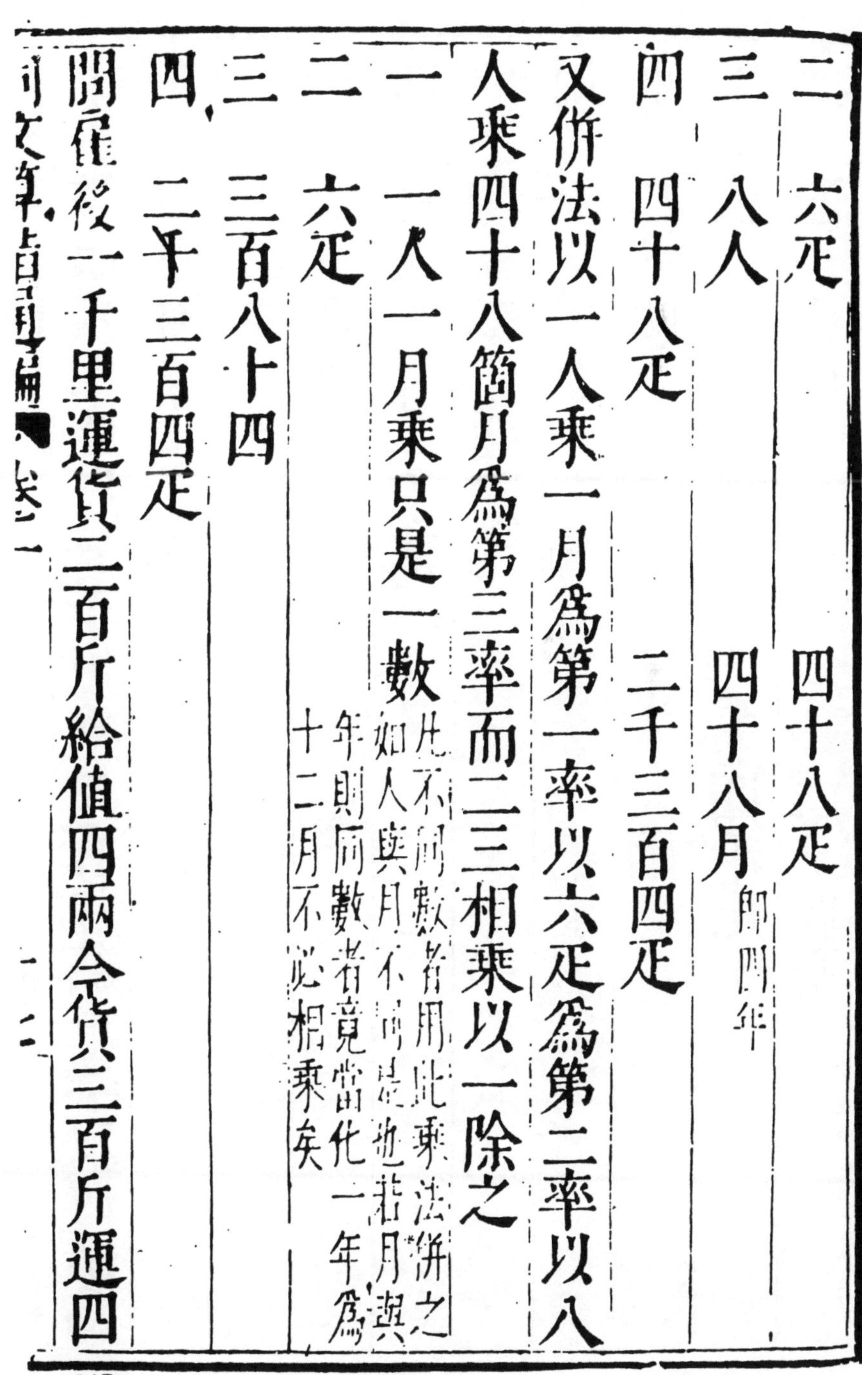

二　六疋　四十八疋

三　八人　四十八月即四年

四　四十八疋　二千三百四疋

又併法以一人乘一月爲第一率以六疋爲第二率以八人乘四十八箇月爲第三率而二三相乘以一除之

一　一人一月乘只是一數凡不同數者用此乘法併之如人與月不同是也若月與年則同數若竟當化一年爲十二月不必相乘矣

二　六疋

三　三百八十四

四　二千三百四疋

問雇役一千里運貨二百斤給値四兩今貨三百斤運四

千里該值幾何此以一千里乘二百斤爲一率以四兩爲
二率以三百乘四千爲三率

併法
一　二十萬
二　四兩
三　一百二十萬
四　二十四兩

用重準法
一　二百斤先測貨價　一千里次測里價
二　四兩　六兩
三　三百斤　四千里
四　六兩　二十四兩

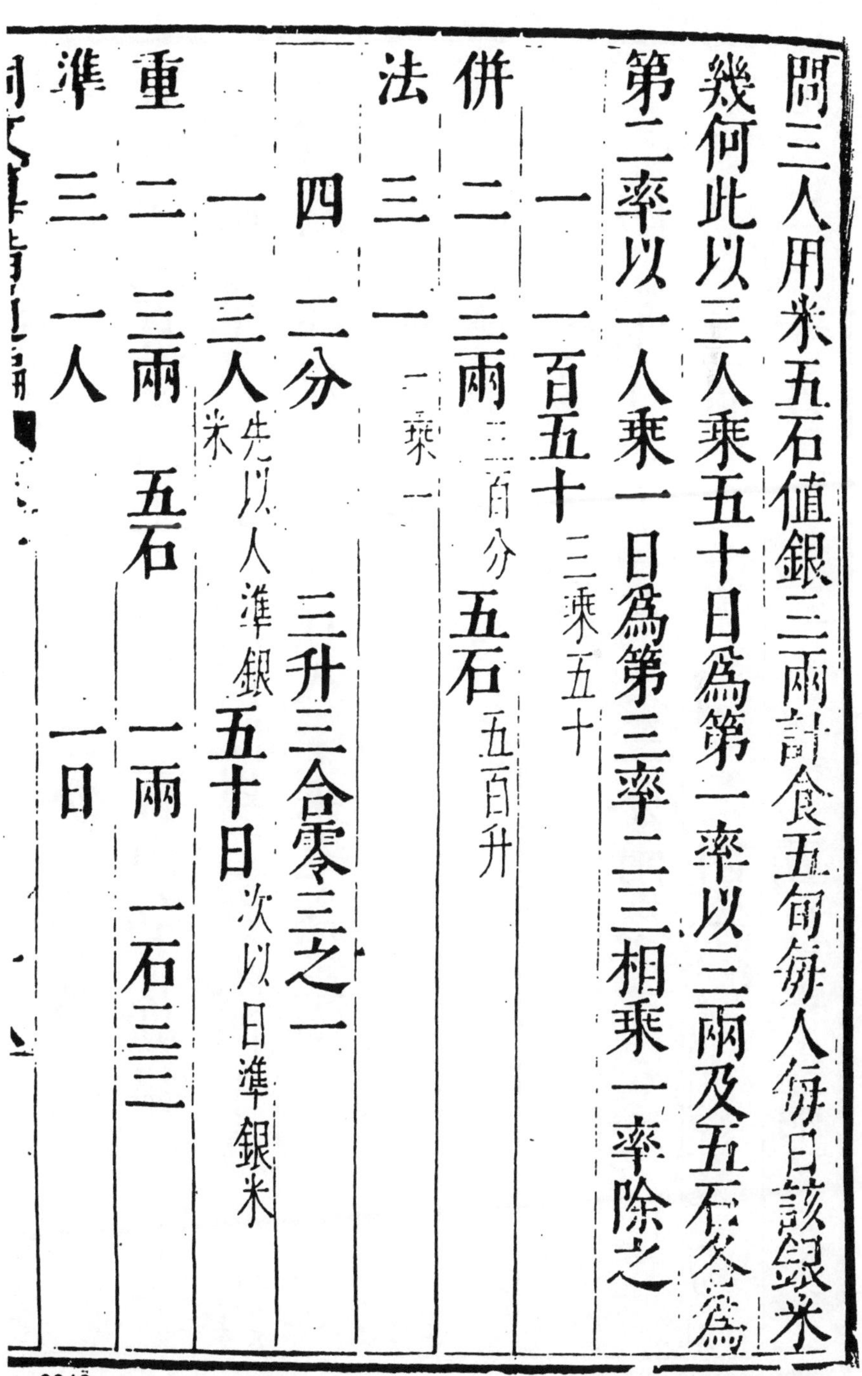

問三人用米五石值銀三兩計食五旬每人每日該銀米幾何此以三人乘五十日爲第一率以三兩及五石各爲第二率以一人乘一日爲第三率二三相乘一率除之

一　一百五十　三乘五十

併　二　三兩　三百分　五石　五百升

法　三　一　一乘一

四　二分　三升三合零三之一

一　三人　米　先以人準銀　五十日　次以日準銀米

重　二　三兩　五石　一兩　一石三三

準　三　一人　一日

四　一兩　一石三二　二分　三升又三之二

問母銀三百兩四年得子銀一百兩今有母銀一千五百八十兩七年該出子銀幾何此以三百乘四年爲一率以一百爲二率以一千五百八十乘七爲三率

一　一千二百

併　二　一百

法　三　一萬一千六十

四　九百二十一兩又三分兩之二

一　三百　四年算

次以四年子母相

重　二　一百　五百三十六兩又三之二

準　三　一千五百八十　七年

四　五百三十六兩又三之二　九百三十一兩又三之二

問母銀十兩三箇月得子銀四兩若母銀一百兩欲得子銀二千兩須幾年此因有月在內須作重準測法先知百兩三月所得然後再測若只如前併法以四乘十共作一率則所差多矣式具後

一	一十兩	此本在三箇月得十兩之利四	四十兩	與所得上數乃以銀準月而推
二	四兩	此以二月其所得之得四十兩	三月	
三	一百兩	亦是三月緊要在此便可再測	二千兩	
四	四十兩		一百五十月	

右法試之以十兩乘三月爲第一率以四兩爲第二率以一百兩乘一百五十月爲三率而以二三相乘以一率除之此係借法無帶月作二率三率者

一	三十	以十乘三
二	四	
三	一萬五千	以一百乘一百五十
四	二千	

問有夏布四十五疋以換綿布兩價不等夏布每三疋價二錢綿布每七疋價七錢五分該換若干疋法先以三率法求夏布四十五疋共價若干次即以所獲價爲第三率

以七錢五分配爲第一率七疋爲第二率推之

一	三疋	一	七錢五分
二	二錢	二	七疋
三	四十五疋	三	三兩
四	三兩	四	二十八疋

問將銀二十三兩買布七十五疋每疋長四丈濶二尺今另買布濶一尺六寸長與前等該減前價若干此先求每尺之價以四丈乘全布又以濶二尺乘（尺六寸）爲首率價銀爲二率另立一尺爲三率求得四率爲尺價次求應減之價乃移三四率爲一二率以兩濶相減餘四寸乘原長三

十尺[illegible]為[illegible]率

一　六十尺　一尺

二　二十三兩　三釐八毫三絲又三之二

三　一尺　一千二百尺

四　三釐八毫三絲又三之一　四兩六錢

問重舟日行八十里輕舟日行一百里今重舟先去一十五日輕舟幾日追及先求重舟一十五日行若干里得數用爲重測之三率而以輕舟每日多行二十里爲首率推之得四率爲追及之日

一　一日　一二十里

二	八十里	二	一日
三	一十五日	三	一千二百里
四	一千二百里	四	六十日

問車輪半徑一尺九寸五分假令一日轉二萬周該幾里

此因有里有尺又有寸有分須用再測先倍半徑得三尺九寸爲全徑數三因得一百一十七寸爲一周數以一周爲一率一百一十七寸爲二率二萬周爲三率推得尺寸共數乃以共數爲第三率以里法一千八百尺除之

一	一周	一	一千八百尺
二	一百一十七寸	二	一里

三　二萬周　　三　二十三萬四千尺

四　二十三萬四千尺　　四　一百三十里

問用磚砌滿九里每磚濶六寸每層該磚若干此以里求寸當化里爲寸每里一萬八千寸九里得一十六萬二千寸乃求磚數

一　一里　　一　六寸

二　一萬八千寸　　二　一磚

三　九里　　三　一十六萬二千寸

四　一十六萬二千寸　　四　二萬七千○磚

問撥夫一百名築城二百丈八箇月工完今仍用夫一百

今發銀一百兩欲築城二萬丈幾月完工此以二百爲一
率以八爲二率以二萬爲三率不用銀數以與夫數相同
不算

一 二百丈
二 八月
三 二萬丈
四 八百月

問用夫三百名七箇月修過墩臺四十五座今有夫一千
七百八十名亦七箇月可修墩臺若干座此與前法相同
除月不用

一　三百名

二　四十五座

三　一千七百八十名

四　二百六十七座

問選鋒兵一名每月給銀四兩今有選鋒一萬三千名九個月該給幾何此以一名乘一月爲一率以四兩爲二率以九乘一萬三千爲第三率

一　一

二　四

三　十一萬七千

四　四十六萬八千

問馬十匹每一日用料七斗今有馬百匹養二十日用料幾何此以十匹乘一日爲一率以七斗爲二率以百匹乘二十爲三率

一　一十匹

二　七斗

三　二千匹

四　一千四百斗

問開河長七百五十五丈上廣五丈四尺下廣四丈深一丈二尺每夫每日開二百尺問幾工可完即以二百尺爲

首率併上下廣折半得四十七尺以深乘之得五百六十
四尺為次率以長為第三率

一　二百尺

二　五百六十四尺

三　七千五百五十尺

四　二萬一千二百九十一工

問開濠下廣七尺上廣九尺深四尺長一千八百尺每夫
每日穿一百四十四尺今用夫二百名幾日畢工此以二
百人乘一百四十四尺得二萬八千八百為法置第一率
併上下廣折半以深乘得三十二尺為二率以長為第三

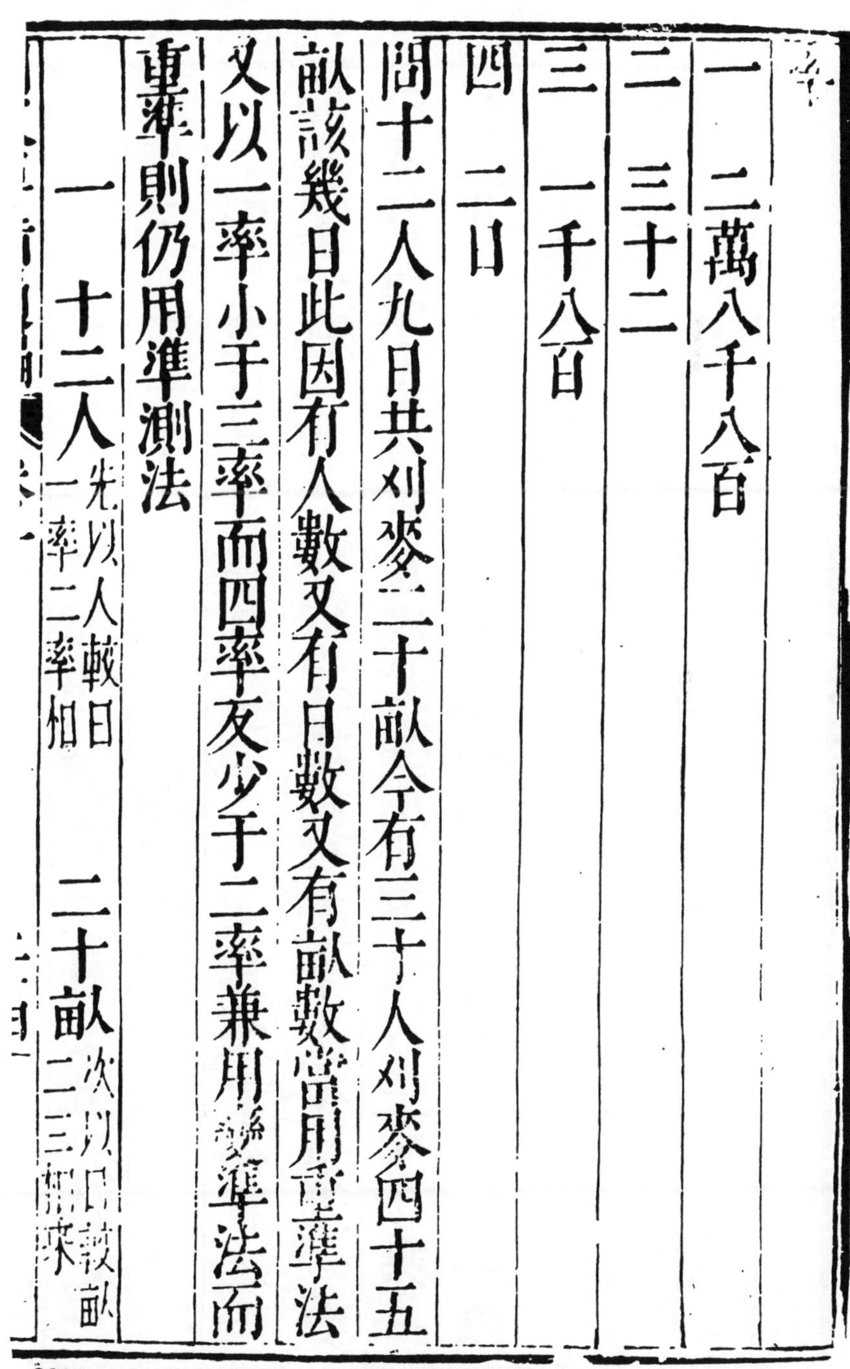

率

一　二萬八千八百

二　三十二

三　一千八百

四　二日

問十二人九日共刈麥二十畝今有三十人刈麥四十五畝該幾日此因有人數又有日數又有畝數當用重準法又以一率小于三率而四率又少于二率兼用轉準法而重準則仍用準測法

一　十二人（先以人較日一率二率相）　二十畝（次以日較畝二三相求）

變二　九日　乘三率除之　重　三日又五分日之三

準三　三十人　準　四十五畝

四　三日又五分日之三　八日又十分日之一

問負米一石一斗二升行三十步日五十次今負米一石二斗行四十步日可幾次此全用變準法以三十步乘一石二斗二升為首率五十次為二率今負米一石二斗以乘四十步為三率

一　三百三十六

二　五十次

三　四百八十

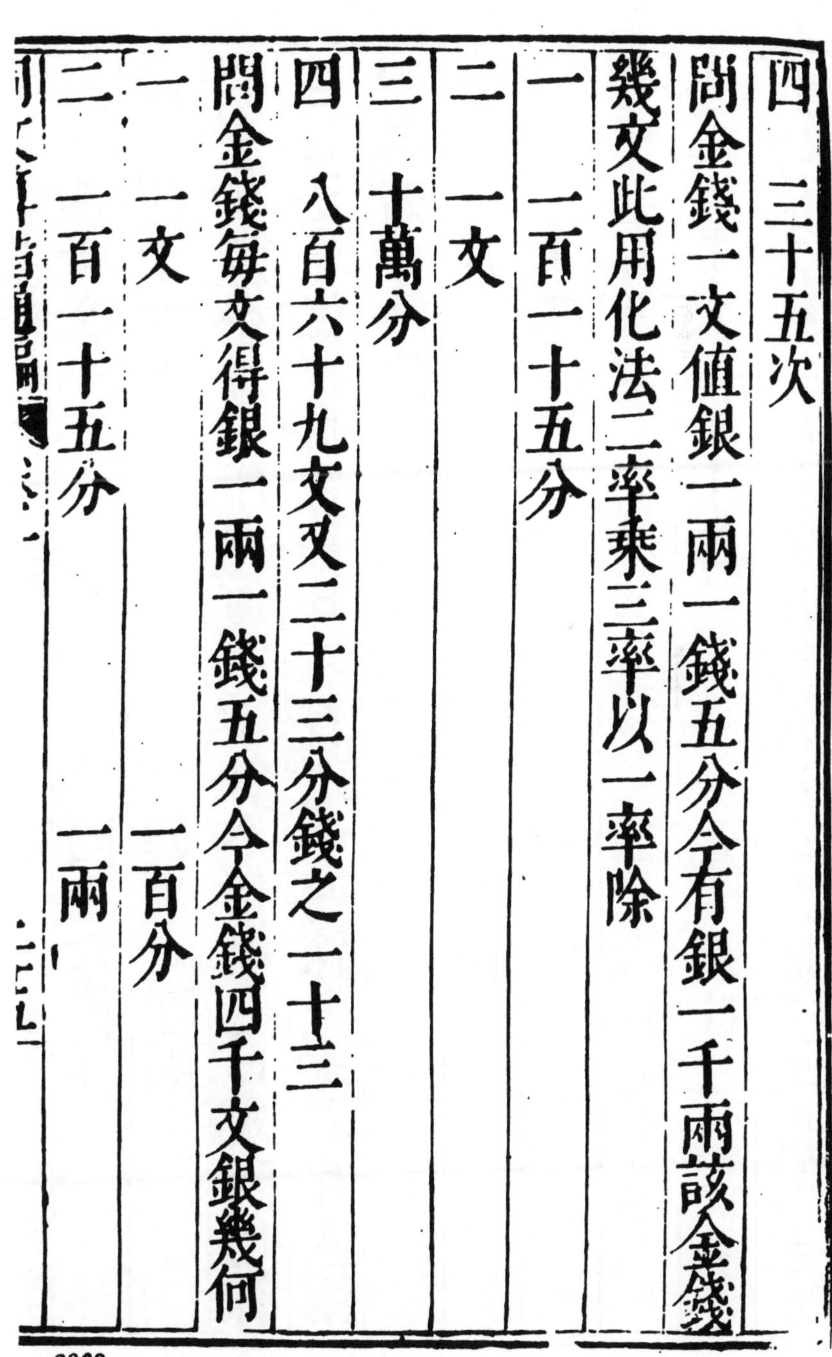

四　三十五次

問金錢一文值銀一兩一錢五分今有銀一千兩該金錢幾文此用化法二率乘三率以一率除

一　一百一十五分

二　一文

三　十萬分

四　八百六十九文又二十三分錢之一十三

問金錢每文得銀一兩一錢五分今金錢四千文銀幾何

一　一文　一百分

二　一百一十五分　一兩

三	四千文	四十六萬分
四	四十六萬分	四千六百兩

問煑砂煉金每日所得重三十銖今積得七斤八兩已採幾日法先化斤為銖每斤三百八十四銖先求七斤八兩得銖若干乃以共銖求數此是斤稱法

一	一斤	三十銖
二	三十銖	一日
三	七斤八兩	二千八百八十銖
四	二千八百八十銖	九十六日

問煉銅入鑪一次每十斤得八斤今入鑪三次得七十五

斤一十三兩四錢四分原生銅若干此用化法化八斤一萬二千八百分為首率化十斤一萬六千分為次率化三火銅一十二萬一千三百四十四分為三率得四率為二火銅數乃即用四率為三率以求一火銅得數又用為三率以求生銅其一率二次不動依法乘除得數乃以斤法一十六除之

一　一萬二千八百分

二　一萬六千分

三　一十二萬一千三百四十四分　一十五萬一千六百八十一十八萬九千六百

四　一十五萬一千六百八十分　一十八萬九千六百　二十三萬七千分[illegible]

又捷法以八斤自乘六十四再乘五百一十二為法以除三火銅

亦得二一三　因有再乘各再進位以七爲兩亦同前法

問將銀雇匠採石不知銀數石數只云每石六十丈價七兩七錢船價三錢總用鍛鐵炭火銀二百兩是六十分之二則原銀幾兩買石幾丈石價船價總若干法據

鍛鐵炭火銀二百兩爲六十分之二已知原銀是六千兩內減二百兩只以五千八百兩爲實在之銀起算作第三率以六十丈爲第二率相乘得數乃以七兩七錢併船價三錢共八兩爲第一率除之得四率爲買石總數七百廿五石總爲第三率以七錢七分爲二率乘之六十丈爲一率除之得石總價以減總銀餘得船價

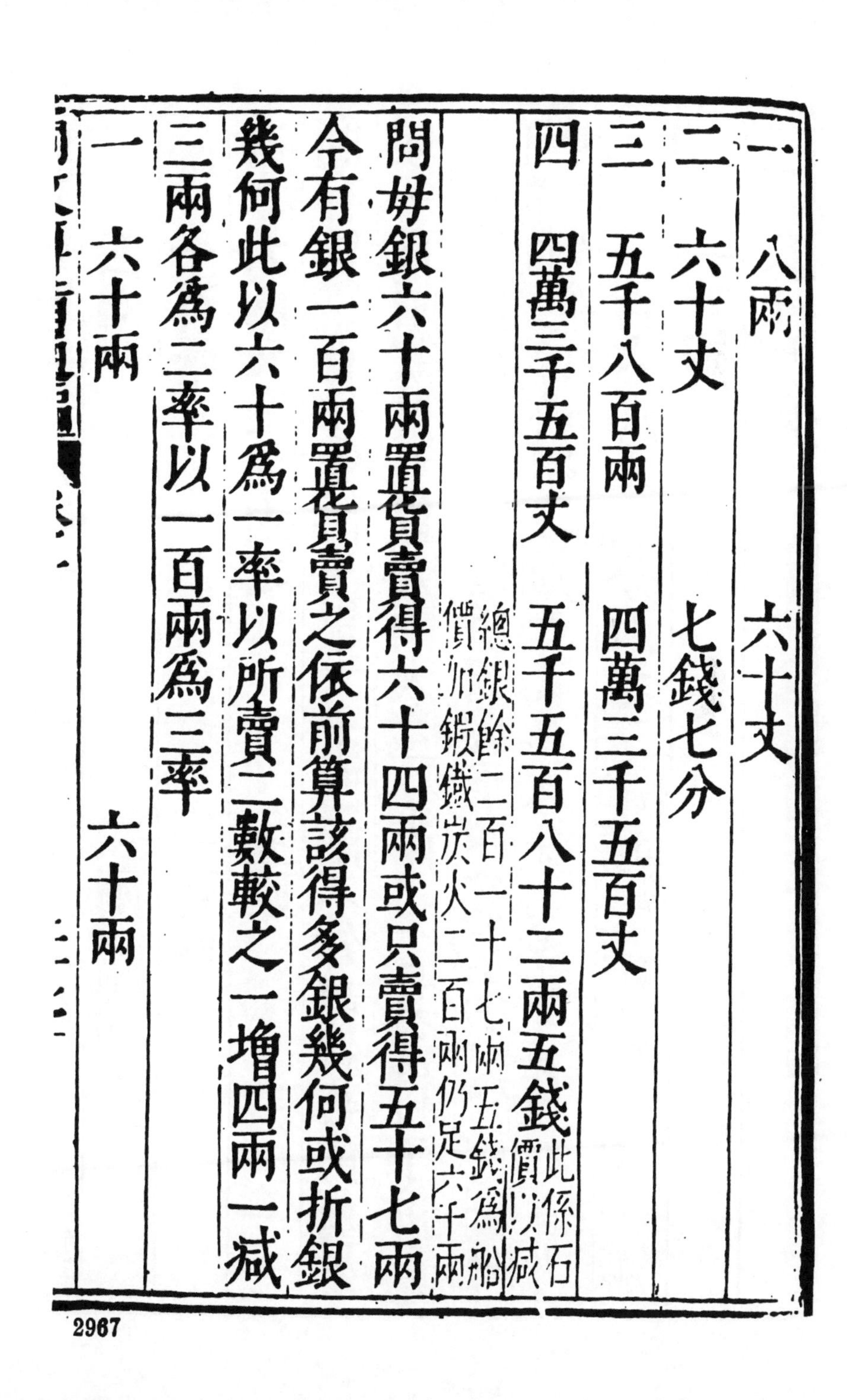

一　八兩　六十丈

二　六十丈　七錢七分

三　五千八百兩　四萬三千五百丈

四　四萬三千五百丈　五千五百八十二兩五錢此係石價以減總銀餘二百一十七兩五錢爲船價加鍛鐵炭火二百兩仍足六千兩

問毋銀六十兩置貨賣得六十四兩或只賣得五十七兩今有銀一百兩置甚貨賣之依前算該得多銀幾何或折銀幾何此以六十爲一率以所賣二數較之一增四兩一減三兩各爲二率以一百兩爲三率

一　六十兩　六十兩

二 四兩多數 三兩折閱數

三 一百兩 一百兩

四 六兩又三分兩之二 五兩

問有貨一百斤賣得子銀六十四兩不知毋銀幾何茲毋銀一百兩欲得子銀六兩零三分兩之二其法以子併毋爲一率以毋爲二率以所問六十四爲三率所問六十四兼行子毋故相準第一率亦兼子毋配之所求第四率係原貨毋銀故第二率亦以毋銀配之

一 一百六兩又三分兩之二 除貨一百斤不用只以銀數相準

二 一百兩

三 六十四兩

四　六十兩每六十兩得子四兩則一百兩得子六兩零三分兩之二今然則以六十四兩賣者必以六十兩買也

問寶石一顆賣銀二百兩以其母銀較之每百兩折銀一十兩原買母銀若干此因百兩之內折一十當以九十兩為一率以一百為二率以二百為三率

一　九十兩欲以二百之子推求二百二十二兩有零之母先以九十兩之子及一百兩之母為一率

二　一百兩二率

三　二百兩

四　二百二十二兩零九分兩之二

問玉石一駝賣價三千六百兩今欲每毋一百兩得利一十兩必須于買價內原減得三二兩方獲此利試問原買價

幾何此與前法相同以一百一十爲第一率因所問在三千六百兼子母故第一率亦兼子母[illegible]之除所減三兩不用以一百爲第二率求母數故以母數配之以三千六百兩爲第三率

一　一百一十兩

二　一百兩

三　三千六百兩

四　三千二百七十二兩又十一分兩之八再加三兩即原買數

問紵絲一千疋賣銀三千六百兩若原買價多六兩即每百[illegible]折十兩欲知原價幾何此因百兩內已折一十兩以九十兩爲一率以一百兩爲二率以三千六百兩爲三率

一　九十兩

二　一百兩

三　三千六百兩

四　四千兩再減六兩即原價

問貨每一斤賣銀二錢即母銀百兩已得息三十兩設若每斤賣至二錢四分則百兩獲息幾何其法先求每斤二錢之内母銀子銀各若干然後再據子母推之先列所知子母全數一百三十爲第一率以母銀一百兩爲第二率知母一百三十之内以三十爲子以推二錢之内以若干爲子乃以三十分爲第三率依法乘除得二錢之母銀亦

得二錢四分之母銀也次乃以母銀爲一率以二錢四分

爲之子銀爲二率以一百爲三率

一　一百三十兩　一十五分又十三之五二錢內母數

二　一百兩　八分又十三之八二錢四分內除去第一率得此數

三　二十分　一百兩

四　一十五分又十三之五此是母數外皆利息　五十六兩

問貨一百斤賣銀十兩總計毋母百兩內已折十兩若使

毋百斤只賣銀八兩則百兩之內所折幾何此須先知一

百斤之貨原値若干乃可互推先從百兩折十兩得九十

爲第一率以一百爲第二率以所折十兩爲第三率依法

乘除得百斤原本之數爲第四率即以此爲重準之第一率內推只賣八兩所折爲第二率以總數一百爲第三率

一	九十兩	十二兩九之二
二	一百兩	三兩九之一第一率內只賣八兩則所折者此數
三	一十兩	一百兩
四	十二兩又九之二即得百斤正賣未折之數	二十八兩

問買布五萬疋用銀一萬兩納過課銀五百兩費過車脚三百兩又納課銀二百兩又雇船一百兩又過關一百兩又食費一千兩其費如此必每疋賣銀幾何然後每疋獲息銀二錢法以五萬爲第一率以本價及諸費共一萬二

十二百兩化錢數爲第二率以一疋爲第三率

一　五萬疋

二　十二萬二千錢

三　一疋

四　二錢零廿五分錢之三十二此係每疋本銀費過之價此外再加二錢共須四錢零五分之十二方得利二錢

問布每疋長四十尺內該抽稅抽一尺有客持布三百疋稅司收布一十五疋半外貼錢六百文其布價每疋幾何

此已知抽稅者爲二十取一也先求三百疋應抽之數數外皆應貼錢此所貼者半疋二十尺之價也倍之得每疋價

一　二十疋　一　二十尺即半疋

二 一疋 二 六百文

三 三百疋 三 四十尺

四 一十五疋 四 一千二百文

問有客販參不記母銀幾何但云每參六觔價銀七錢七分車脚三分又用過牙銀二百兩是原母三十之二其母銀數及參參數價數各若干此以價七錢七分併車脚三分得八錢爲首率參六觔爲次率其牙銀二百兩係母銀三十之二以加二倍得母銀六千內減牙銀餘五千八百兩爲三率得第四率爲參總率另以六觔爲首率減車價三分以七錢七分爲次率參總爲三率求得第四率爲參參共價其參總率及參價

乃六觔所推各以六除得參觔數及每觔價數

一　八錢　　六觔係以首絲除[illegible]率[illegible]每觔價一錢[illegible]分[illegible]釐三毫　[illegible]以[illegible]以首絲除[illegible]得共絲[illegible]千二百五十斤

二　六觔　　七錢七分

三　五千八百兩　　四萬三千五百

四　四萬三千五百　　五千五百八十二兩五錢以減五千八百兩餘二百一十七兩五錢是東匠

問以銀二十二兩八錢買黃白絲均平其黃絲每三觔價四錢白絲每一觔價五錢二色之價各若干此以兩母子互乘　　併得一十九為首率兩母相乘為次率總銀為三率求得二色各觔數

一　一兩九錢

二　三觔

三　二十二兩八錢

四　三十六觔以價乘白蠟得一十八兩以價乘黃蠟四以六乘四兩八錢

問飯僧不知人數初日每五十人米八斗次日每九十人米七斗共用米三十二石一斗米與僧各若干法用重測

先置子母互乘九十乘八得七百二十五十乘七得三百五十併之一千七十為首率兩母相乘得四百五十為次率共米為三率得僧數乃以僧數為三率各以子乘母餘得二日米數

一　一千七十　五　九

二　四百五十　八　七

三十二石一斗　一千　五十　一千三百五十

一千三百五十僧　二十二　斗　一十石五斗

同文算指通編卷二

合數差分法第四上

總數一也而分之棌襍不齊者亦以準測齊之大抵以總數爲第一率以總數所得爲第二率（子母以母得子或以銀得年月之類）以分布而各爲之宗爲第三率若三率不盡者亦用重準之法測之

問四商共販得子銀六千兩而各出母銀不同甲母六十乙母一百丙母一百二十丁母二百每人該分子銀若干

先以四人共母爲第一率以所獲共子爲第二率分置四母各一宗爲第三率以第二遞乘第三以一率除

一 四百八十

二 六千

三 六十 甲 一百 乙 一百二十 丙 二百 丁

四 七百五十 一千二百五十 一千五百 二千五百

問三商置貨同舟甲貨值三百兩乙貨值五百兩丙貨值一百八十兩遭風共棄貨值四百兩各照原值攤認法併三人值爲第一率以所棄值爲第二率分三人貨值爲第三率併以二三率法乘除

一 九百八十

二 四百

三　三百斤　五百斤　一百八十斤

四　一百七十二兩又九百八十分兩之四百四十　二百四兩又九百八十分兩之八十　七十三兩又九百八十分兩之四百六十

問三人共買貨四千斤值銀五百兩甲取一千三百斤乙取一千四百六十斤丙取一千二百四十斤各該認價若干此以總貨為第一率以總價為第二率以各人所取數分三宗為第三率

一　四千斤

二　五百兩

三　一千三百斤　一千四百六十斤　一千二百四十斤

四　一百六十二兩又二分兩之一　一百八十二兩又二分兩之一　一百五十五兩

問三商共得子銀一千兩所出母銀多寡不一先後亦不一甲母二百兩滿八箇月乙母四百五十兩滿六箇月丙母五百兩滿十箇月此子銀一千者每人應分若干其法以各母乘各月以八乘二百得一千六百以六乘四百五十得二千七百以十乘五百得五千共九千三百總彙之爲第一率以所獲總子爲第二率以各母及月分所乘出三宗爲第三率

一　九千三百

二　一千

三　一千六百甲　二千七百乙　五千丙

四　一百七十二兩又　二百九十兩又九　五百三十七兩又九
九十三分兩之四　十三分兩之三十　十三分兩之五十九
問三商共販得子銀一千兩甲母三百兩十箇月乙母七百兩丙母八百兩俱不知月其子銀則甲得分五百兩乙得三百兩丙得二百兩要知丙丁二人出過母銀幾月其法先取甲之知母知子知月者爲算以所分五百爲第一率以一十月乘三百兩爲第二率共三已知甲之五百乃三千中之五百矣次列乙丙所得子各一宗爲第三率二三相乘而以一率除之得第四率即乙丙母銀乘月之數次乃各以其母除之仍得月數此于四率外加一率兼重

準測法云

一 五百甲之子

二 三千甲月與母乘

三 三百乙之子以乘三千得九十萬以五百除 二百丙之子以乘三千得六十萬以五百除

四 一千八百此兼乙母乘乙月之數 一千二百此兼丙母乘丙月之數

二月又七分月之四以乙母七百除得乙之月 一月又二分月之一以丙母八百除得丙月

問四商居積二年得剩一萬兩甲原母三千兩至滿八月先取出一千兩至滿十九箇月又加一千二百兩乙原母二千四百兩至滿六箇月取出八百兩至滿十五箇月又加一千四百兩丙原母二千兩滿七月悉收回至滿一十

七箇月別出毋一千六百兩丁初不出毋六箇月後方出一千八百兩又過四箇月取出九百兩至滿十六箇月又增入一千五百兩此四人者於所獲息一萬兩內計毋計月各該分若干其法以四毋各乘其月甲作三段乘三千兩乘八箇月得二萬四千數八月之後取去一千只存二千至十九月滿共十一箇月以十一乘二千得二萬二千數其十九月之後又加一千二百共三千二百自第二十箇月起到底計五月以五乘三千二百得一萬六千共得六萬二千乙作三段乘二千四百兩乘六箇月得一萬四千四百兩此後除去八百兩只存一千六百兩至滿十五月實九箇月以九乘一千六百得一萬四千四百兩其十五箇月之後又加入一千四百兩共本銀三千兩至底計九箇月以九乘三千得二萬七千共得五萬五千八百數丙作二段乘二千兩乘七箇月得一萬四千兩自滿十七箇月以後出本至二年止共七箇月以七乘一千六百得一萬一千二百共得二萬五千二

百自六箇月以後出本一千八百兩滿四箇

數丁作三段乘月以四乘一千八百得七千二百此後取

其九百在九百个第十六箇月滿計六箇月以六乘九

百得五千四百此後又出本一千五百共二千四百到底

計八箇月以八乘二千四百得一萬

九千二百共得三萬一千八百數 四人共計一十七萬

四千八百為第一率以所獲息為第二率分各毋乘月數

為四宗作第三率

一 一十七萬四千八百

二 一萬兩

三 六萬三千甲 五萬五千八百乙 一萬五千二百丙 三萬一千八百丁

[illegible]
二千六百四十六兩又一千七百四十八分兩之一千五百九十二
二千一百九十二兩又一千七百四十八分兩之三百八十四
一千四百四十一兩又一千七百四十八分兩之一千一百三十二
一千八百一十九兩又一千七百四十八分兩之三百八十八

三商同夥甲母四百兩乙三百兩八錢六分丙一千兩七錢九分三商共折銀一百兩各認若干此皆化兩爲分甲四萬乙三萬八十六丙十萬七十九併三人總分數爲第一率以所折銀爲第二率分各母數三宗爲第三率

一　十七萬一百六十五

二　一萬

三　四萬甲　三萬八十六乙　十萬七十九丙

四　二千三百五十又十七萬一百六十五之十一萬二千二百五十　一千七百六十八又十七萬一百六十五之八千二百八十　五千八百八十一又十七萬一百六十五之四萬九千六百三十五

問三商甲出母銀二百兩經十二月乙出母銀二百四十

兩不知月內出金若干不出銀經十箇月共得子銀一百三十八兩甲分六十乙得四十八丙得三十今問乙該幾箇月內之金值幾何此以甲銀乘甲月共二千四百而知子銀六十出自二千四百也以六十為第一率以二千四百為第二率以乙丙各子為第三率二三相乘各以一除之其所得數[illegible]乃乙丙之母與月皆在其中矣乃以乙母除乙之四率而知乙之月八以丙月除丙之四率而知丙之母金值銀一百二十兩

一	六十
二	二千四百以上俱甲

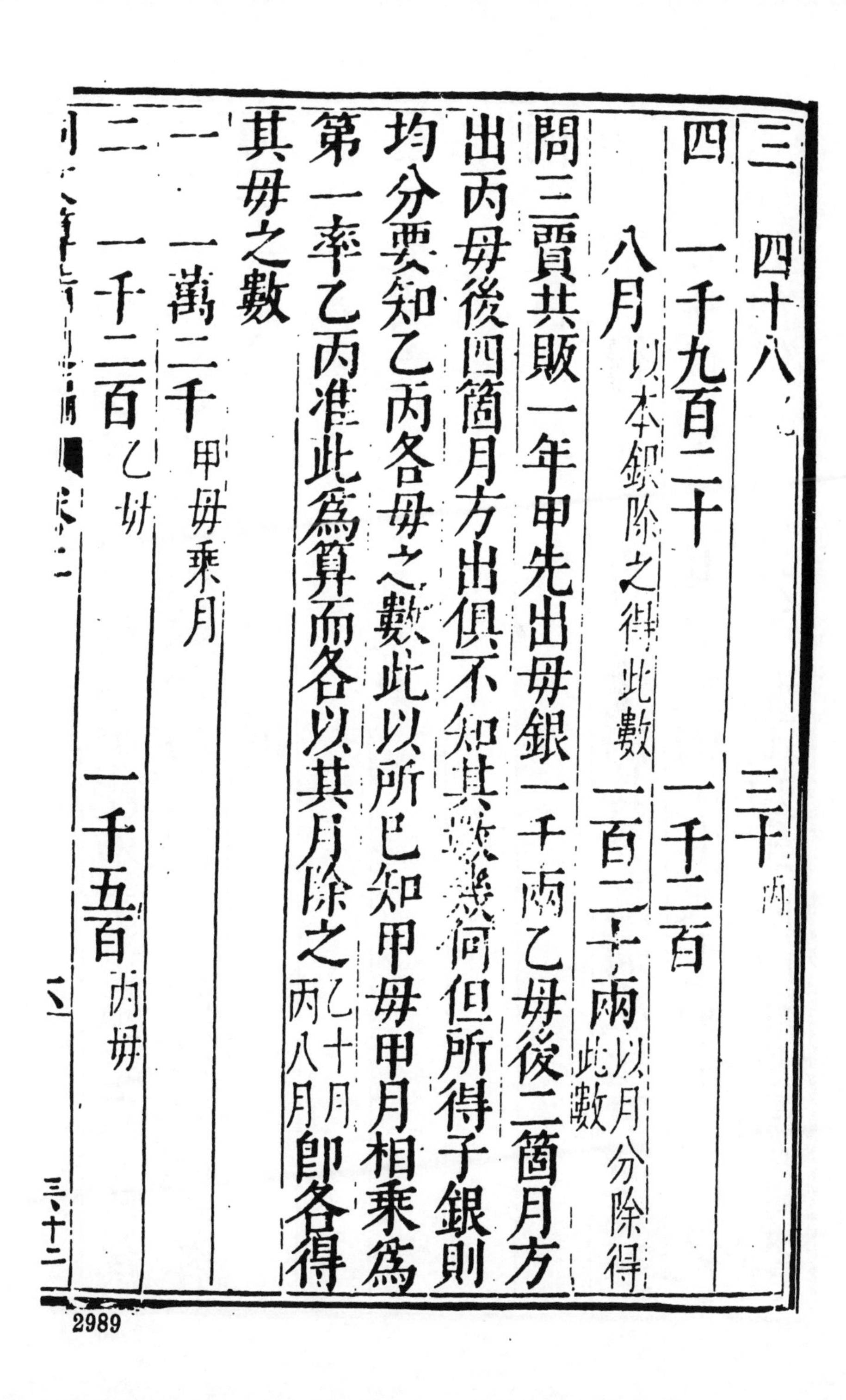

三　四十八　　三十丙

四　一千九百二十　　一千二百

八月以本銀除之得此數　　一百二十兩以月分除得此數

問三賈共販一年甲先出毋銀一千兩乙毋後二箇月方出丙毋後四箇月方出俱不知其數幾何但所得子銀則均分要知乙丙各毋之數此以所已知甲毋甲月相乘爲第一率乙丙準此爲算而各以其月除之乙十月丙八月即各得其毋之數

一　一萬二千甲毋乘月

二　一千二百乙毋　　一千五百丙毋

三

右試法合三總數為三萬六千作第一率隨意立一數為
子數作第二率又以總數分為三宗各萬二千作第三率而各
以第一除之甲乙丙所得皆同

一　三萬六千
二　九百　隨意立此數
三　一萬二千
四　三百

問三商共得子銀一百九十兩其分息則乙比甲僅三之
一丙比甲僅四之一其母銀則甲出八十兩十二箇月乙
不知幾何但知八箇月丙亦不知幾何但知四箇月要知

三人各息若干丙丁各毋若干此須再用重準測法求之先以甲毋及月相乘九百六十爲第一率以其三之一乙三百二十四之一丙二百四十兼各毋與月者爲第二率既得毋月兼數即以乙丙各月除之知各毋數然後可以察其分息之數矣另併三人所乘毋數月數爲第一率以總子爲第二率分甲乙丙毋所乘得爲第三率二三相乘以一除之各得第四率爲所分子銀數

一　九百六十　甲毋乘甲月

二　三百二十　乙得甲三之一　二百四十　丙得甲四之一

三　四十兩　乙以八除得此　六十兩　丙以四除得此

右已知乙丙之毋銀再測如左

一　一千五百二十　甲九百六十乙三百二十丙二百四十併此數

二　一百九十

三　九百六十甲　三百二十乙　二百四十丙

四　一百二十　四十　三十

問三商共毋一千五百二十兩得子一百九十兩照毋分之甲得一百二十兩乙得四十兩則丙所得若干又甲乙兩各毋若干法就總子銀內減去甲乙所得子剩三十爲丙之子仍以總一爲第一率以共毋爲第二率以各分子銀三宗爲第三率二三相乘以一除之得第四率爲各毋

一　一百九十

二　一千五百二十

三　一百二十　甲之子四十　乙之子　三十　丙之子

四　九百六十　甲之母　三百二十　乙之母　二百四十　丙之母

問三商總毋一千五百二十兩總得子一千七百十兩子毋共分甲分一千八十兩乙分三百六十兩丙分二百七十兩則每人各毋毋若干其法併三人子數爲第一率毋爲第二率以各人所分得之宗爲第三率依準測法得四率爲各毋數就各以四率之數減其第三率之數餘者爲各子數

一　一千七百二十

二　一千五百二十

三　一千八十　甲　三百六十　乙　二百七十　丙

四　九百六十　三百二十　二百四十

問三商共得子銀三百兩甲分五十兩乙分一百五十兩其毋則乙多甲一倍又零八兩三人各出毋幾何其法置甲五十乙倍之該得一百今分一百五十則知以贏毋八兩故于一百數外多獲五十也依法列三率知五十之出于八則知一百五十之出于二十四矣

一　五十

二　八

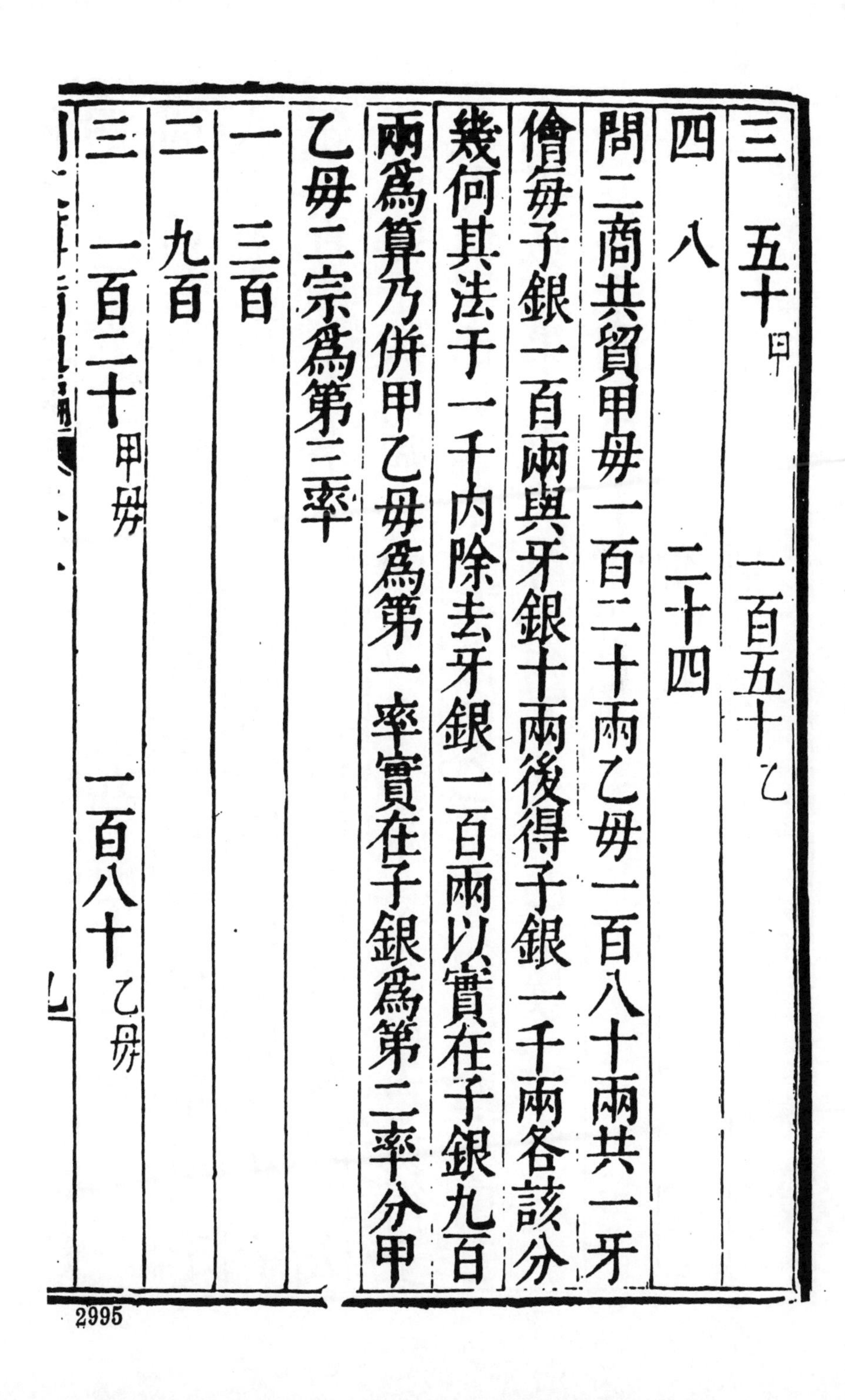

三　五十甲　一百五十乙

四　八　二十四

問二商共貿甲毋一百二十兩乙毋一百八十兩共一牙儈毋子銀一百兩與牙銀十兩後得子銀一千兩各該分幾何其法于一千內除去牙銀一百兩以實在子銀九百兩爲算乃併甲乙毋爲第一率實在子銀爲第二率分甲乙毋二宗爲第三率

一　三百

二　九百

三　一百二十甲毋　一百八十乙毋

四　三百六十　五百四十

問三商共得子銀一千五百二十兩其母銀則甲出一千八十兩乙出三百六十兩丙不知所出幾何只言分得子銀二百四十兩今欲知丙母幾何甲乙所得子幾何其法先就總子數內減去丙子一千二百八十為甲乙共得子數乃併甲乙母為第一率以甲乙共子為第二率分甲乙二母數為第三率法得第四率為甲乙子數

一　一千四百四十　併甲乙母

二　一千二百八十　併甲乙子

三　一千八十　甲母　三百六十　乙母

四　九百六十　甲子　三百二十　乙子

已知甲乙毋子之數卽可因丙子以求丙毋乃併甲乙子爲一率併甲乙毋爲二率丙子爲三率

一　一千二百八十　併甲乙子

二　一千四百四十　併甲乙毋

三　二百四十　丙子

四　二百七十　丙毋

問三商毋銀各等一年內共得子銀一千兩但甲毋閱七月乙毋閱六月丙毋則滿一年各該分子銀若干其法積甲乙丙總月爲第一率以總子爲第二率列三人各月數

爲第三率

一　二十五月　併甲乙丙

二　一千兩

三　七甲　六乙　十二丙

四　二百八十兩　二百四十兩　四百八十兩

問織絹每疋用絲一斤工價卽與絲四兩今有絲四十三斤一十二兩其織絲工絲各若干法當化斤爲兩然後歸兩作斤併工絲絹絲共二十兩置首率總絲爲七百兩置次率列工絲絹絲置第三率依法乘除

一　二十兩

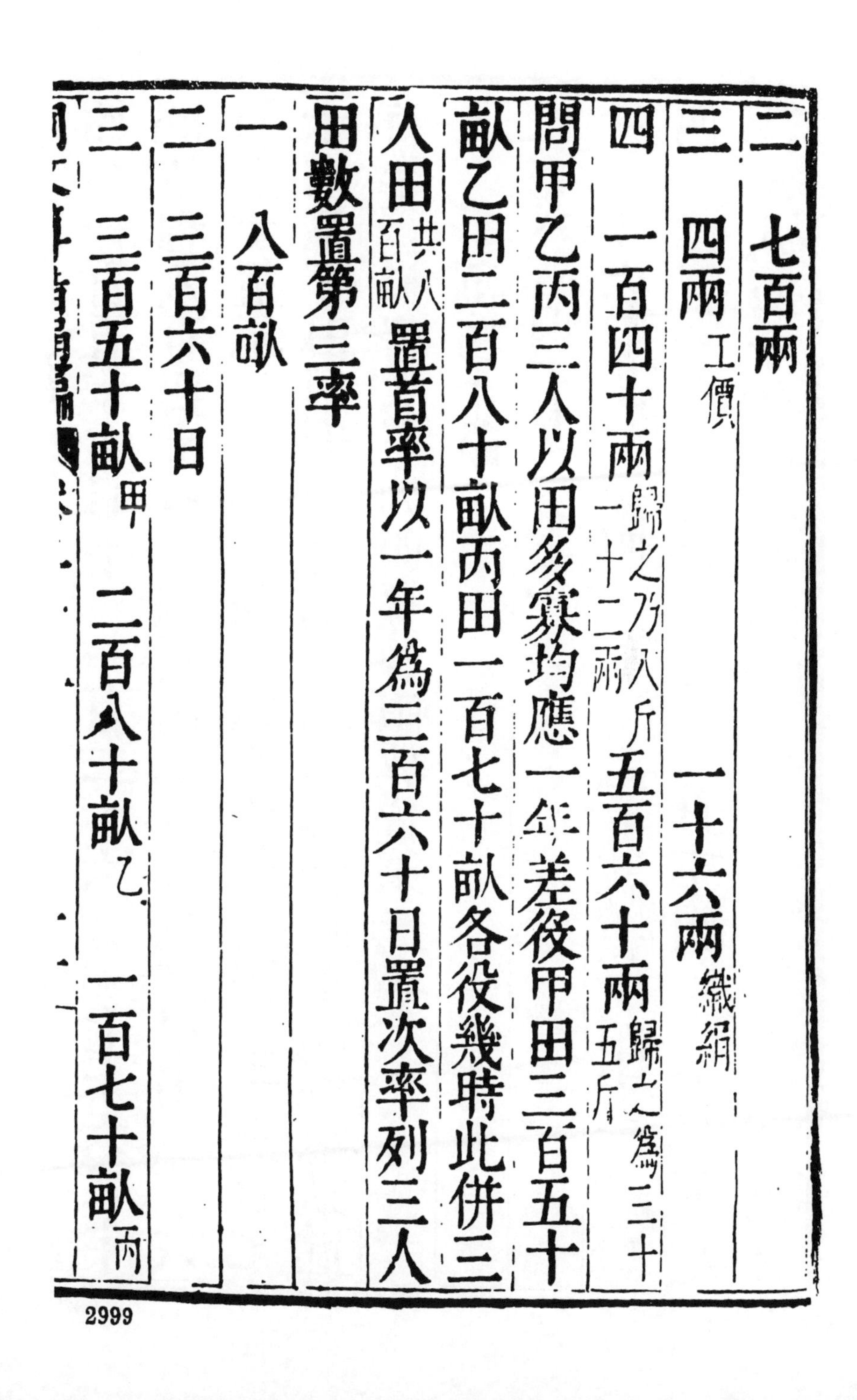

二　七百兩

三　四兩工價　一十六兩織絹

四　一百四十兩歸之乃八斤一十二兩　五百六十兩歸之為三十五斤

問甲乙丙三人以田多寡均應一年差役甲田三百五十畝乙田二百八十畝丙田一百七十畝各役幾時此併三人田共八百畝　置首率以一年為三百六十日置次率列三人田數置第三率

一　八百畝

二　三百六十日

三　三百五十畝甲　二百八十畝乙　一百七十畝丙

四　一百五十七日半　一百二十六日　七十六日半

問派糧八百四十石四縣照田地多寡納之甲田三千六百三十五畝乙田二千四百六十六畝丙田三千五百七十七畝丁田四千三百二十二畝各納若干亦併總畝置首率總糧置次率列四縣各田數置第三率

一　一萬四千畝

二　八百四十石

三　三千六百三十五畝甲　二千四百六十六畝乙　三千五百七十七畝丙　四千三百二十二畝丁

四　二百一十　一百四十七　二百一十四　二百五十九

一　八石一斗　石九斗六升　石六斗二升　石三斗二升

問五縣輸穀二萬石照依人戶多少道里遠近價值上下而均輸之每車載二十五石行一里僦值一錢甲縣二萬零五百二十戶穀石價二兩乙縣一萬二千三百十二戶穀石價一兩遠輸二百里丙縣七千一百八十二戶穀石價一兩二錢遠輸一百五十里丁縣一萬三千三百三十八戶穀石價一兩七錢遠輸二百五十里戊縣五千一百三十戶穀石價一兩三錢遠輸一百五十里各該若干先求各衰從甲縣自輸本縣無僦甲以穀價二兩爲法除甲戶得一千○二十六衰乙丙丁戊皆有僦價各以僦一錢乘所輸里數而以每車二十五石除之得各運價以乘各戶所得各衰乙縣行道二百里乘除之得八錢并穀價一兩八錢以除乙戶得六百八十四爲丙縣行一百五十里乘除得六錢併價共一兩八錢除丙戶得三百九

十九衰丁縣行二百五十里乘除得一兩併價共二兩七錢除戶得四百九十四衰戊縣行一百五十里乘除得六錢併價共一兩九錢除戶得二百七十衰**併五衰**共二千八百七十三**為首率以總數為次率列各衰為三率**

	甲	乙	丙	丁	戊
一	二千八百七十三				
二	二萬石				
三	一千二十六	六百八十四	三百九十九	四百九十四	二百七十
四	七千一百四十二石三斗五升[illegible]	四千七百六十一石五斗七升一合二勺	二千七百七十七石五斗八升四合四勺	三千四百三十八石九斗一升四合零勺	一千八百七十九石五斗六升八合三勺
係價無	二十兩	一十五兩	二十五兩	一十五兩	

問有田一萬八千八十八畝三子遞分伯比仲多一倍仲

又比季多一倍各該若干此倍增倍減法也以一二四為

衰分季一仲二伯四合總為第一率田數為第二率分各衰為三

率

一	七		
二	一萬八千八十八畝		
三	四伯	二仲	一季
四	一萬三百七十六	五千一百八十八	二千五百九十四

問有銀九十二兩四子遞分各幾何併各衰伯四仲三叔二

季一共得一十為首率銀數為二率各衰為三率

一	十
二	九十二

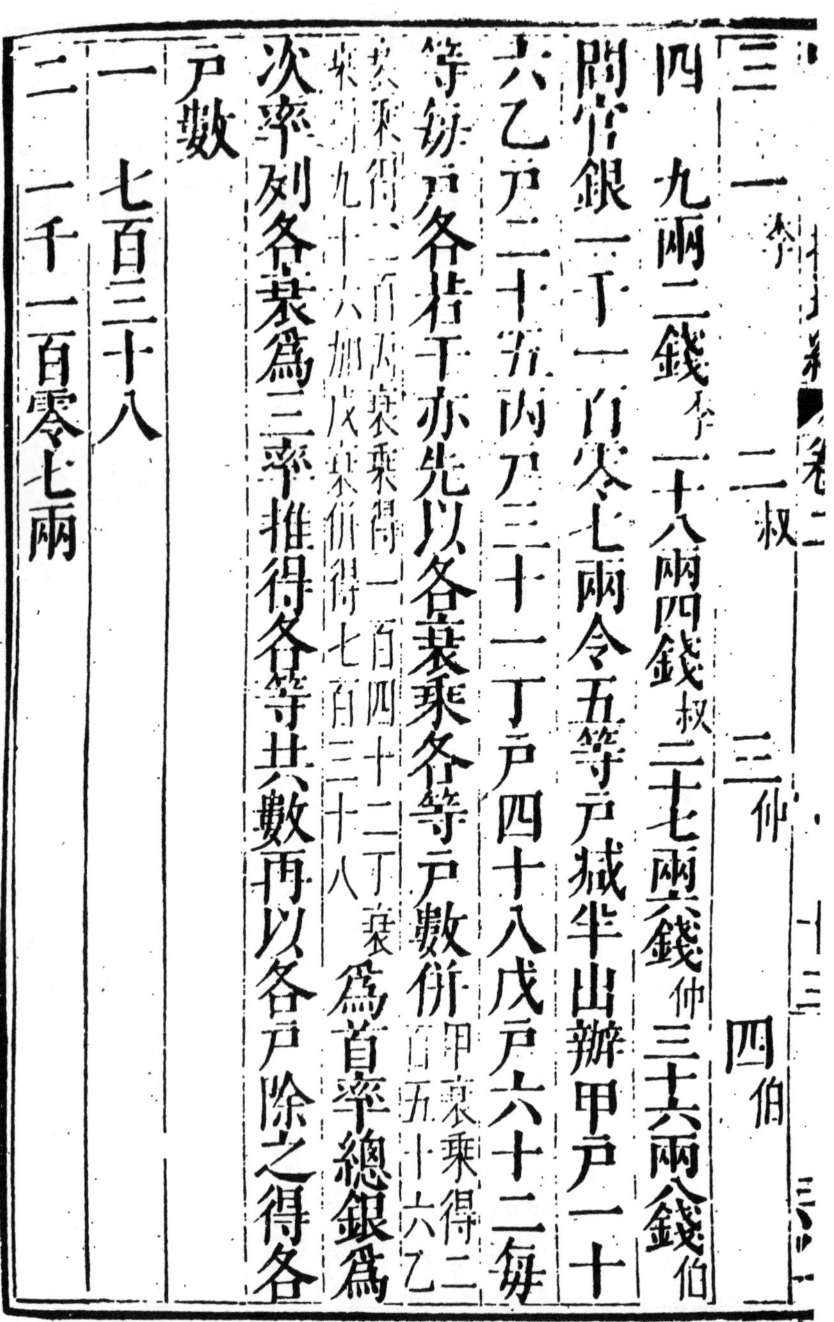

三　一季　二叔　三仲　四伯

四　九兩二錢季　一十八兩四錢叔　二十七兩六錢仲　三十六兩八錢伯

問官銀一千一百零七兩令五等戶減半出辦甲戶一十六乙戶二十五丙戶三十一丁戶四十八戊戶六十二每等銀戶各若干亦先以各衰乘各等戶數併（甲衰乘得二百五十六乙衰乘得二百丙衰乘得一百四十二丁衰乘得九十六加戊衰併得七百三十八）為首率總銀為次率列各衰為三率推得各等共數再以各戶除之得各戶數

一　七百三十八

二　一千一百零七兩

三 二百五十六甲 二百乙 一百四十二丙 九十六丁 六十二戊

四 三百八十四兩 三百兩 二百一十三兩 一百四十四兩 九十三兩

二十四兩 一十二兩 六兩 三兩 一兩五錢

問用金八十一兩造杯一套五箇每杯重若干此挨次衰

分併各衰五四三二一共一十五為首率總金為次率列各衰為三率

一 一十五

二 八十一兩

三 五 四 三 二 一

四 二十七兩 二十一兩六錢 一十六兩二錢 一十兩八錢 五兩四錢

問派糧一千一百三十四石令五等戶挨次上納甲戶二

十四乙戶三十三丙戶四十二丁戶五十一戊戶六十各

等各戶各若干法亦以各等戶數乘各衰併爲首率糧數

爲次率分各衰列三率推得各等人戶所納再以戶數乘

之得各等共數

一　五百四十

二　一千一百三十四石

三　一戊　二丁　三丙　四乙　五甲

四　二石一斗　四石二斗　六石三斗　八石四斗　一十石五斗

　　一百二十六石　二百一十四石二斗　二百六十四石六斗　二百七十七石二斗　二百五十二石

問派糧三百八十五石五斗二升甲乙二等戶四六辦納

甲二十六戶乙四十戶各等若干每戶若干凡求四六衰者就身六乘四除首位四以六乘得二十四即以四除得六後多數倣此此先以六乘甲戶四乘乙戶六乘二十六得一百五十六數四乘四十得一百六十數併為首率總糧為次率列各衰上六下四為三率推得每戶應納之數再以甲乙各戶數乘之得各共數皆先以總衰除總糧得一石二斗二升乃以甲乙衰各乘亦同

一 三百一十六

二 三百八十五石五斗二升

三 六上 四下

四 七石三斗二升甲一戶 四石八斗八升乙一戶

一　一百九十石三斗二升　一百九十五石二斗

問徵銀一千七百一十六兩以四等人作四六派出各該若干法併各衰丁四丙六乙九甲一十三零二之一為首率銀數為次率列各衰為三衰求得各衰數此四六衰是一倍有半加之若先以總衰除總銀得五十二兩八錢後以各衰乘之亦同

一　三十二又二之一

二　一千七百一十六兩

三　四丁　六丙　九乙　一十三又二之一甲

四　二百一十一兩二錢　三百一十六兩八錢　四百七十五兩二錢　七百一十二兩八錢

問徵粮一千二百六十六石令五等人作四六納之各該

君下法併各衰戊四丁六丙九乙一十三又二之一甲二十又四之一共五十二又八之六爲首率共甲與共乙須用前零併子母法併之將至多等皆然總糧數爲次率列各衰爲三率測得各衰數若先以總衰除總糧得二十四石後以各衰數乘之亦同

一　五十二又八之六

二　一千二百六十六石

三　四戊　六丁　九丙　一十三又二之一乙　二十又四之一甲

四　九十六石　一百四十四石　二百一十六石　三百二十四石　四百八十六石

問派糧二百六十一石令三等戶三七出辦甲戶二十一乙戶三十二丙戶四十三各等幾何每戶幾何凡求三七衰分者用三除七乘遞求若零分多者就首衰之數以三

因之法消息之如二位者只用三七如三位者首位三就以三因得九為首衰四位者首位三以三因得九又三因得二十七為首衰如五位者又以二十七三因得八十一為首衰凡此皆以首零分也此問法以各等乘各衰併之甲二十一戶乘甲衰四十九得一千二十九乙三十二戶乘乙衰二十一得六百七十二丙四十三戶乘丙衰九得三百八十七共二千零八十八為首率以總糧為次率列各衰為三率推得第四率是各戶應出之數再以數乘之得各等共數

一　二千〇八十八

二　二百六十一石

三　四十九甲　二十一乙　九丙

四	六石一斗二升五合	二石六斗二升五合	一石一斗二升五合
	一百二十八石六斗二升五合	八十四石	四十八石三斗七升五合

問制錢三萬八千二百八十文四人作三七分之各若干

法先併各裒（丁一十七丙六十三乙一百四十七甲三百四十三共五百八十）為首率以總銀為次率列各裒為三率推得四率

一	五百八十			
二	三萬八千二百八十文			
三	二十七	六十三	一百四十七	三百四十三
四	一千七百八十二文	四千一百五十八文	九千七百二文	二萬二千六百三十八文

問派銀八百二十八兩二錢令五人三七納之每人應若干

干先併各衰戊八十一丁一百八十九丙四百四十一乙一千零二十九甲二千四百零一共四千一百四十一為首率以總銀為次率列各衰為三率

一　四千一百四十一

二　八百二十八兩二錢

三　二千四百〇一甲　一千〇二十九乙　四百四十一丙　一百八十九丁　八十一戊

四　四百八十兩二錢　二百〇五兩八錢　八十八兩二錢　三十七兩八錢　一十六兩二錢

問官銀二千六百三十五兩令四等人二八出之各若干

凡求二八衰分者用四乘之遞求次衰此問法先併各衰丁二丙八乙三十二甲一百二十八共一百七十為首率總銀為次率列各衰為三率得各銀數此二八衰分是四倍加之若先以總衰除總銀得一十五兩五錢後以各衰乘之亦同

一　一百七十

二　二千六百三十五兩

三　二丁　八丙　三十二乙　一百三十八甲

四　三十一兩丁　一百三十四兩丙　四百九十三兩乙　一千九百八十四兩〇甲

問派糧二千六百五十五石九斗令五等戶二八辦納甲戶三十乙戶四十丙戶五十丁戶六十戊戶七十各等每戶該若干法置五等衰以各戶數乘之併（甲三十戶乘衰五百一十二得一萬五千三百六十乙四十戶乘衰一百二十八得五千一百二十丙五十戶乘衰三十二得一千六百丁六十戶乘衰八得四百八十戊七十戶乘衰二得一百四十併共二萬二千七百）為首率總糧為次率列各衰為三率推得四率是各等每戶納數再以各等戶

數乘之得各等共糧數若先以併衰除總粮得一斗十一升七合為最下衰然後以各衰乘之

問 亦

一 二萬二千七百

二 二千五百六十五石

三 五百一十二甲 一百二十八乙 三十二丙 八丁 二戊

四 五十九石九斗〇四合 一十四石九斗七升六合 三石七斗四升四合 九斗三升六合 二斗三升四合

以上四六三七二八俱增衰法

問官絹四百七十丈零一尺八寸四分令三等人户辦納以一十分之六遞減其上等計二十五户中等三十户下等四十八户每等每户若干法先置各衰以各等户乘併之上等户數乘一百衰得二千五百中等户數乘六十衰得一千八百下等户數乘三十六衰得一千七百二十八

五六千零二十八為首率以總絹為次率列各差衰為三率推得第四率為各等一戶所出數再以各戶數乘之得各等數

一	六千零二十八		
二	四百七十丈一尺八寸四分		
三	一百	六十	三十六
四	七丈八尺上等戶	四丈六尺八寸中等戶	二丈八尺八分下等戶
	一百九十五丈	一百四十丈四寸	一百三十四丈七尺八寸四分

問官糧一百六十八石四斗八升八合令四等戶辦納遞減十分之七甲戶二十二乙戶三十六丙戶四十二丁戶四十八每等每戶各幾何立各差衰以各戶數乘併甲戶數乘一千

衰得二萬二千乙戶數乘七百衰得二萬五千二百丙戶數乘四百九十衰得二萬五百八十丁戶數乘三百四十三得一萬六千四百六十四通共八萬四千二百四十四爲首率總糧爲次率列各衰爲三率推得第四率各等一戶所出數再以戶數乘之得各等數

一　八萬四千二百四十四

二　一百六十八石四斗八升四合

三　一千　七百　四百九十　三百四十三

四　二石甲　一石四斗乙　九斗八升丙　六斗八升六合丁

四十四石　五十石零四斗　四十一石一斗六升　三十二石九斗二升八合

右併蓑係墄衰法凡十之五十之九之類倣此

問穀二百四十石作五等分之甲乙二人數與丙丁戊三人數等各幾何此遞差偏多偏寡法先併各衰為一宗較之用餘數增入各衰併甲乙二衰甲五乙四得九又併丙丁戊三衰丙三丁二戊一得六以減九餘三却于五等衰各增三數得甲八乙得七丙得六丁得五戊得四共三十併之為首率總米為次率推得第四率遞差八石其甲乙二人所分得數與丙丁戊三人正相當此是以八遞加

一 三十

二 二百四十石

三 四戊 五丁 六丙 七乙 八甲

四　三十二石　四十石　四十八石　五十六石　六十四石

右增衰凡增衰偏多偏寡者倣此如三人分要甲數與乙丙數同者七人分要甲乙丙數與戊巳庚辛數同之類

問四商共得子銀三百四十兩其毋以四遞加如乙五則丙九丙七則丁十一丁九則甲十三是俱係衰分遞加但知甲原毋二百八十六兩餘遞減各該若干須知十三之于九與二百八十六之於某數相同按衰毋遞減之由甲毋以推丁毋由丁推丙由丙推乙法以甲衰十三爲第一率甲毋二百八十六爲第二率以丁衰九爲第三率依準測法得丁毋數餘倣此

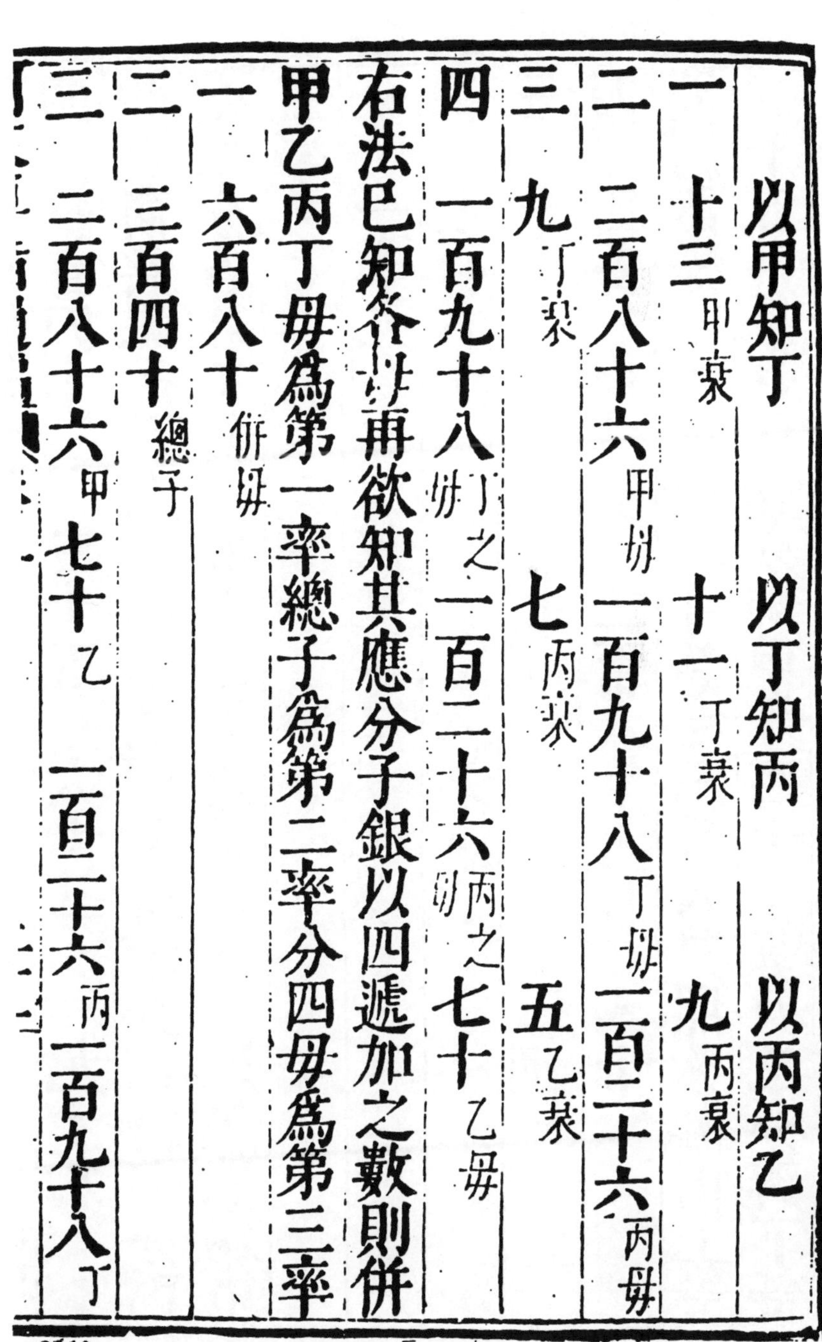

以甲知丁　以丁知丙　以丙知乙

一　十三甲衰　十一丁衰　九丙衰

二　二百八十六甲毋　一百九十八丁毋　一百二十六丙毋

三　九丁衰　七丙衰　五乙衰

四　一百九十八丁之併　一百二十六丙之併　七十乙毋

右法已知各率再欲知其應分子銀以四遞加之數則併甲乙丙丁毋爲第一率總子爲第二率分四毋爲第三率

一　六百八十併毋

二　三百四十總子

三　二百八十六甲　七十乙　一百二十六丙　一百九十八丁

四　一百四十三　三十五　六十三　九十九

問三商共銀七百六十兩分之則甲得十分乙得七分丙得二分各若干共法併甲乙丙衰爲第一率以銀數爲第三率

一　十九甲　一乙七丙二共此數

二　七百六十

三　一十甲　七乙　二丙

四　四百　二百八十　八十

問應徵糧七十三石二斗泒令三等人戶照分攤出上等二十五戶每戶作五分辦中等四十戶每戶三分辦下等

六十戶每戶一分辨各戶若干各等共若干法以各分各戶相乘併之以五乘二十五得一百二十五以三乘四十得一百二十下等六十無乘共三百零五爲一率以總糧爲二率以各衰五三一爲三率推得三等戶所應出分數再以各戶數乘之得各等共數

一	三百零五		
二	七十三石二斗		
三	五	三	一
四	一石二斗	七斗二升	二斗四升
	三十石上	二十八石八斗中	一十四石四斗下

問硃砂每斤三兩六錢石青每斤二兩四錢今有銀一千

二百兩議買硃青二色硃數比青增一倍各斤數與價若干法因硃砂加倍即倍其價二兩六錢為七兩二錢併青價二兩四錢共九兩六錢為一率以總銀為二率以各價為三率推得斤數為四率再各以價乘之

一　九兩六錢

二　一千二百兩

三　三兩六錢　　二兩四錢

四　二百五十斤價九百兩　一百二十五斤價三百兩

問綾每尺價銀九分二釐羅每尺八分五釐絹每尺三分六釐今有銀一百二十一兩一錢七分五釐買綾一停羅

三停絹三停各實數與價若干法用二乘羅價（一錢七分）三乘絹價（一錢八釐）併綾價共六三錢七分為一率總銀為二率各價為三率得四率為各實數各以原價乘之

一　三錢七分

二　一百二十一兩一錢七分五釐

三　九分二釐　八分五釐　三分六釐

四　三十二丈七尺五寸（綾）　六十五丈五尺（羅）　九十八丈二尺五寸（絹）

三十兩一錢三分　五十五兩六錢七分五釐　三十五兩三錢七分

問芝蔴每三斗換米五斗每米五斗抵荳七斗今有芝蔴四百五十石換米荳共九百一十石各用芝蔴若干所換

米荳各若干法用重準先併米五荳七共一十二爲首率以芝蔴總數爲二率分列米五荳七爲三率求得芝蔴合換米荳各數以爲重測之第三率以米荳共數爲二率芝蔴總數爲首率求得米荳各數

一　一十二　四百五十石

二　四百五十石　五　七

三　五　七　一百八十七石五斗　二百六十二石五斗

四　一百八十七石五斗以換米　二百六十二石五斗以換荳　二百九十七石五斗　六百一十二石五斗

問銀一千零八兩買絲三停綿二停綫一停共三百六十兩其價綫一兩抵綿一兩六錢抵絲二兩欲知三色併價

各若干者併各衰絲三綿二綫一共六置第一數以總銀爲第二率分各衰列第三率推得第四率是各色數乃照前價取絲一百八十兩以二十除之得九十衰取綿一百二十兩以一十六除之得七十五衰併綫六十衰共二百二十五爲法除總銀得綫價以一十六除綫價得綿價以二十除綫價得絲價

一	六		
二	三百六十兩		
三	三絲	二綿	一綫
四	一百八十兩	一百二十兩	六十兩
	二兩二錢四分絲價	二兩八錢綿價	四兩四錢八分綫價

問氷片每兩價二兩七錢五分沉香每兩價銀三錢五分奇南每兩價銀八錢有人以沉香一十七斤三兩又有人以奇南一十三斤十二兩各欲換氷片若干法置氷片價為首率化沉香奇南斤數為兩置次率各價為三率

一　二兩七錢五分

二　二百七十五兩　二百二十兩

三　三錢五分　八錢

四　三十五兩 沉香所換　六十四兩 奇南所換

問養軍二萬五千二百名月糧米麥荳兼支米每四名支三石麥每九名支五石荳每七名支八石各幾何即以七

九四各列第一率以軍總數爲二率以八五三列三率

一　七　九　四

二　二萬五千二百名

三　八芻　五麥　三米

四　二萬八千八百石　一萬四千石　一萬八千八百石

問刻漏一壺貯水令漏開三孔其一孔最大漏水二時而盡一孔次之三時而盡一孔最細六時而盡假如三孔俱洩則幾刻水盡其法先以三孔與時刻相較以各時爲第一率以一壺爲二率以最小時爲第三率要見大孔二時漏盡一壺則六時漏盡三壺其餘倣此而推

一 二時大 三時次 六時小

二 一壺

三 六時

四 三壺 二壺 一壺

又法總而計之凡六時漏盡六壺知三孔俱開則其水一時漏盡只以分數算之

一 二時 三時 六時

二 一壺

三 一時

四 二分水之一 三之一 六之一積之共一壺即是一時盡一壺也

右三數偶滿一時其法易算若併有奇零者另法求之
假如纍臺一座甲六年完工乙九年完工丙十八年方
完今三人同纍須幾時可完此先知每人每年所爲之
工得若干而摠算之六年者每年得六分之一其九年
者每年得九分之一其十八年者每年得十八分之一
依併法每年共得三分之一約計三年遍完三年之内
甲成二分之一乙成三分之一丙成六分之一共足十
分之數

問漏壺一座上有渴烏注水下有天池洩水今塞其下竅
注水于壺四時而水滿開其下竅洩水壺外六時而洩盡

若使上注下洩相併則此壺須幾時可滿法以四時爲一率以一壺爲二率以一時爲三率測之而得一時之所注四分壺之一又以六時爲一率一壺爲二率一時爲三率亦得一時之注六分壺之一乃以四之一減六之一得十二之一於是又以十二之一爲第一率以一時爲第二率以一壺爲第三率得四率以十二時注滿凡用準測法者三

一	四時	六時	十二分壺之一
二	一壺	一壺	一時
三	一時	一時	一壺
四	四分壺之一	六分壺之一	十二時

問塞下竅四時水滿通下竅六時水盡今上注下泄則
四箇時滿幾分曰六時盡者四時泄三分之二以除全
壺餘三分之一爲水滿數又問如此則幾時可滿一壺
曰依前法當以十二時滿又問假如塞下竅注上竅三
時而滿塞上竅開下竅八時而盡若上注下瀉須幾時
可滿曰以三時滿者一時之率三之一以八時盡者一
時之率八之一就三之一減八之一餘二十四之五爲
一時之率則全壺得四時零五分時之四也又問一壺
既以三時而滿假如四時又五分時之三可滿幾壺曰
滿一壺又十五分壺之八又問八時盡一壺若四時又

五分時之四該幾何曰此五分壺之三即于前數一時
滿一壺者除之便得問八時盡一壺三時得幾何曰三
時泄得八分之三以除前壺餘八分之五是三時滿八
分之五又問三時滿八分之五則全壺幾時滿曰四時
零五分時之四